「家庭団欒」の教育学

多様化する家族の関係性と家庭維持スキルの応用

鈴木昌世 編著

福村出版

はじめに

「人生は家族とともに歩むものなの」

「日本人は仕事のために生きているでしょ？　私たちイタリア人は幸せになるために仕事するのよ」

「家族といることが幸せなの。みんな一緒にごはんを食べることが幸せなの」

「親戚のみんなと会えるのが楽しみ。○○おばさんはどうしているかしら。私をたくさんたくさん可愛がってくれる。おばさんも私の家族よ。そうそう、従姉妹の○○は元気かしら。早く会いたいな」

これらの言葉は、私がイタリアのローマに留学していた2000年の頃、借りていたアパートの大家さんの長女（当時大学生）が話してくれたものです。いまだにそれらすべてを鮮明に覚えています。イタリアでの生活に慣れるにつれてわかってきたことは、日本人にとっての「家族」「仕事」「幸せ」「親戚」に対する考え方とイタリア人のそれとは、かなりニュアンスに違いがあるということでした。

イタリアの私の大家さんは専業主婦でした。大家さんは家事と育児に専念するために仕事を辞めたことを、誇らしげに語ってくれました。その堂々たる物言いに、思わず尊敬の眼差しを向けたことを覚えています。そして、「私の幸せはね、子どもたちが結婚して良い家庭を築いてくれること、そしておばあちゃんになって孫たちと触れ合いながら暮らすこと」と落ち着いて話してくれました。

それぞれの文化で共有する価値観は、長い歴史を経てつくられ現代に至っています。イタリアの国教はキリスト教カトリックです。イタリアの人々の精神的な支柱がカトリックにあることは容易に想像できることでしょう。もちろん、イタリア人でさえ宗教離れしているといわれる現代、日曜日のミサに参加する人々は減少しており、離婚や家庭崩壊も進んでいるといわれます。しかしながら、イタリア人の信仰心は薄れたか、と問われれば、果たしてそうだろうか、と考えてしまいます。キリスト教2000年の歴史のなかで脈々と受け継がれた信仰心、そしてそれを支柱として形づくられた価値観が容易に変わるとは思えないのです。むしろ、彼らを見る限り、土着化したカトリックが文化そのものに深く浸透し、イタリアの人々の価値観を維持させているように感じます。[1]価値観は文化のなかで受け継がれるものです。では、それはどのように伝わるのでしょう。

それはかならずしも、親などからの直接的な教示だけで伝わるのではありません。むしろ、親の無意識の言動、そしてその子どもを取り巻く生活環境から自然に伝わるものなのです。たとえば、イタリアの家庭、そしてラテン文化圏出身の一般家庭をのぞいてみると、現代においても、必ず一つは、十字架や聖母子の絵や像、聖人の絵やメダイなどが飾られています。子どもはその文化に生まれ、その価値観に包まれ、その価値を自然に吸収しながら育つのです。

こうしたことを考えるときに最もわかりやすい例は、アメリカ合衆国でしょうか。読者のみなさんは、アメリカ合衆国のすべての紙幣やコインに印されている文字をご覧になったことはあるでしょう

か？　その文字とは、

『IN GOD WE TRUST（私たちは神を信じる）』

アメリカ合衆国で育つ子どもたちは、その文化に共有される価値観[2]、いわばキリスト教的な価値観に包まれ、その価値を自然に吸収しながら育つのです。

さて、これまで文化のなかで共有される価値観をもとに人は生きていくことについて述べてきましたが、日本の家族の場合はどうでしょうか。

「孤食」「個食」など、いま日本の子どもの食をめぐる環境は著しく悪化しています。その影響は教育の現場にも広がり、高校では「自宅から弁当を持参する生徒が減るにしたがい、クラスの雰囲気が次第に荒れてくる」と報告されています。また、保育現場からは、家庭団欒の時間が不足すると園児の情緒が不安定になりやすいという報告もあります。これらの報告は、これまでほぼ常識と考えられていた「子どもの健全な成長には家庭団欒が不可欠である」ことを裏付けるもののように思えます。

しかし、私たちが子どもの頃の昭和の家庭団欒と現代では、その様相が大きく変化していることは想像に難くありません。そのため、現代の日本において家庭団欒とはどのようなものなのかを見直したうえで、子どもの健全な成長のための家庭団欒を考える必要があります。

家庭団欒とは、単に家族が揃っていることを意味するものではありません。たとえば、家族で食事をする食卓の場面では、その食卓を包む温かな空気、なごやかな対話、季節の味わい、毎日の何気ない出来事を分かち合う雰囲気などが大切です。食べることはお腹を満たすことだけが目的ではありません。「満ち足りたひとときがそこにあること」が何よりも大切なのです。つまり、家庭団欒の内実が大きく関係しているのです。

家庭教育の要は家庭団欒です。これは、人類が築いてきた【生活の中の叡智】ともいえるもので、有史以来、家族のなかで世代間――親から子へ、子からその子へ――と伝承されてきた【よく生きるための知恵】なのです。しかしながら、価値の急激な変化のなかで、家族を支えてきた母親――女性――の生き方は多様化し、モデルとなる家庭団欒の様相を探し求める親たちの姿もみられます。子どもを育てる場としての家庭。親にとっても子どもにとっても不可欠な家族の絆。子どもの健全な成長発達にとって家庭がどれほど大切であるかを、誰ひとり疑うものはいないでしょう。

本書は、これからの日本の家庭団欒・家族のための「処方箋」として書かれています。家庭団欒の内実こそ重要であるという問題意識のもとで――たとえば、子どもとのかかわり方、コミュニケーションの取り方、子どもと円滑な関係を保つ方法、豊かな心を育む方法といった――具体的な提案が教育に携わるさまざまな分野の専門家からなされています。

自明の理としての「子どもの健全な成長と家庭団欒との密接な関係」を洗いなおし、現代の日本の家庭において応用可能な【家庭維持のスキル】を提案するために、本書は書かれたのです。執筆者は全員、教員養成系の大学・専門学校の教員であり、みな、現代の若者事情に明るく、同時に、現在の保育現場の乳幼児の様子や小学校の児童の現状も熟知しています。そうしたなかで、次世代を担う子どもたちにとって、どれほど温かな家庭団欒が大切なものであるかを肌で感じています。完全な人間存在がこの世の中にないように、私たち教員も不完全な存在です。それぞれの専門性に基づいて執筆されていますが、そのなかで読者のみなさまが一つでも【家庭維持のスキル】を応用してくださったなら、大変嬉しいことです。

長い歴史を経て作られてきた日本の文化。その文化のよき伝統を受け継ぎ、子どもたちが心身ともに健やかに育つことを願います。そのためには、日本の家族の現状を正しくみつめ、新しい家族のあり方を模索しながら、子ども一人ひとりを見守り続けること。

子どもの望みとは、傍らに愛に満ちた大人がいてくれること、無条件に受け止めてくれる大人が身近にあること、良いときも悪いときもいつも扉を開けていてくれる大人が一人でいいから傍にあること、それに尽きるのです。自身の子どもを持つ人も持たぬ人もそろって、社会の子どももみんなを慈しむことができますように。

編者　　鈴木昌世

目　次

はじめに……3
序　章……19
はじめに……19
1節◆教育現場からの報告――2009（平成21）年現在……20
2節◆高等学校教諭の報告――2014（平成26）年現在……21
3節◆保育現場からの報告――2014（平成26）年現在……25
1　「心のものさし（価値観）」を育てる場としての食卓　25
2　事例「Aちゃんの牛乳」　28
4節◆家庭団欒の教育的意義……30
1　室田洋子の研究に学ぶ　30
2　河合隼雄の研究に学ぶ　33
おわりに――家庭団欒から真の団欒へ……35
第1章　理想の父親像をめぐる歴史的断章……37
1節◆はじめに……38

1　父親になること、父親であること　38
2　父親をめぐる揺らぎ　39
3　父親の歴史を振り返るとは　40
2節　〈厳父〉〈頑固親父〉〈賢父〉の原像……41
1　父親による支配　41
2　父権の再強化と契約概念　42
3　体罰批判と子どもの内面統制　43
3節　〈育児なしの父親〉の登場……45
1　近代家族の誕生と子どもへのまなざし　45
2　団欒を演出する父親　46
3　父性の発見　48
4節　父親たちの現代史……49
1　〈良き父親〉となる努力　49
2　父性復権論の隆盛と限界　51
3　固定観念や偏見を越えて　52
5節　おわりに……54

第2章　母親の役割――子どもを成熟した大人に育てるために……57
1節◆人間は母に何を求めているのか――母なるものとの出会い……59
2節◆母親役割が果たされるために必要なもの……60
3節◆重要な他者――かかわりのうちに自分を知る……67
4節◆愛する技術――あなたと接する人があなたの愛を感じられるように愛する……72
5節◆受け止める心、そして待つ心――佐藤初女の「母の心」……76
6節◆世界平和のキーワードとしての母性原理
――聖母信心という現象からみる母性への希求……78
第3章　家庭団欒における母性の役割――対話における「共感的理解」を中心として……81
1節◆母性とは何か？……81
1　母性は母親だけのものなのか？　81
2　基本的信頼感の形成のために　83
2節◆母性と子どもとのかかわり……86
3節◆家庭団欒における親子のコミュニケーション……88
1　全国児童家庭調査からみる親子の会話時間　88
2　会話はキャッチボール　92
3　共感的理解のチカラ　96

第4章　子どもの物語からみた家庭団欒——子どもの望み……99
1節◆家庭での温かなことばのやりとり……99
1　安心した温かな雰囲気のなかでことばの贈り物を受け取る　99
2　心と身体を通して豊かなことばと出会う　101
2節◆家庭のなかでの絵本……103
1　家庭での絵本の読み聞かせ　103
2　情緒的な結びつきや子どもの自尊感情を育む絵本の読み聞かせ　105
3　ともに楽しむものとしての絵本　106
3節◆子どもに寄り添う物語……108
1　他者と出会い自分をつくるものとしての絵本　108
2　絵本以後の読み物と家庭——幼年童話——　110
3　家庭から旅立ち新たな家庭をつくる物語——児童文学——　114
4　子どもの目で世界を見直す経験　118
《コラム1》『思春期を生きる』子どもへのかかわり——今日的な「子育ての課題」に関する臨床教育学的考察——……120

第5章　伝統的な食事という価値――和食文化の食卓……123
1節◆健康的な食事を子どもに……123
1　一汁三菜と母の味　123
2　だし汁と手伝い　125
2節◆自然と地域の恵み……127
1　自然の恵みに感謝　127
2　地域に伝わる料理　129
3節◆和食と食卓……130
1　手づくりは何物にも勝る調理法　130
2　椀と箸　134
3　食卓　137
4　行事と食　138
《コラム2》　算数苦手?　家庭団欒を通して算数好きな子どもに育てよう……142
第6章　宴としての家庭団欒――音楽のある家……147
1節◆音楽のある家……147
1　暮らしをつくる音楽　147

2　子どもと楽しむ音楽　148
2節　わらべうたと子育て……149
1　「わらべうた」とは　149
2　子どもに寄り添う子育て――家庭で歌うわらべうた　151
3　子どもの感覚を生かす教育――わらべうた、民謡を教材として　157
4　伝統文化としてのわらべうた――おばあちゃんからお母さんへ　161
3節　音楽は家族をつなぐ……165
1　「貴族」と「庶民」の違いを超えて――「サウンド・オブ・ミュージック」の世界　165
2　「開拓」と「文化」の狭間で――「大草原の小さな家」の世界　169
4節　音楽は家族を超えて……173
1　被災地の子どもたちとともに――行け！アンパンマン　173
2　大自然の音に包まれて――家族をなくした「クマ」が得たもの　176
第7章　障がい児によって育てられる家族――不朽の価値を伝えるもの……179
1節　わが子の障がいを受容するまで――ダウン症のWちゃん……180
1　音信不通になった友人との再会　180
2　わが子の障がいの受容と第二子の出産　182
2節　障がい児の兄弟姉妹から学ぶ――「父、母、姉、弟の四人家族」……184

1 弟の障がいと向き合うお姉ちゃん 184
2 両親の甘い顔を許さないのはお姉ちゃんの愛情 185
3節◆地域みんなで子育て――「地育教育」という形 187
1 わが子の障がいを周囲に知ってもらう 187
2 障がいへの理解を深める地育教育 188
4節◆羊水診断について――女子高校生との対話 189
1 「もしもお腹の赤ちゃんに……」 189
2 親子で話し合い、向き合うことの大切さ 190
5節◆価値をきめるものは、命？ 形？――保育現場からの報告 192
1 他と違う一輪の花が子どもたちの心を動かす 192
2 「ありのまま」を受け入れる心を育む 194
6節◆障がいの受容から家族の再構築へ 195
《コラム3》 受験社会と子育て 199
第8章 価値を伝える場としての家庭団欒 203
1節◆なぜ家庭は価値を伝える場なのか 203
1 「教育する家族」の誕生 204

2　家庭ではどんな子育てをすべきか　205
3　家庭団欒を価値の伝達の場とするために必要な保護と安らぎの感覚　206
4　教育の本質とは何か　207
2節◆家庭団欒の条件1――子ども側と親側の条件……209
1　子どもの側の条件　209
2　親の側の条件　210
3節◆家庭団欒の条件2――親子関係に内在する条件……211
1　時間　211
2　平静さ　212
3　排他性　213
4　父の献身　214
4節◆家庭団欒の結果……216
1　子どもの4つのタイプと親子関係　216
2　「両立タイプ」は親子関係が良好　218
3　子どもの自立を育む家庭団欒　219

第9章　家庭団欒を維持するための知恵
——地縁に支えられ、新しい息吹（風）を家族に……221
1節◆家族の多様と団欒の変化……221
1　家族の姿と考え方の多様化　222
2　家族への思いと献身　222
3　父親の存在と意識の変化　224
2節◆地域と家族の新しい関係へ……228
1　自治会・町内会と家族のかかわり　228
2　地域の子ども会とその移り変わり　230
3節◆地域の祭りと家庭団欒……233
1　地域の祭りと子どもの役割　233
2　大阪南部地方の行事と風習　235
4節◆世代を超えた子育てと相互理解への取り組み……237
1　子育て支援と家族への取り組み　238
2　世代間の子育てと意識への働きかけ　240
5節◆まとめ……242

第10章　日本の伝統や文化の伝承者としての保育者 245
1節　子育ては「文化」 245
1　子育ては受け継いできた文化 245
2　子育ての文化には何があるか 246
3　子育ての文化はどう伝えられてきたか 248
2節　文化の伝承が途絶えてしまった「家庭」 249
1　核家族化の進行と家庭の教育力の低下 250
2　家庭生活の外注化 252
3　子育て文化の拡散 253
4　実践なき情報のみの子育て文化の伝承 255
3節　子育て文化が残存している「保育現場」と伝承者としての「保育者」 256
1　子育て文化を伝承する保育者の育成 256
2　子どもの生活文化の伝承 258
3　子どもの遊び文化の伝承 260
4　子どもにまつわる日本の伝統文化の伝承 265
5　子育て文化担い手の誇り 267

終　章　ゆるしの場としての家庭――イタリアの家族の事例から　269
1節◆家族殺しのエリカ　269
2節◆受刑者エリカの学位　270
3節◆人生は家族とともに　272
注　275
参考文献　290
執筆者紹介　292

序　章

はじめに

団欒とは「集まってなごやかに楽しむこと。親密で楽しい会合」[1]。

子どもが養育者の愛を実感できる場所、毎日毎日繰り返し集う場所、いのちを支える食の営みの場所、それは食卓。子どもの健全な成長発達を支える場である食卓を、本稿では、家庭のシンボルと捉えてみたいと思います。

本研究は家庭のシンボルとしての食卓に焦点をあて、子どもの生命力を育てる場としての食卓の機能、家庭団欒の教育的意義について検討します。筆者の仮説は「子どもがいきいきと生活するために、家庭団欒は不可欠な条件の一つである」というものです。こうした仮説を踏まえて、はじめに、問題の所在を明らかにするために、教育現場から教師の生の声を紹介したいと思います。

子どもたちと毎日触れ合う教師たちの報告によれば、育ち盛りの子どもの生活で、子どもの心身の育ちに最も大きな影響があると思われるのは「食」です。いわば、子どもの健やかな育ちが保障されているかどうかを見極める指標となるのが、子どもの食生活であるといえるでしょう。現代の子どもは、家族あるいは、家族に代わる愛情ある養育者とともに、心を通わせながら食べ物を分かち合っているでしょうか。

1節◆教育現場からの報告――2009（平成21）年現在

幼稚園・小学校・中学校・高等学校教諭たちの話し合い[2]を通じて、現代は家庭団欒といった家族のかかわりが希薄になっており、家族の対話が減少していることが明らかになりました。さらに、学校へ持参する昼ごはんの内容も変化しています。具体例を挙げると、お弁当の中身が家族の手作りのものから、冷凍食品へ、そして、冷凍食品からコンビニエンスストアのお弁当へと変わってきていることも報告されました。朝、親は中高生に対して、お金を渡し、自分で昼食を買うように働きかけているといいます。

高校の事例ではコンビニ弁当の生徒が増加するにつれて、学級崩壊が進み、勉強する雰囲気がみられなくなっていきました。そこで、全学的な取り組みとして、弁当持参の働きかけを行いました。これを通して、学級崩壊時における1クラスあたりの昼食時間後のごみの量は45リットル用大袋2袋であったものが、家庭から弁当を持参する生徒が増えるにつれ徐々に減少。そしてそれと同時に、クラスも落ち着きを取り戻し、学級崩壊が収束へ向かっていきました。

さらに、おもに公立高校において問題になっているのが、「便所弁」[3]です。いわゆる、トイレで昼食を食べる生徒たちの存在です。この現象は、教師たちにとって悩みの種であるとのこと。ある高校では、一人でトイレの個室内で食べる生徒もいれば、複数で車座になって食事をする例もあります。教師が生徒に「なぜ、トイレで食事をするのか」と尋ね、何回も話し合いを重ねていくうちにわかったことは、生徒たちの自尊心の低さがその原因ではないかと考えられると報告されました。

「自分には価値がない」「自分は教室で食事をする人間ではない」とつぶやく生徒たちを見ていて、辛く苦しくなると訴える高校教師の言葉に、同じ講習に参加していた教師たちが深くうなずいていました。便所弁、これも今後の日本における「子どもの食生活をめぐる課題の一つ」だと考えられます。排泄する場での食事というものが、人間の尊厳を否定するものではないかと考えるのは筆者だけでしょうか。

この報告を裏付けるように、先行研究[4]からも子どもたちの食環境は次第に乏しいものになりつつあることは明らかです。さて、先の報告から5年後、２０１４（平成26）年現在の子どもの様子をみてみましょう[5]。

2節◆高等学校教諭の報告――２０１４（平成26）年現在

「子どもがいきいきと生活するために、家庭団欒は不可欠な条件である」という仮説に対して、私は完全に同意します。

ただし、それに関しては、家庭に両親が揃っているかどうかはあまり関係ないようです。両親がいる場合は、家庭の基本は夫婦仲だと考えます。両親が揃っていても、経済的に豊かでも、親の仲が悪いと子どもは小さくてもちゃんと見抜いてしまいます。

家の雰囲気が落ち着いている子は、本人も精神的に落ち着いています。いきいきと、というより、安定している。もちろん腹立たしいことのある日もあるでしょうが、そのアップダウンを周りに撒き散らさずにコントロールすることができます。

私はいきいきとしていることより、安定していることの方が、子どもの健全な発達に重要だと感じます。今、目の前にいる生徒たちを見ていて気がかりなのは、母親が息子をかわいく思うあまりに注意できないこと、つまり、息子から反抗されるのが嫌で、きちんとしつけができないケースがよくみられることです。

たとえば、バイクもタバコも「私はきつく言えないので、学校で厳しくやってください」と学校にしつけを丸投げし、親として、それが恥ずかしいことだという意識すらありません。子どもは、確かに大事に愛されて育っています。家庭の会話もあるのでしょう。だから攻撃的な態度をとるわけではなく、生きる意欲がないわけでもない。いきいきと生活はしています。が、規範意識は低く、悪気なく他人に迷惑をかけます。ルール違反も軽い気持ちでします。こういう家庭をみると、ただ団欒があり、子どもがいきいきとしていればいいというものでもない、と私は思います。

それから、高校生ともなると、悩みや苦しみをそのまま表に出す子ばかりではありません。尋常ではない人生の苦悩を味わっている真っ最中でも、学校を休まず、勉強や部活を頑張っている生徒は、少なからずいます。目立って様子がおかしいわけではなく、むしろいきいきとして見えるため、周囲は気づきません。本人が気づかれないように必死に振る舞っているので、当然です。私も気づいたのは全くの偶然です。そのような生徒に「悩みがなさそうでいいな」などと声をかけると、それはひどい暴言となってしまいます。一見、いきいきとした生徒も、人知れず悩みを抱えていることもあるので、言動に配慮しなければと日々思っています。

以上、これら教諭の報告のなかで特に注目できる点は二点あります。第一は家庭団欒の内実が重要であること、第二は教師が見えないものを見ようとする力をもち、いきいきしているかといった表面的な様相だけでなく、その子どもが善い生き方へ向かって育っているかを見極めることです。これらの点についてもう少し掘り下げてみましょう。
第一の点については、食卓を囲んでどのような雰囲気があるのか、それが非常に重要であるということです。栄養バランスがとれ、見た目も美しく、美味しそうな食事が並んでいても、そこに温かな雰囲気がなければ、子どもの心は満たされません。家庭における温かい雰囲気が大切であるという点について考えるために、一冊の本を紹介します。その本とは『クレスカ15歳　冬の終りに』[6]。物語の主人公はクレスカという15歳の女の子ですが、そのクレスカを慕う6歳の女の子（アウレリア）に注目してみましょう。この子は自分の家の空気に耐えられず、とうとう家出をしてしまいます。この書の全体を通して語られるアウレリアの家の様子をみると、子どもがいかに真実の愛を望んでいるかが知られます。以下に、アウレリアの家族の様子をまとめてみましょう。

両親は揃って立派な仕事をもっていて忙しい。お金があって、何でも私に買ってくれる。でも両親は会えば言い争いばかり。私の家は素敵じゃない。みんながいっしょに笑って、食べるなんて、ない。家庭の空気は冷たい。家の食卓には栄養のある食べ物がいっぱい並ぶ。食べないとママは怒る。でも食べたくない。

アウレリアにとって「美味しい匂いは……家庭が生きていることと、待っていることを意味した」[7]とあるように、子どもにとって本当に大切なのは、家で自分を待っていてくれる人があり、食卓を囲むみんなに笑顔があること。アウレリアの母親は、いつも表情の暗いわが娘が家出先では朗らかで食欲旺盛であったことを知り愕然とします。そこで家出したわが娘に食べさせてくれていた家庭の母親に尋ねます。どんなスパイスを入れている？……阿片《あへん》でも？と、真顔で。するとその母親は笑って答えます。

「……阿片《あへん》かもしれないわね。心のね。……」[8]

愛情のこもった料理と笑顔。それさえあれば、子どもは健やかに育つのではないかと思わせてくれる本です。
さて、高校教諭の報告にみる重要な第二の点は、表面的に見えるものに囚われず子どもの心を推察すること。この教諭はその生徒の苦しみを知ったのは、偶然、と報告しています。しかし、この教諭が子どもからみて信頼に値する教諭であったからこそ、生徒は心を開いたのでしょう。そして、表面的にその子がいきいきとしているか、だけでなく、その子どもが善い生き方――倫理的な生き方――へ向かって育っているかを見極めることは非常に重要です。学力は伸びているか、明朗であるか、といった問い以前の問題、われわれは「どのような人間にこの子を育てたいのか」といった根源的な問いを忘れてはなりません。

さて、高校現場からの報告を踏まえて、次節では保育者でありながら、同時に専門学校で教鞭をとる教師による「子どものものさし（価値観）」を育てる場としての団欒、保育園の事例から団欒の教育的意義について考えてみましょう。子どもは幼ければ幼いほど家庭の影響を強く受けます。近年、保育現場では大人中心の家庭生活のなかで、心が満たされない状態の園児たちの姿が少なからず観察されています。

3節　保育現場からの報告――2014（平成26）年現在

1　「心のものさし（価値観）」を育てる場としての食卓

「いきいきと生きる子ども」を思い描いたとき、私は、キラキラと目を輝かせ自分のやりたいことを見つけ、汗をいっぱいにかいて、無心に取り組んでいる子どもの姿が思い浮んできました。いきいきと生きている子どもたちに共通することは何か？ この問いに対してはっきりとした答えが心に浮かび上がってきました。

心の安定こそ、健やかな成長に必要なこと

これは、子どもがいきいきと生きていくためには、欠かせない条件であることは間違いない、と強く感じます。また、その条件を満たしていけるのは、その子どもたちに無償の愛をもってかかわる大人（親）ではないでしょうか。親は、その子どもの命を守る第一の責任者であると同時に、その子どもにとっての第一の教育者であるべきだ、と考えます。

保育士や教師が指導・教育をする前に、その子どものなかに善悪の判断やたくさんの経験を通して喜び、嬉しさ、楽しさ、悲しさ、悔しさなど、さまざまな感情を感じることができるように、心づくりの準備をすること（その子が生きていくために必要な心のものさしを育てること）が親の役割の一つでしょう。もちろん、心のものさし（価値観）の基準は、すべての子どもが一律であるということはありません。家庭という、子どもが過ごす最初の小さな社会で、家族の一人として過ごした日々、そして家族や子どもがかかわる人たちとのコミュニケーションなど、さまざまな経験がその子なりの心のものさしに大きく影響を与え、次の社会である園生活へと歩みを進める際の基盤になるのです。

園という社会のなかで、初めて出会う他人（友だちや先生）と過ごしながら、自分の心のものさしを先生や友だちの心のものさしとすりあわせながら、子どもは自分の心のものさしを成長させていきます。その後、成長するにつれ、少しずつ、大きな社会へ足を踏み入れながら、その都度、自分の心のものさしを確かなものへと育てていくのです。心のものさしが、その時々に応じて、しっかりと身についている子どもは、いきいきと自分らしく生きていけるのではないでしょうか。
ただし、この、心のものさしは、経済的に豊かだから、両親が揃っているから、片親だからなどという理由で、良くなったり、悪くなったりするものではないということも、はっきりしていることだと考えます。良い心のものさし、悪い心のものさしというのも、存在しないように感じます。子どもたちの心のものさしは、未熟であり、可能性を秘めており、現在進行形で成長しているため、かかわる大人により変わっていくのです。そうなると、子どもたちにかかわる大人の責任は大きく、心のものさしづくりには、その子どもとかかわる周りの大人の心、価値観、倫理観などが、大きく関与するのです。そして、子どもの心のものさしを育てる場の一つとして、家族団欒、食卓を囲みながらの豊かなコミュニケーションはとても大切です。

大人も子どもも食事をするとき、他の生き物の命をいただきながら、自分の命を支える＝「生きる」活動をしています。その食べること＝生きる活動をしながら、子どもは親（家族）から学び、感じ、絆を強めながら、身体づくりと心づくりを行っていくのです。食事をするということは、ただ食べ物を口にするだけでなく、実は、その心にもたくさんの栄養が注がれていることを意味します。心に注がれている栄養分は、口から得られる身体への栄養分とともに、子ども自身を豊かにしてくれます。すなわち、食卓を囲んで、ともに食する行為は、子ども自身の人間形成に大きくかかわることなのです。

これらをまとめるならば、食事をするという行為は、その行為を行う時間のなかで起こりうる、すべてのことやかかわる人たちの心情、行為すべてをいただいているといえるでしょう。

2 事例「Aちゃんの牛乳」

4歳のAちゃんは牛乳が苦手です。おやつのときに最後まで机に残り牛乳を飲めずに半べそをかいていたり、牛乳びんを倒してこぼしてしまったりする姿がたびたび見られます。その日、私は久しぶりにAちゃんのいる4歳児クラスに入りました。Aちゃんがおやつの時間に「先生、ここ来て」と誘い、自分の席の横を少し詰めてスペースをつくり、いすを運んで私の席を用意してくれました。彼女のかわいらしいまなざしは「先生、一緒に食べるよね」というメッセージを送ってくれていました。私は「嬉しいな。じゃ、先生も仲間に入れてくれる？ ありがとうね」と言い、Aちゃんのグループでおやつを食べることにしました。

私はAちゃんが牛乳を苦手であることを心に留めながら、一口だけ牛乳を飲んで、一緒におやつを食べ、子どもたちの話に耳を傾けていました。

Aちゃんは、2歳の妹、生まれたばかりの赤ちゃんの弟の話をお姉さんらしく、楽しそうに話して聞かせてくれました。Aちゃんは牛乳びんのラベルを剥がし、蓋をあけて、ごくごくと飲み、私の牛乳びんの横に自分の牛乳びんを並べて、嬉しそうに、「先生と同じくらいや」とにっこりと私に笑みを見せました。子どもたちの話をたくさん聞かせてもらったので、このタイミングで私からも話をしてみることにしました。

「先生ね、牛乳大好きなんだ。寒い寒い冬は、あったかくして飲むし、暑い暑い夏は冷たく冷やして飲むと美味しいでしょう」と言うと、同じグループにいた子どもたちが、牛乳に関して、いろいろな話を始めました。お母さんがコーヒーに牛乳を入れて飲んでいた話、ママとデザートを牛乳でつくった話、農業公園で牛の乳絞りをみた話、コーンフレークに牛乳とヨーグルトを入れて食べた話など、自分が牛乳を通して経験したことを盛り込んでいきいきと話をしてくれました。そんななか、Aちゃんからは、そういう話は一つも聞くことができませんでした。

Aちゃんの家族は5人。両親は揃っていますが、2歳の妹、0歳の弟を抱え仕事をしている母親はとても多忙です。長女であるAちゃんにかまう時間は少なく、そのかかわりも妹の世話の依頼が多く、Aちゃんはお母さんに甘えられる時間が少ないようです。

園生活においてAちゃんは、お昼寝後、自分から起きられず、ぐずることが多くみられ、行動の端々に大人の愛情を求める行動が観察されます。たいていの場合、4歳児（年中児）ともなると、多様な活動に主体的に取り組む様子がみられるものですが、Aちゃんは何事にも物怖じしがちで、自信がもてない様子。いわば、成長への確かな一歩が踏み出せない状態にあるようです。

Aちゃんのケースに限らず、多くの子どもの様子を見ていて感じることは、子どもの心が安定し、自分から活動しようと意欲が育つためには、その前提として、子どもの心を受け止める特定の大人が身近にいることが大切なのではないかということです。

ほんのひとときでも、子どもにかかわる大人が、食卓を囲むときに、わが心を添え、温かな言葉をかけ、対話を楽しむことはできないものでしょうか。子どもと向き合う時間を大人自身が楽しみ、心地よく感じて過ごせるなら……、子どもの心は、確かに満たされ、勇気を持って成長への一歩を踏み出せるのでは、と感じます。
数多くの子どもたちとともに園生活を過ごして痛切に感じることは、夕食をともに過ごすから、そこに必ず家族団欒があるわけではなく、ともに過ごす家族と食事をしながら、心を通わすことで団欒が生まれ、それこそが大切であるということです。

これまで、教育・保育現場からの報告をもとにして、子どもたちの現状の把握、そして子どもの姿と食卓・団欒・家庭のあり方との関連について検討してきました。次節では、食卓のあり方を通してみえる子どもの姿[9]、そして、家族のあり方についての研究[10]に焦点をあて、人間が帰る場としての家族について考えていきたいと思います。

4節◆家庭団欒の教育的意義

1　室田洋子の研究に学ぶ

「口にするものは、ほんのささやかな食物でもよい。そこに人と人とのあたたかな感触があり、受け入れられ、ねぎらわれ、そっとあたためてもらえるかかわりがありさえすれば[11]」

室田氏によれば「食卓は非常に心理的な場[12]」である。それは「人間関係の質が凝縮して繰り返し示される場である[13]」からだという。以下に「食卓のもつ四つの心理的な要素——相手、距離、時間、頻度[14]」をまとめてみます。

食卓のもつ心理的な第一の要素……相手——人との継続的な関係

食卓につくメンバーはいつも同じであるため、その相手から持続的に影響を受ける。両親のもつ価値観は子どもを方向付けていく。

距離——メタ・コミュニケーション

食卓のいすにつけば、皆が同じ高さになり対等な関係になる。本来、コミュニケーションは非言語的なコミュニケーション（メタ・コミュニケーション）が全体の93％を占める。食卓という近距離でメタ・コミュニケーション——表情やしぐさ、態度や目線——が一瞬のうちに本当の意味を伝える。

時間——逃げられない時間の共有

食事の時間は始まりから終わりまで座っている。食事のときにしつけや苦言の言葉ばかりでマイナスの言葉が続くと、心が縮み、いたくない場所になる。反面、プラスの会話があふれるともう少しこの輪のなかにいてみたいと思える。

頻度——一生のうちに何回食卓に？

1日に何回も囲む食卓。そのたびに、いつもの人からいつものメッセージが届けられる。食卓が温かくて安心できるのか、心がくたびれ果てるのか……。食卓で子どもの不足点を指摘し続ける大人の存在は、子どもの心にとってどれほどの重荷であろうか。
以上が食卓のもつ四つの心理的な要素です。こうしてみると、食卓のもつ意味がいかに大きいかがわかります。さらに「ダブル・バインド」[15]の項をみてみましょう。

ダブル・バインド（二重拘束状態）

たとえば、給食は残さず全部食べなければならないと教師は考えているのだが、目の前にいる給食を食べられない生徒に対して「食べたくなければ食べなくてもいい」と告げる。でも、子どもは教師の目、しぐさや態度で「許さない」と思っていることをわかる。そうなると「食べなくていい」と言いながら、実は「食べないと許さない」という態度で責めてくる状態、それを二重拘束という。これは大人が「……しないとあなたを見捨てる」というメッセージを伝えることになり、そこにあるのは怒りと拒絶である。

これまで、食卓のもつ四つの心理的要素、そしてダブル・バインドについて学びました。最後に、室田氏の述べる、望ましい食卓で育つものについて触れてみましょう。
温かい食卓で育つもの、それは安心感。子どもは温かさの中で育つとき、自分は自分であるからよいという自信を身に付けていく。毎日繰り返される大人とのかかわりを通して「子どもの心の根っこ」[16]がつくられる。「心の根っことは、自分がこの世に存在していることは、いいことだという感覚」[17]であり、長い人生を心健やかに歩むためになくてはならない「人格の基底核」[18]なのです。

それでは、本稿の最後に河合隼雄の家族に関する著書に注目してみましょう。これからの日本の家族には何が必要なのでしょうか。河合の家族論をひも解くことで、貴重な示唆を得られることでしょう。

2 河合隼雄の研究に学ぶ

河合によれば、「『イエ』という伝統的な日本の家父長制では、祖霊が家族の支柱としてあったが、現代は何を家族の中心に据えることができるのだろうか。マスコミなどで片親の子どもの非行問題がとりあげられるが、片親だから非行が多いということは絶対にない。むしろ、実際の両親がそろっていても、子どもの心の中に父親像や母親像が不在であることのほうが大きな問題である」[19]。「家族を大事にしているといいながら、どちらかといえば、形式的な面の方が追求されている」[20]。本来、家族とは「単なる形でなく、自分のエネルギーをどれほど投入しているか」[21]が重要なのです。「人間は『自立』はできても『孤立』はできない……。やはり家族のあいだの温かい人間関係に支えられてこそ、本来の自分らしさを生きられる」[22]。では、現代の家族は、温かい人間関係を維持しているでしょうか。[23]
これからの家族を、河合の家族論をもとに洞察するとき、その最も中心的課題は、家族は「永遠の同伴者と生きる」[24]ことができるか、ということではないでしょうか。河合のいう永遠の同伴者とは、一定の宗教を指し示すのではなく、家族の中心に超越的な価値観を据えることを意味しています。たとえば、人知を超えた超越者である神の存在を前提とした価値観を有する社会では、高みからみていてくれる存在者がいるからこそ、この世の見えるものの価値だけに囚われることなく生きていける。いわば、すべての人が向かう死の問題――われわれのいのちはどこから来てどこへ行くのかといった生命の神秘への問い――も、超越者の存在――永遠の同伴者が、われわれに秩序付けながら、その答えを与えてくれるのです。いわば、永遠の同伴者とは、ことの始まりと終わりを秩序立てる存在者ともいえるでしょう。たとえば、家族は「『外側に』特別なものを求めがちな現代人にとって、平凡な日常に足をつけて生きていくことの重要性や、自分の『内側に』目を向け続けることの意味について、最もよく気づかせてくれる場であるように感じますが[25]……」という問いに対し、河合の回答は以下の通りです[26]。

家族のことを深く考えれば、そこに自分の意志を超えたものが存在するのは明白です。その自分の意志を超えた存在を大事にしていくことが宗教のはじまりといえるのではないでしょうか。……ある人と結婚し、子どもが生まれ、そうやって家族になった機会を本気で生きようと思ったら、絶対に超越体験というものが出てきます。それはとても大事なものではないかと思うのです。

おわりに――家庭団欒から真の団欒へ

本章は家庭のシンボルとしての食卓に焦点をあて、子どもの生命力を育てる場としての食卓の機能、家庭団欒の教育的意義について検討しました。筆者の仮説は「子どもがいきいきと生活するために、家庭団欒は不可欠な条件の一つである」というものでした。それをもとにして、教育現場からの報告を通して子どもの食をめぐる現状を把握し、その後、それに関する文献を通して、家庭団欒の教育的意義について考察しました。

結果、家庭団欒は確かに重要ですが、大切なのはその内実であるとわかりました。その内実とは、いかに子どもの心の声に耳を傾け、愛情を注げるかというものです。食卓を囲み笑顔あふれる対話があることは、子どもの身体だけでなく心も満たすものです。これからの家族が温かな人間関係を維持し、子どもの心の叫びをくみとり、子どもの本質的な幸せを追求することが肝要でしょう。

社会の核である家族。出発の場である家族。その家族のシンボルである食卓で、子どもは「人格の基底核[27]」をつくります。子どもの心の中心には平和の種があります。ボーダーレスの社会を生き抜く子どもたちは、温かな家庭団欒を通して愛され、愛を学び、愛を蓄え、世界平和のキーワードである「寛容さ（tolerance）」を身につけます。家庭で寛容さを身につけた子どもは、宗教、民族、イデオロギーなどを超えた団欒――真の団欒[28]――を用意できる人材に育つことでしょう。

「何でも可能にすることができる愛する子どもたちが、私と一緒になって、人類と世界のために平和を築きあげることを願っています。
"Io prego i cari bambini, che possono tutto, di unirsi a me per la costruzione della pace negli uomoni e nel mondo."（Epitaffio di Maria Montessori）[29]」

第1章　理想の父親像をめぐる歴史的断章

〈厳父〉〈頑固親父〉〈カミナリ親父〉〈ぐうたら親父〉〈イクメン〉……父親についてのイメージは多種多様です。歴史を振り返ると、父親をめぐるさまざまな理念や現実が存在したことがうかがえます。歴史的な知見は、〈良き父親〉の諸条件を示唆してくれる一方で、〈理想の父親〉あるいは普遍的な原理として語れる父性が幻想に過ぎないことも教えてくれます。そうした前提を踏まえつつ、それでもなお、父親として誠実に生きようとする際、指針とすべき原則は何なのでしょうか。それは、寛容と忍耐、慈愛と行動力、そして謙虚さです。父親存在の歴史的展望を開きつつ、考察していくことにしましょう。

1節 はじめに

1 父親になること、父親であること

父親になることは難しくはないが、父親であることは極めて難しい。

これはドイツの詩人・風刺画家ブッシュ（Busch, W.）の言葉です。未婚か既婚か、自然（性行為）か人為（生殖補助医療）かを問わず、女性との間に子どもをもうけることで、男性は生物学的な父親になります。その一方で、社会学的な父親になるケースはさまざまです。子連れの女性と結婚して法律上の父となる。子宝に恵まれず他人の子どもを里子に迎える。養子縁組をして養父になる。血のつながりの有無にかかわりなく、「父親になる」のです。
昨今、多くの父親が「父親であることは極めて難しい」と実感しています。世間が期待する父親役割を担い、理想の父親を演じるのは容易なことではないからです。かつて「育児をしない男を、父親と呼ばない」というキャッチコピーが話題になりました。この標語が記されたポスター[1]を見て、落第点をつけられたと感じた父親も少なくはなかったでしょう。たいていの父親たちは、仕事が忙しく、家庭や育児を省みるゆとりがなかったからです。マスメディアが喧伝する理想と現実のギャップを痛感していたはずです。平成10年の『厚生白書』をひもとくと、6歳未満の子どものいる世帯の1日の

育児時間は、妻の2時間39分に対して、夫はわずか17分しかありませんでした。子育てよりも仕事を優先せざるをえない状況に加え、「男は仕事中心、女は家庭中心」という意識があったといわれています[2]。

父親と子どもの関係性も変化します。幼少期は「パパ」「お父さん」とすり寄ってきた子どもたち。ところが、思春期を迎えると、無視・無関心を決め込みます。「親父のようにはなりたくない」と反抗する息子。「うざい」「臭い」「キモい」と悪態をつき心理的・物理的に距離を取ろうとする娘。難しい年頃の子どもたちの反応はさまざまです。自立に向かうエネルギーは、時として、それまで依存してきた対象への嫌悪や攻撃となって現れます。こうした事態に直面して、父親は慌てふためき落ち込みます。東京近郊に暮らす中学生の父親を対象とした調査（２００７年）では、わが子との関係に自信を喪失している父親が全体の半数に達していたといいます[3]。「父親であることは極めて難しい」状況が浮き彫りになったのです。

2　父親をめぐる揺らぎ

理想と現実の隔たりは、「父親である」「父親になる」ことへのゆらぎとなって現れます。「地震、雷、火事、親父」といわれたような〈怖い父親〉〈厳しい父親〉がノスタルジーをかき立てる一方で、積極的に育児に参加する子煩悩な〈イクメン〉が脚光を浴びています。「父親であること」について の多様なイメージが氾濫するなかで、何を理想として、誰を模範とするべきなのか、「父親になる」ことに戸惑いを覚える男性も少なくはありません。子どもを出産した事実によって女性が「母親になる」とすれば、男性は経験と学習を通じて「父親になる」自覚を得るのです。『幸福論』を著した哲学者ラッセル（Russell, B.）は、親になることは人生が提供する最大かつ最も長続きする幸福を与え、親として味わった幸福は他のどんな幸福よりも大きい、と述べています[4]。しかし、現代日本で暮らす私たちが「父親になる」幸福を実感することは、決してたやすくはないのです。

3　父親の歴史を振り返るとは

「父親であること」と「父親になること」は、生活舞台である家族とそれを取り巻く社会とともに変容してきました。出生率や死亡率、結婚年齢や子ども数などの人口動態、社会構造、あるいは宗教思想や律法が家族や父親存在のありようを規定し、父親イメージを形成してきました。ひるがえって、父親の生きざまそのものが理念や理想の変化を促すこともあったでしょう。

父親をめぐるイメージが錯綜している昨今、それを知的に解きほぐしてみる作業が必要です。「知識基盤社会（knowledge-based society）[5]」にあって、幸せな家族の処方箋を用意するためには、家族とは何なのか、父親はどのような存在であったのか、理念と実態に注目しながら、現状を見つめ直さなければならないでしょう。自らがよって立つ足場がしっかりと定まるからこそ、彼方の地平（＝未来）を臨むことができるのです。迷いそうになった時は、それまで歩んできた道をたどり直すことが有益です。歴史を振り返りながら、父親についての展望を開き、ともに考えていきましょう。

2節 〈厳父〉〈頑固親父〉〈賢父〉の原像

1 父親による支配

family《ファミリー》（英）、famille《ファミーユ》（仏）、Familie《ファミーリエ》（独）の語源は、ラテン語（古代ローマの公用語）の familia《ファミリア》です。familia《ファミリア》とは、第一に家長（pater《パーター》 familias《ファミリアス》）支配されている奴隷、第二に自由身分ではあるが家長に服従している妻や子ども、そして第三は家長が所有する物の総称でした。つまり familia《ファミリア》とは家長に服する人や物の総体を指していたのです[6]。

ローマ法は、父親に絶大な権限を与えていました。patria《パトリア》 potestas《ポテスタス》（家父長権）と呼ばれた支配権は、財産の所有権と処分権のみならず、家族構成員の「殺生与奪の権力」にまで及んでいました[7]。元老院（senatis《セナトス》：年長者の意）のメンバーが互いを patres《パトレス》 conscripti《コンスクリプティ》（集められた父親）と呼び合っていたように、家族の人間関係が公的生活や政治秩序にまで及んでいました[8]。

家族は，親子のみならず、さまざまな血縁者、非血縁者などが身を寄せ合って暮らす大きな集団で、生産と消費、医療、教育、福祉など、さまざまな機能を備えていました。人々は身を寄せ合って、厳しい生活に立ち向かっていたのです。

家族生活を統治するのは父親の役割でした。ソクラテス（Socrates）の弟子クセノフォン（Xenophon）は、経済学の原典ともいわれる『家政論』（Oiconomikos《オイコノミコス》）を残しています[9]。ギリシャ語のoikos《オイコス》とは「家」、nomos《ノモス》は「法」を意味していました。Oiconomikos《オイコノミコス》とは「家の法」、つまり家政を司っていくための百科全書的知識を提供していました。『家政論』とは父親のための教養と実用的な知識を提供していたのです。[10]
ヨーロッパ伝統社会の父親は、家族を支配・統制する法的権限と実質的能力を備えていました。家族の成員にとって父親は絶対者・全能者といっても過言ではありませんでした。威厳あるリーダー、家族の代表、意固地な頑固者……古典的な父親像は、こうした法制（de jure《デジュール》）と実態（de facto《デファクト》）によってつくりあげられていったのです。

2　父権の再強化と契約概念

近代への幕開けを告げる宗教改革は、家族の文化構造や父親の精神性に新たな地平を拓いていきました。家族は「小さな教会」「小さな共和国」にたとえられるようになりました。「聖書中心」「万人司祭」の教義のもと、家族礼拝が守られるようになったのです。父親は家族にあっては、君主、聖職者、判事、校長のように、宗教的・道徳的権威を強めていったのです。

この時期、父親に向けて書かれた子育て書が数多く出版されていました。特にプロテスタントの聖職者たちは、家族を治めて次世代を正しい信仰へと導く務めを父親に託していました。17～18世紀への転換期、ボストン（アメリカ）で指導的な役割を果たしていたマザー牧師（Mather, C.）は、子どもを宗教的な救いに導く責任を呼び起こすために、父親たちに向かってさまざまな説教を試みました。マザーは、父親自身が信仰と生活の良き模範となるべきだと主張する一方で、高圧的な態度は子どもの反抗心を招くと戒めていました。彼は体罰にも懐疑的でした。「激情にかられて子どもを鞭打ってはなりません。怒りが鎮まるまで待ちなさい」と教えていたのです。子どもの魂を救うには、厳しさのなかにも愛情が必要であり、父親自身が敬虔な信仰者、祈りの人になるように勧めていました。[11]
宗教改革が家族関係にもたらした帰結として、契約概念の浸透が挙げられます。カトリックが結婚を秘蹟として神聖視したのに対して、プロテスタントは男女間の世俗的な契約であるとみなしました。契約概念は父親の育児態度にも影響を及ぼしました。紳士（ジェントルマン）教育論を提唱したロック（Locke, J.）は、教育とは「父権の第一の、あるいはむしろその義務」であり、子どもの教育や財産の譲渡など、父親としての務めを果たしてこそ、子どもの尊敬や服従を得ることができると説いていました。[12]理性的な態度で子育てに臨み、最良の遺産としての教育（Breeding）を残すことが期待されていたのです。そうした務めは、父親と子どもの間に交わされた契約に基づいていると捉えられました。

3　体罰批判と子どもの内面統制

ロックもまた、子どもへの愛情が不可欠であると指摘しました。「子どもが成長して、理性をはたらかせるようになれば、それに応じて、徐々に厳しい統制をゆるめ、父親の顔つきもおだやかになるようにし、親子の隔たりも次第になくすようにしていけば、子どもは、父親から受けた以前の束縛は自分に対する思いやりに他ならず、自分を両親の愛情と万人の尊敬を受けるに値する人物に仕上げるための配慮であったということに気がつき、拘束があったことがかえって父親に対する愛情を増すことになるでしょう」[13]と述べていました。

マザーと同様、ロックも体罰には消極的でした。彼は「鞭で打ったり、その他あらゆる種類の奴隷的な体罰を与えることは、賢くて善良かつ純朴な人間にしたいと思っている子どもの教育に用いるには不適切な訓練法です」「叩くことは子どもを矯正するために用いられる方法としては最悪であり、最後の手段です」と非難していました。奴隷的なしつけが卑屈な気質をつくりあげ、子どもは鞭の恐怖に服従を装うものの、「鞭がとり去られ、見えなくなって、罰を受けないことを確信すると、子どもは生まれつきの性癖を大きく拡大する」と警戒していました。体罰を繰り返すと、子どもの自尊心が麻痺する一方で、感情に駆られて叱責を繰り返す父親を軽蔑するようになり、父親を尊敬できなくなった子どもがその指導に耳を貸さなくなるのは当然であると警告していました。

体罰に代わってロックが提唱したのは、子どもの羞恥心や名誉心など、心に訴えることでした。当時のプロテスタントの間では、カテキズム（教理問答）を通じて、罪、死や地獄の恐怖心に訴えて、子どもを回心へと導こうと試みられていました。それに対して、ロックは「名誉を愛し、恥辱と不名誉を畏れる気持ちをひとたび子どもにおこすことができれば、いつも子どもにはたらきかけ、正しい道にすすみたいと思わせようとする真の原理を子どもに教えこんだことになる」と考えていました[14]。

彼は、子どもを褒めて認めながら、理性に働きかけることで、規律の内面化を図ろうとしたのです。ロックは、プロテスタンティズムの抑圧的な志向性を排除しつつ、合理的に子どもの内面を統制していく方法を探っていたのです。

３節◆〈育児なしの父親〉の登場

１　近代家族の誕生と子どもへのまなざし

産業革命は、家族の構造・機能・感情に大きな変化をもたらしました。工場などの新しい労働市場に参入することで、地縁・血縁によらずとも、自らの意志や努力によって生活を切り開くことが可能になりました。愛情が男女を結びつける重要な要因となり、恋愛感情（ロマンチック・ラブ）こそ、家族を形成する紐帯《ちゅうたい》となっていきました。[15]
夫婦の情愛を中心とした小規模な家族は、社会に対して物理的・心理的な壁を築き、家庭（home）でのプライバシーを重視しました。職住分離が進むにつれて性別役割分業も確立し、男性は賃金労働者として家庭外で働き、家族を養いました。その一方で、女性は主婦として家事と育児にいそしんだのです。家庭は、公的世界で心身を疲弊させた夫が妻と子どもたちと憩う癒しの空間となりました。家族生活は、親密化、感情化、センチメンタル化、プライベート化していったのです。家庭は「一家団欒」に象徴される感情生活の舞台となっていきました。
持参金や家産とは異なり、恋愛感情は実態や物証をともないません。夫婦が互いの絆を確かめ合うには、それを具体化する〈何ものか〉が必要でした。哲学者ヘーゲル（Hegel, G.）は『法哲学』（１８２１）で次のように指摘していました。

「夫婦間では愛の関係はまだ客観的ではない。なぜなら、たといその愛の感情が実体的一体性をなしているにしても、この一体性はなお対象性を持たないからである。両親はその子供においてはじめてこのような対象性をえるのであり、子供において結合の全体を眼前に持つのである。母は子供において夫を愛し、夫は子供において妻を愛する。両者は子供においてみずからの愛に直面する」[16]
ヘーゲルは、子どもとは夫婦の一体性を対象化した存在であると考えていたのです。両親にとって、子どもは愛の証《あかし》、かわいがりの対象に他なりませんでした。避妊の知識や技術が普及すると、両親は限られた経済・感情資本を効果的に投入するために、子どもを少なく生んで大切に育てようとしました。子どもは〈さずかりもの〉から〈つくるもの〉となり、計画出産とともに少子化が進行していきました。近代家族は、子どもを家族生活の中心に据えた教育家族であり、子どもは「人並み以上」に育てられる〈教育の対象〉として発見されたのです。

2　団欒を演出する父親

家庭生活における父親は〈支配者〉〈監督者〉から〈大黒柱〉へと変容していきました。仕事場が家庭外に移ったことで、父親は家族経済を支える稼ぎ手となりました。家庭における子どもの教育についての権限は父親から母親へと譲り渡されていきました。父親にとって家庭とは、子育てに励む領域というよりも、妻子と一緒に団欒を楽しむ憩いの場となったのです。

18世紀以降、おもちゃが大量生産されはじめ、19世紀にはブームを迎えました。おもちゃはクリスマスや誕生日などを祝うための必須アイテムとなりました。とりわけクリスマスは「蝋燭の明かりで飾られたクリスマスツリーのしたで子どもに贈り物をさずける、神秘と輝きに満ちた祭り」[17]として家族で楽しむイベントになりました。七面鳥やプラム・プディングなどのご馳走が用意され、父親の帰宅を待って、クリスマス・イヴのささやかな祝宴が催されました。親子で遊び戯れ、子どもたちにはプレゼントが渡されました。サンタクロースが象徴しているように、プレゼントはもっぱら父親によって用意されました[18]。

図1－1　1890年のロンドン動物園[20]

休日こそ一家団欒のコーディネーターである父親の面目躍如でした。19世紀から20世紀にかけて、さまざまなレジャーが家族をターゲットに商業化されていきました。お金を払って娯楽に興じる消費文化が広がっていったのです。たとえば、テーマ・パークやアミューズメント・パークの嚆矢が動物園（Zoo）でした。この言葉は「動物がいる庭園（Zoological garden）」の短縮表現で、１８６７年にミュージックホールでヒットした「日曜日には動物園に行って（Walking in the Zoo on Sunday）」という歌ではじめて使われたそうです。言葉の響きから類推できるように、そこは子どもを主要な客とみなす文化・娯楽・教育施設でした[19]。19世紀末のロンドン動物園の様子を描いたポートレートには、何組かの親子連れが確認できます（図1－1）。紳士が淑女をエスコートする傍らに爬虫類に見入る子どもたちがいます。夫婦と2人の子どもによって構成された核家族の姿で、誰もみな正装しています。休日のレジャーは家族の幸福をアピールする晴れ舞台であり、父親の誇りと虚栄心が満たされる機会であったのです。

3　父性の発見

近代家族のライフスタイルは夫婦の性別役割分業によって確立していきました。19世紀後半、女性のための「家政学（home economics《ホーム エコノミックス》）」の幕開けを告げる『アメリカン・ウーマンズ・ホーム（American Woman's Home）』（1869）が発刊されました。[21]また、女性思想家ケイ（Key, E.）を筆頭に、子どもへの愛情や育児行動は母親の先天的な本能であると理解されはじめました。ケイが唱えたmoderskap《モーダースカップ》（スウェーデン語）は、小児科医三田谷啓《さんだやひらく》によって大正期に母性と訳され、日本でも広く知られるようになりました。[22]こうした動向と表裏をなして、家庭における父親の役割は縮小していきました。生活者としての父親には、社会情報を家庭内に持ち込んだり、子女が手に負えない力仕事を担ったり、時に子どもを厳しく叱責する役割が期待されたのです。

父親存在のありようは、20世紀に入ると、精神分析学や社会学によって追認されていきました。フロイト（Freud, G.）は、父親は子ども（特に男児）が社会の禁止、ルール、原理や原則、価値を取り入れるように揺さぶりをかける存在であり、社会の権威を象徴していると捉えました。一方、社会学者のパーソンズ（Persons, T.）は、父親は自らがかかわる社会的関心事を家族のなかに持ち込み、貯蓄や転居など家族にとって重要な事案の最終的な決定権を担っていると考えました。父親は公平で健全な判断で家族を経営し、母親依存状態から子どもを引き離して社会のなかに押し出す機能を果たすとみなしました。[23]
子どもを包み込んで慈しんでいく母性。子どもに規則や試練を課して切り離す父性。これら二つの原則が近代家族の性別役割分業と結びつき、母親と父親イメージを醸成していきました。深層心理を研究したユング（Jung, C.）が唱えた母性と父性は、河合隼雄によってわが国に広く知られるようになりました。母性原理とは「包む」原理であり、やさしさ・受容・保護などを意味します。父性原理とは「切る」原理で、厳しさ・規律・鍛錬といった母性原理と対極をなす機能を持つとされました。人間形成において、母性的な優しい受容・保護と父性的な厳しい規律・鍛錬の双方が必要であると考えられたのです。[24]

4章　父親たちの現代史

1　〈良き父親〉となる努力

欧米では恐慌や世界大戦などの経験を通じて、父親をめぐる理想と現実が大きく揺れ動きました。経済危機にともなう賃金カットや失業によって、家計の担い手としての父親の権威が失墜しました。仕事を失い、家庭の周辺で無為に過ごす父親たちに、家父長的な権能や家族と社会をつなぐ才覚は期待できませんでした。また、徴兵などによる父親不在が問題視されました。家庭から父親の姿が消えることで、子どもの成長によからぬ影響が及ぶのではないかと懸念されました。父親は、息子や娘にとって、身近な〈性役割モデル〉として期待されていたからです。非家父長的である一方で、子どもの社会化に責任を負う父親像が構築されていったのです。

20世紀中頃、父親は、家族の養育者のみならず、妻（母親）や子どもたちの友人となっていきました。夫（父親）は育児という骨折り仕事を一時的に妻と交代してくれるようになりました。また、子どもとの関係を深めようと、積極的に家庭教育にも関与しはじめました。折しもテレビの普及にともない、〈良き父親〉イメージがホームドラマを通じて大衆に広がっていきました。たとえば、50年代後半に好評を博し日本でも吹き替え版（１９５８～１９６４）が放映された「パパは何でも知っている（Father Knows Best）」は、アンダーソン夫妻と3人の子どもによるシチュエーション・コメディでした。夫ジムと妻マーガレットはアメリカ中西部に暮らす仲睦まじい夫婦でした。友だちのように語り合い、恋人のようにキスや抱擁を交わす様子が演出されていました。「何でも知っているパパと素敵なママと……」というオープニングが示唆するように、父親ジムは一家のトラブルやドタバタを愛情とユーモア、才知を持って解決していきます。

こうしたテレビドラマとともに、〈良き両親〉〈良き父親〉になるためのノウハウが消費文化の波に乗っていきました。発刊以来、聖書に次ぐベストセラーとなった『スポック博士の育児書』（１９４６）、全米で１００万人以上が受講したとされる臨床心理学者ゴードン（Gordon, T.）による親業トレーニング（Parent Effectiveness Training）などがその例です。歴史心理学者デモス（deMause, L.）が

「助力的様態（Helping Mode）」と称したように、親子関係の心理モードは極めて親密なものとなっていきました。子どもに日々働きかけ、絶えず応答し、ともに遊び、子どもの退行を温かく許容し、子どもの奉仕者として援助を惜しまない、そうした子どもの成長に対して助力的な父親が現れたのです。[25]

2　父性復権論の隆盛と限界

わが国では、戦後の民主主義によって家父長的な家（イエ）制度が否定されました。また、社会構造の転換による共同体の衰退にともない、近代家族のライフスタイルが広がっていきました。地域住民や祖父母の影響力が低下し、父親の就労形態も外部化したことで、家庭内での母子関係はかつてないほど濃密になっていきました。母親の興味や関心、人生観や価値観が子どもの生活や成長を左右するようになったのです。時として母親による過保護・過干渉・過剰期待が子どもの発達や自立を歪めるケースが報告されました。[26] 母子関係の密着化と反比例して、父親の存在感は希薄になる一方でした。「亭主元気で留守がいい」（金鳥ゴン　１９８６）というテレビＣＭが一世を風靡したように、夫（父親）は邪魔者扱いされることとすらあったのです。

こうした状況への反動として、父性の復権論が登場してきました。精神分析家である林道義の『父性の復権』（中公新書　１９９６）がその先駆です。林は父性を、①家族をまとめ、②理念を掲げ、③文化を伝え、④ルールを教えると定義付け、「父性がなければ家族は成り立たない」と断言しました。家庭内での母性と父性との相互補完的秩序を回復することで、子どもを蝕むいじめや不登校、反社会的・利己的行動、無気力や無関心、マザコンなどが克服できるとしました。70年代末に『母原病』を著して注目された久徳重盛もあとに続きました。彼は『父原病――父性なき父親が子どもを歪ませる』（大和出版 1997）を出版して、「母原病」の背後には「父原病」があること、つまり母親の病理を生み出す仕掛け人は父親たちであると警鐘を鳴らしました。石原慎太郎（のちの東京都知事）にいたっては、『「父」なくして国立たず』（光文社 1997）と、父性の喪失がすべての病根であり、国家の基盤をも揺るがすと強弁しました。

これらの父性の復権論は、動物行動学や脳科学の知見を引き合いに出して、〈強い父親〉〈厳しい父親〉〈指導性を発揮する父親〉の必要性を説きました。しかし、基本的にはフロイトやユング、パーソンズが捉えた父性を下敷きに議論が展開していました。そのため、日本の家族や父親が直面している課題に応えるリアリズムに乏しいといわざるをえませんでした。なぜなら、彼らが依拠していた父性論は、19世紀後半から20世紀前半のオーストリアやドイツ、アメリカの都市中産階級を対象とした研究から構想され、抽象化されたものだったからです。近代家族的性別役割分業を所与のモデルとした理論は、そうした家族の分析には適合したのかもしれません。しかし、21世紀を目前に控えた日本の家族は、すでにポスト・モダン（近代が終わった〈後〉の時代）の様相を呈しはじめていたのです。

3　固定観念や偏見を越えて

バブル崩壊後、日本は「失われた20年」と揶揄される低成長時代を迎えました。勤労者世帯の年間収入は1992年から伸び悩み、98年をピークに減少に転じました。それに呼応して共働き世帯が増加しました。97年以降、共働き世帯は男性片働き世帯を上回り、その差を広げています[27]。労働力に占める既婚女性の割合が増えたことで、主たる家計支持者としての父親の立場は変更を余儀なくされました。育児と家事の大半を担う女性達がその不当性を訴え、フェミニストたちも性別役割分業のありように疑義を申し立てました。それらの人々は、父性母性に象徴されるジェンダー（gender：社会的・文化的に形成された性差）は、女性を差別するイデオロギーであり、女性のための公共空間における平等は私的領域における不平等を克服することなしにはありえないと訴えました。少子化が深刻になっていたことも相まって、安心して子どもを産み育てることができる社会の実現に向けて、男女・夫婦の新たな関係性が模索されはじめたのです。

大日向雅美は、父性の復権論が台頭する以前から、母性父性に代わって育児性という価値概念を提唱していました。性差を問わずに子どもの発達を理解と関心を抱くメンタリティを尊重すべきだと主張したのです[28]。また、船橋惠子は、子育てにおける親性あるいは育児性として四つのモメントを挙げました。それらは、①扶養――子どもの生活費を稼ぎ、供給すること。②社会化――しつけや教育。「規範性」が鍵になる。③交流――遊び相手や相談相手になること。④世話――食事や沐浴など身の回りのことで、子どもが自分でできないことを支援すること。船橋は、近代核家族的性別役割分業では、①と②が父親の役割（扶養と社会化）、③と④が母親の役割（交流と世話）とされたと指摘しました。しかし実際にはこれら四つのモメントは「父親や母親に限らず、子どもを育てる者なら誰でも遂行可能」であり、ゲイやレズビアンのカップルが養子を育てる場合でも、これらの四つが満たされることで親役割を果たせるとしました[29]。

人権が尊重され、さまざまなライフスタイルが容認されるポスト・モダン社会にあって、家族や夫婦関係のあり方も多様化しています。結婚という社会制度にとらわれない事実婚、同性愛者や性同一性障害者による同性婚、子連れ再婚者によるステップ・ファミリー（子どもを持った男女の離婚・再婚によって生じてくる、血縁関係のない親子関係や兄弟姉妹関係を内包している家族）など、家族形態も多種多様です。父親が単身赴任している世帯やシングルで子育てに励む単親世帯も珍しくはありません。平成23年全国母子世帯等調査（厚労省）によると、母子世帯が１２３万８千世帯、父子世帯が22万３千世帯、なかでも20歳～30歳後半の子育て世代が占める割合が多くなっていました。また、配偶者選択から家事育児、婚姻の解消（離婚）に至るまで、自己責任や合理性に基づいて判断される風潮が色濃くなってきています。[30] こうした実情を踏まえ、それでも堅持すべき〈父親像〉〈父親役割〉があるのかどうか、問い直しが迫られているといえるでしょう。

5節◆おわりに

歴史を振り返ると、多くの父親たちが、それぞれの立場で、家族の期待に応えるべくいそしんできたことが理解できます。子育てをめぐっても、〈厳父〉〈慈父〉として、またある時は〈友人〉のように、妻や子どもたちとかかわっていました。そうした努力の軌跡から、模範とすべき〈父親像〉を見出そうとする試みもあるでしょう。しかし歴史が示しているのは、父親存在の多様性と相対性です。父親は生物学的な存在であると同時に、社会的・文化的要因によって規定されるからです。〈理想の父親像〉を探る営みが徒労に終わるのはそのためです。

それでもなお父親に求められる生き方があるとすれば、それはいったい何なのでしょうか。家族という生活集団の安寧、家庭の幸せを実現していくうえで、父親に期待されることは何なのでしょうか。この難しい問いに一筋の光を投げかけてくれるのは、カトリックでは聖ヨセフと崇められるナザレの大工ヨセフです[31]。

姦淫が死罪に相当した紀元前イスラエルにあって、ヨセフは婚約者マリアの妊娠（聖霊によって神の子イエスを身籠もった）を受け入れ、養父として生きることを決意します。人口調査で帰省する途上、ベツレヘムで産気づいた妻のために必死で宿屋を探し、馬小屋での出産に立ち会います。ヘロデ王による嬰児大虐殺の際には、妻子を連れてエジプトに逃避します。家族を守り生活の労苦と闘い続けました。寛容と忍耐、慈愛とたくましい行動力。さまざまな理不尽をも受け入れ、家族を守るヨセフ。文化史家の竹下節子は「家族を愛し、家庭を営む父、母のように優しく謙虚であることを厭わない父親のモデル」であり、「人生の中で、たとえすぐには意味が分からなくても、自分の個人的欲求が満足できなくても、面倒を避けてすっきり生きることができなくても、生きているうちに結果が出なくても、父として子に関わり、大きな物語の息吹を感じながらも等身大で生きて死ぬこともまた1つの充実した人生だと、ヨセフは教えてくれる[32]」と評しています。

ヨセフの生きざまには父性と母性といった二項対立は存在しません。自分の想いや都合を優先する独断も、威光を示すための虚勢や暴力もありません。困難に直面して妻子を捨てる無責任や、ひるがえって子育てをレジャーのごとく楽しもうとする軽薄さもありません。遺伝子を引き継いだわが子だから育てたわけでもありません。自分に託された子どもを育てるために、妻を助け、家族生活に生起する喜びも悲しみもすべて受け入れています。家族の絆をより強く確かなものにするために努力を惜しまず、人智を超えた神の御心に思いを馳せ、決して高慢な態度をとりません。そうしたヨセフの姿には、私たちが父親として家族とともに人生を歩んでいくうえで大切にすべき精神性が宿っているのではないでしょうか。こうした精神性が軽んじられることなく、父親業（fathering）が社会に根付いていくことを期待したいと思います。

第2章　母親の役割――子どもを成熟した大人に育てるために

母親役割をする者にとって最終的な目標とは、育てる子ども（被教育者）が、他者の幸せを喜ぶことができる人間に育つことです。他者の悲しみに共感するだけでは不十分なのです。なぜならば、本当に成熟した人間は、周囲の人々の成功を心の底から祝福できるものだからです。

この章では、母親役割について考えていきたいと思います。この役割は、必ずしも女性が果たさなくてはならないというものではありません。男性であっても十分に果たせる役割です。とりわけ、幼い子どもにとって無条件的な受容を基底概念とする母親的な役割が、必要不可欠なものであることはよく知られています。大切なことは、男女を問わず、特定の責任ある大人が、子どもの心身の成長を、愛情をもって見守り世話をすること、そして、無条件的なかかわりを重視しながら子どものニーズに応えること、といえるでしょう。

ところで、子どもが成熟した大人に育つためには、母親役割を担う大人も成熟していなければならないのでしょうか。私は、母親役割を果たす大人に一定の成熟は必要だと考えています。しかし、養育者は子どもとともに成長する存在です。教育は相互作用のなかでお互いに育ちあうからこそ、素晴らしいものであるということを考えるならば、子どもとともに成長していこうと努力するのが、良い養育者だとわかります。

さて、本題に入る前に、教育、というものについて考えてみましょう。教育という営みには、必ず目標があります。それは、理想の姿であり、具体的にいえば、「こんな子どもに育ってほしい」「こんな大人になってほしい」「こんな社会人に育ってほしい」「こんな家庭を築き、幸せな人生を歩んでほしい」といった親の望みともいえるでしょう。親役割を果たすものであれば誰でも、わが子に対して、たとえそれが無意識であるにせよ、目標あるいは夢をもつものでしょう。

それでは、どのような母親役割を果たせば、被教育者である子どもは、幸福な人生を歩むことができる大人へと成長することができるのでしょうか。私の考える幸せな子どもとは、のびのびと遊び、個性豊かであり、周囲の人々と良い人間関係をつくり、自分の才能を活かして主体的に学ぶ子ども。そうした幸せな子ども時代を経て成長したあとは、社会に積極的に貢献し、温かな家庭を築き、今度はわが子を喜んで育てる、といった幸福の連鎖を自然に編み出せる子どもです。ではそのために私たちには、どのような工夫が求められるのでしょうか。

この問いについて考えるために、この章では、①人間は母に何を求めているのか、②母親役割が果たされるために必要なもの、③重要な他者、④愛する技術、⑤受け止める心と待つ心、⑥世界平和のキーワードとしての母性原理という六つの観点を設定してみました。これらの観点をもとにして、これからの時代の母親役割について考えていきましょう。

1節◆人間は母に何を求めているのか——母なるものとの出会い

もしかしたら世界中の人は共通して、心の底から母というものを求めているのではないか。その母とは、世の人がみな見放そうとも、わが子を決して見捨てない母なのだ。

そう感じさせてくれた彫刻があります。それは、ミケランジェロの「ピエタ」。ピエタはバチカン市国にあるサン・ピエトロ大聖堂の入り口近くにあります。よく知られている通り、ピエタは磔刑《たっけい》により殺されたわが子イエス・キリストを膝に抱え嘆き悲しみ、抱擁する聖母マリアの像[1]です。私が留学した時期がキリスト教カトリックの大聖年にあたっており、聖年の扉が開かれ、世界中から巡礼者が癒《いや》しを求め——それはまるで大海の波のように——バチカン市国に押し寄せていました。私は、勉強の合間を縫って何回もその彫刻を眺めに行きました。ピエタは言葉で表せないほど美しい彫刻です。しかし、いつの間にか、少し下がったところから、ピエタの前で祈り、頭を垂れ、ひざまずいて祈る世界中からの巡礼者の姿を見つめるようになりました。すると、老若男女を問わず、肌の色や文化、言語や習慣の違いを越えて、人々はなぜこれほどまでにこの彫刻に惹かれるのか、この像は何を私たちに語っているのかと考えるようになりました。そして、この彫刻は、人間が無条件に受容される存在をいつも求めているのだと、教えてくれているように感じました。

ローマの町には３００以上の教会があるといわれます。教会の扉はたいてい開かれていて、誰でも自由に出入りすることができます。留学して間もないある日のこと。ある教会に入ってみると、薄暗い中で初老の男性が聖母マリア像の前でひざまずき、頭を垂れ、手を合わせ、祈りながら独り言をいっています。私は音を立てないように歩き、聖堂の一番後ろの席にそっと座りました。そして、日本の男性たちのことを考えていました。日本には男性が泣ける場所があるだろうか。人生の不条理は誰の人生にも訪れるものであり、辛い出来事や悲しい体験もあることだろう。家族を背負い働く日本の男性たちは、いったいどこで慰められているのだろう。この光景は、宗教の価値、そして母なるものの大いなる影響力について考えさせるものでした。こうしてイタリアの人たちは、超越的な母である聖母マリアに依り頼むことで、日常的な生活を平穏に生きることができているのかもしれません。

さて、ここで子どもに視点を移してみましょう。子どもは超越的な存在としての母親に頼るだけでは生きていけません。子どもたちは身近に安定して世話をしてくれる母親的な存在がなければ、生き延びることさえできません。養育者が子どもにとって身近な母親役割を十分に果たすためには、どのようなことが必要になるのでしょう。

2節◆母親役割が果たされるために必要なもの

善い母親役割が果たされるために不可欠なもの、それは、子育てをしている自分を支え、心を寄り添わせてくれる支援者が、すぐ近くに、いつも在ることです。

「日本の母親は子育てをよく頑張っている」。教職にある私が、これまで長年多くの母親と出会うなかで実感していることです。会社中心主義の日本の社会にあって、多くの母親はほとんど一人で子育てをしているのが現状ですが、ここでイタリアの母親たちの子育てをみてみましょう。

私はイタリア語がわからない状態で留学したことで、かえってイタリアの家族、文化、風習、ジェスチャーなどをたくさん吸収したように感じます。イタリア人のジェスチャーのなかで一番驚いたのは、大人の女性が大人の男性の髪をなで、頬をなでている光景でした。今でも忘れられないのは、空港のベンチでの若いカップルの姿。「大人の女性が座っているその膝の上に、大人の男性が横たわり頭を乗せている。男性は眠っていて、女性はその男性の頭をなでてあげている」という光景でした。公の場で大人の女性が大人の男性を甘やかすことを許容する社会[2]とでもいいましょうか。私にはいささか不自然な光景に思えました。しかし、そのカップルを不思議そうに遠くから眺めていたのは私だけで、周囲の人々は誰ひとり振り返ることも見とがめることもありませんでした。この国の文化の中では、そうしたかかわりが許容されていることを理解した体験でした。

ローマの町を歩く親子連れは、みなゆったりとしていました。宮嶋勲[3]の著作にも書かれていますが、不自由さを受け止めるゆとりや、相手の欠けている点を包み込む懐の広さを感じました。私が幼稚園教諭時代からかかわってきた日本の母子の姿と比べ、ゆとりのある言動、育児は楽しく幸せであると公言する親たち、幸せに満ちた親子の対話や触れ合いの様子など、その違いはどこから来るのかと、留学当初はとても不思議に感じたものです。

子育てという営みを突き詰めて考えると、その国の人々の人間観や家族観が浮き彫りになってきます。家庭は育児される場であることから、育児の価値は家族の価値と直結しているとわかります。イタリアは日本とは異なり、家族の権利が憲法上で認められている国です。そうしたことから、イタリアの国民がいかに家族を重視しているかは明らかであるといえるでしょう。

ところで、国際連合加盟国内の比較データ[4]によれば、女性の社会的地位が高い国のベスト3に入っているのもイタリアの特長の一つです。国際連合によれば、加盟国内で男女ともに育児に費やす時間が最も長いのもイタリアであり、その背景には家族へのしっかりした文化的支援があると分析されています。そして、さらに注目されるのは、家族が強い絆で結ばれていることが女性の社会的地位の高さと連動しているのでは、とデータ解析されていることです。社会・文化的な価値観は、そうたやすく変化するものではありません。宗教的、かつ歴史的な価値観が人々の精神的な支柱を形成しているわけですから、イタリアの国教であるキリスト教カトリックが、家族に対する高い価値を、長い歴史のなかで打ち出し続けていることも大きな要因の一つでしょう。また、それに併せて、女性は産む性であるがゆえにライフコースの一時期を出産・授乳など、いわば、育児に直接的に携わるため、家族そして育児の価値の高さが女性の地位の高さと因果関係にあるのではないかと私は推測しています。周知のように、イタリアは日本同様に少子化現象が顕著な国です。しかしながら、未婚既婚を問わず女性の活躍はめざましく、理系の大学においてさえ学位をとるのは女子学生の方が多いといわれます。女性が男性以上に高学歴である国、イタリア。そして現代は多くの移民を受け入れ、さらに多民族国家になりつつあります。そんなイタリアとの比較をもう少し深めていきましょう。

先に述べたように、留学当初は不思議に感じていたさまざまなジャスチャーや親子の幸せそうな様相も、イタリアの歴史を学び、育児を取り巻く社会文化的な構造について研究するうち、納得できる答えを私なりに手に入れることができました。

結論を先にいえば、土着化したキリスト教カトリックの影響によって、育児を支援する人間関係を維持できる社会文化的なシステムがあるのです。以下に、そのシステムについて概観してみます。

血縁関係や地縁関係で結ばれた、日本のそれよりも広義なイタリアの家族（拡大家族）は、少なくとも週に一回は集い、たいていは、マンマ（母親）のつくった手料理を囲みます。遠距離に住み、それができないときには電話連絡やプレゼント交換などを頻繁に行います。また、拡大家族のメンバーの人生の通過儀礼――誕生後の洗礼式、初聖体、堅信、婚約式や結婚式、銀婚式や金婚式、そして告別式――に参加することを通じて、教会から離れた人々も人生の間に何回も教会に立ち返る機会を与えられます。

このシステムのなかで私が最も注目したことは、コンパーレ（compare）とコマーレ（comare）という実親以外で親役割を果たす人々の存在です。これは、日本語で代父（だいふ）や代母（だいぼ）とも訳されます。なぜ、代父母というのでしょう。

親代わりである代父母には赤ん坊の名付け親になってもらう場合も多く、さらには、生まれたての子どもの両親が自分たちに何らかの不幸があり、この子を育てられないときには、両親に代わってわが子を育ててほしいと社会的にお披露目する意味合いも含みます。洗礼式後のパーティーで代父母は上座にあり、招待客に披露されるのです。

そして、長じて思春期にはいった青少年に対しても、堅信式（ローマでは14歳頃）にも、再び、代父母（コンパーレ、コマーレ）を選ぶ習慣があります。女の子は大人の女性を、男の子は大人の男性を選びます。思春期で実親への反抗期にある子どもたちにとって、親には相談しにくいことがらを相談できる、親以外の頼れる大人の存在はありがたいものです。代父母は、子どもの相談相手になり、悩みを聞き、実親と子どもの絆を強める働きをするのです。追記すれば、この親代わり（代父母）という意味の呼び名であるコンパーレ、コマーレは、特に親しいおじさんやおばさんへの呼称として使用できることも見逃せない事実でしょう。また、コンパーレ、コマーレは、独身であっても担うことができる役割です。拡大家族のメンバーのなかにいる独身のおじさんやおばさんは、その家族内のメンバーのコンパーレやコマーレに選ばれれば、その子の親代わりとなり、その子どもの成長を見守り、養育者の一人として家族内で重要な役割を果たすようになります。自分の子どもであろうとなかろうと、拡大家族のなかで「一人の子を守り育てる役割を担う」という行為が、養育するその人を成熟させていくであろうことは容易に想像できるでしょう。人を育て、その人に尽くすことによって得られる精神的な充足はお金では買えないものです。家族の愛は、決してお金では買えないものなのです。相手に尽くし、相手を労り、互いに支え合うことを通して、お金では買えない価値を確認し維持させる場所、それが家庭です。

私の大家であった家族には14歳になる次女がいました。その次女の堅信式パーティーで、最も上座に次女が座り、その真横に彼女のコマーレが誇らしげに座っていたのを鮮明に覚えています。そのコマーレは彼女の家族と血縁関係はなく、いわば近隣の親しいおばさんでしたが、「この子ほど可愛い子はいない」と幾度もつぶやいていました。このように、実母以外にかわいがってくれる存在が身近にあること、継続して自分を支援してくれる存在があることは、育児をする親にとってもどれほどの慰めになることでしょう。こうした親代わりの存在は、日常的に家庭を訪れ、家庭に新しい風を吹き込む存在でもあります。

ここまで読み終えた読者は、「そんな大変な人間関係はしんどいからイヤ」とつぶやいているのではないでしょうか。しかしながら、読者ご自身の周囲におられる方のなかで、幸せそうに育児をされている家族を少し観察してくださいませんか？　ほぼ、間違いなく、実親以外に育児に参加している方が身近におられるのではないでしょうか。育児は本来、一人でできるものではありません。多くの人々の力をお借りし、親以外の大人と子どもが一人でも多くかかわることが肝心なのです。他者の訪問を受け入れ、家族に新しい風を吹き込み、育児をできるだけ多数の人に助けてもらう工夫をしましょう。それは結果として、孤独な育児をする母親を助け、子どもにとっても安らぎをもたらします。そのために親は、他者に心を開き、人を信じようとする努力が欠かせないでしょう。訪問客に子どもが抱っこされ可愛がられている束の間、親はほっと一息、少しの安らぎをもらえるのです。こうした日常的なかかわりこそ、大切だと感じます。

人類の叡智として育児を支える文化システムが構築されているイタリアにも問題がないわけではありません。どの国にも、それなりの問題と課題があるものです。大切なのは、今後さらに加速するであろうグローバル化のなかで、自文化を他文化との比較を通して客観視し、急速に変わっていく社会のなかで変わってよいものと変えてはいけないものとを識別する力を養成することでしょう。

さて、この項の最後にひとこと、大切なことを付け加えます。イタリアの憲法には家族の権利が明記されていると前述しました。権利の概念は義務の概念と対であることはよく知られています。家族の権利、そして養育するべき親の義務。代父母や親族などから子育てを手伝ってもらいながらも、イタリアでは子どもの教育の責任者は親であると共通認識されています。子どもの教育の義務を果たすのはまぎれもなく親、教育における第一義的責任を担うのも学校ではなく親である、と認知されていることは忘れてはならないでしょう。

家庭内における母親の地位は日本よりもはるかに高く、母親は家庭内のメンバーから尊敬される対象でもあります。そして同時に、家長としての父親の存在も重要視されているのです。たとえばイタリアでは、お客様がいらしたとき、食卓のどの席に座ってもらうかを決めるのは父親の役割です。いわば、家庭内の秩序を保つのは父親の役割なのです。さらに、日本ではすでに使用されなくなった「家長としての父親（pater familia）」というラテン語も、イタリアではいまだに使用されています。一方で、子育てを手伝わない父親が社会的に強い批判にさらされるという現象も頻繁にみられます。両親が揃って子どもの学校の個人懇談に出掛けるイタリア。日本も母親だけではなく、父親が積極的に家庭教育者としての役割を担う日が来ることを願います。

さて、これまで母親役割が果たされるために必要なもの、について述べてきました。次項では、「他者」という言葉をキーワードにして、自己や子どもを冷静にみつめることの大切さについて考えていきましょう。

3節　重要な他者――かかわりのうちに自分を知る

勇気を出して、自分の感情を解き放ち、相手を信じ、相手の自由を重んじてみましょう。とりわけ子育ての対象はわが子ですから、親はともすると自分の望み通りに子どもを動かそうとしてしまいがちです。親が子どもにとって【他者である自分】というものを自覚できたとき、親ははじめて子育てする自分に幸せを感じられるのかもしれません。


多民族国家であるアメリカ合衆国において、民族、人種、言語などの違いを越えて人間存在が善く育つ過程において必要な共通項を考え出したことで知られるエリクソン（Erikson, E.H.）。彼によれば人生初期である乳児期の課題は基本的信頼を身につけること。それは養育者が無条件的な愛情をもって乳児の要求に喜んで応え続けることを通して得られるものです。

いわば、子育てとは、子どもと大人のかかわりのうちに営まれるものであり、その理想的なあり方は、養育者が子どもの心身の願いをくみ取り、察知し、喜んで世話をするということ。子どもの望みをできるだけ受け取ってそれに応えていくならば、子どもは生まれる前から備わった生命力をいかし健やかに育つのです。

もしも、子育てで悩むことがあれば、わが子はいま何を求めているのかを考えるとよいでしょう。子どもは自分からきちんとサインを送っています。その判断に迷えば、周囲の方々、たとえば祖父母などの親族、友人、あるいは保育者、保健師、看護師、そして小児科医などの専門職の人々に尋ねてみてください。

もし、読者が専門職にあるならば、相談者である親がたとえ、驚くような相談をしてきたとしても、第一は相談者の気持ちを受容し、いずれ、その親が喜んで子どもと接することができるように導いてください。その子育てが、虐待にならないように、育児放棄や放置にもならないように、支援のネットワークをつくり、全力で支えてください。

自明のことですが、親と子は別の人格です。親にとって自分の子どもはまるで分身のように感じられても、子どもは親とは違う人生を歩む存在です。親は子どもを通して自分を知り、子どもは親を通して自分を知っていきます。

たとえば、鷲田清一[5]は、人は自分の姿すら自分で見られない存在ではないか、と私たちに語ります。自分以外の存在がいない島に一人で住むならば、人は自分という存在を認知できないのではないでしょうか。人は人とかかわることで自分を知り、自分を認め、他者とのかかわりを通して自分を知っていく存在なのです。昨今、「自分探し」の旅に出る人もいますが、本当の「自分探し」というのは、人は他者とのかかわりのなかで生きていることを知り、そのかかわりのうちに自分の存在を確認し、「私は私である」ことをみつけることなのではないでしょうか。

さて、ここで一つの問いを立ててみます。一人の人間が平安な心で生活するためには、他者とのどのようなかかわりが求められるのでしょうか。

人は人とかかわり、支え合い生きています。しかしながら、日常的なかかわりのなかで、自分が支えてほしいとき、励ましてほしいとき、相談したいとき、悩みを打ち明けたいときに、分かち合ってほしい相手がタイミングよくそれを受け止めてくれなかったことはありませんか。人生にはそうしたことがたくさんあるはずです。相手に悪意がないのはわかっている、それでも辛さや悲しさを誰かに聞いてもらいたかったという、やりきれなさを感じたことはありませんか。

私は、そうした落胆のときにこそ、超越的な存在との対話が大切では、と思うのです。超越的な存在とは、たとえば、ある人にとってはご先祖様、ある人にとっては八百万の神、ある人にとっては神様や仏様、ある人にとっては阿弥陀様かもしれません。それでは、その具体的な事例をお伝えしましょう。

私の友人のおばあさんの話です。友人が幼い頃、いたずらをしたり、成績が悪かったり、または何かの問題を起こすたびに、おばあさんは静かにお仏壇に向かって座り、「どうか孫が良い子に育ちますように」と手を合わせてご先祖様に語りかけていたそうです。その姿をみるのが非常に辛く、直接叱られる方がずっと楽だと思ったと友人はいいます。また、家族の安泰、無病息災、病気の治癒を心の底から願って手を合わせる大人の姿——祈る姿、拝む姿、願う姿——は、それだけで十分に教育的な姿勢といえるでしょう。仏壇や仏像、聖母マリア像など、超越的な存在を表現した「シンボル」に、その向こうにある、実際には見えない存在を心に思い浮かべながら自分の苦しみや悲しみを伝えるという行為は、宗教的な行為といえます。そしてそれは、人間に本来備わっているともいわれる、宗教心の表れといえるでしょう。宗教はあくまでも人間がつくったものです。これほど科学技術が進歩した現代でも宗教が存在しているのは、人間がそれをいまだに必要としているという証左だと思います。自然科学や理性では説明できないことがらを、人間は超越者との対話のうちに受容し、それを内面化しながら安らかに生きようとしてきたのです。これは人類の叡智の一つであろうと私は考えています。日々の生活を平穏な気持ちで生きるために、他者である超越者とのかかわりを大切にしてみてはいかがでしょうか。

「いのちは、どこから来てどこへ行くのか。苦しみや悲しみはどこから来るのか。なぜ、人は傷つけ合うのか」

　多くの宗教は欲深さを戒め、感謝や報恩を教え、喜捨や寄付を勧め、他者への思いやりや徳の高い生き方を模範として提示しています。それらは、人が平安な心で善く生きるための知恵、として存在しているともいえるでしょう。かつて日本では、魂といった言葉がよく使われていました。私は、この魂という言葉は一つのヒントになるのではないかと思います。魂が震えるようなかかわり、いのちといのちが深い部分でつながり、互いの魂が震えるような瞬間を大切にしたいです。不安は将来を思い憂えることによって生じるものです。「いまを生きる」、あるいは「いまに生きる」ことに徹すれば、自然に道は拓いていくのです。

　育児不安は子どもに対する不安ではなく子育てする自分に対する不安であると、児童精神科医である佐々木正美[6]は述べています。そうなると、子育てに対する不安をできるだけ小さくするには、まず自分に対する不安を小さくすることが先決とわかります。それでは、自分に対する不安を小さくするにはどうすればよいのでしょう。それについて彼は、消費社会に流されないこと、小さなことに感謝する心をもつことが大切といっています。感謝の心をもてるなら周囲の人々の支えを受け入れられるようになります。もっと豊かな生活を、と外へ目を向ければ向けるほど、内面的な充足は遠のき、本質的な幸せは得られないのではないでしょうか。

「足るを知る」[7]という美しい言葉がありますが、私はこの言葉がとても好きです。幼稚園教諭であった若き日、保育者としての日常は安らかな日ばかりではありませんでした。うまくいかないことがあったとき、それをありのままに受容しようと努めていました。教員になって何年も経ったある日、もしかしたら毎朝子どもたちと会えることだけで幸せなのではないだろうか、と思えるようになり、十分に満ち足りた気持ちになったことを覚えています。佐々木の教えのように、小さなことを喜びに変える努力を続けていくことで、養育者も教師も心の平安を手に入れられるのでしょう。

いまになってわかることは、相手を自分の望む通りに動かそうと焦れば焦るほど、相手の心は自分の手から遠くへ逃げていってしまうということです。そして、相手が思い通りにならないことで自分自身もイライラが募り、ますます不幸せになっていきます。勇気を出して、自分の感情を解き放ち、相手を信じ、相手の自由を重んじてみましょう。とりわけ子育ての対象はわが子ですから、親はともすると自分の望み通りに子どもを動かそうとしてしまいがちです。親が子どもにとって「他者である自分」というものを自覚できたとき、親ははじめて子育てする自分に幸せを感じられるのかもしれません。

愛情豊かに子育てすることは大切、と養育者も教師もみな、頭ではわかっているのです。それでは、よく使われる言葉「愛する」とは、いったいどのようなことなのでしょう。キリスト教の言葉である「愛する」という言葉が日本に移入されたのは、４５０年あまり前のこと。当時の日本人はそれを「【ご大切】と訳した」と言い伝えられています。次の節では、もともとはキリスト教の言葉であった「愛」という概念について、そして、子どもが愛されていると実感できるように愛することについて考えてみましょう。

4節◆愛する技術——あなたと接する人があなたの愛を感じられるように愛する

「親はみな、わが子を自分なりに愛そうとしている。でも、子どもは【私は親から無条件に愛されている】と感じているだろうか。親は子どもが自分は親から愛されていると感じられるように愛することが必要である」


これは19世紀・北イタリアで青少年への教育事業を興した、ドン・ボスコの教えです。全世界に広がるドン・ボスコの学校では、子どもが愛されていると感じられるように愛することが大切であると教えています。

子どもが愛されていると感じられるように愛するとは、どのように接することなのでしょうか。私が心がけていることは、相手の望みに応えること、そして相手の心に関心を寄せることです。自己と他者がお互いを完全に理解しあうことはできませんが、相手が私に何を求めているのか推し量ることを忘れないようにしています。

大学の私の研究室に相談に来る学生たちがいますが、実は、私のところに来る前に自分で答えをみつけている場合がほとんどで、話し終わると、「先生、聞いてくれてありがとう」「きっとそんな風に答えてくれると思っていた」「ただ聞いてほしかっただけ……」と自分自身で納得して帰っていきます。単に相談に乗るだけでなく、「話を聞いてほしい」「こんな風に答えてほしい」という学生の望みに気づき、応えることが大切なのだと思います。

とはいえ、すべての学生がそのような対応に満足するとは限りません。学生に限らず、人間関係において、私という個人と接する相手が満ち足りた感覚をもつには、どうすれば良いのだろうと考えることがあります。たとえば、「その大人と接すると子どもの心が元気になったり、その大人といるだけでやる気になったりする」には、どのような工夫が必要なのでしょうか。どうすれば、大人の愛は子どもに伝わるのでしょうか。こうした問いに答えるために、「相手の気持ちに関心をもつ」という点について考えてみましょう。

いまから15年ほど前、一年半余り滞在したローマを離れる日が間近になったある日、バチカンの近くの書店である一冊の本をみつけました。それはジョアン・ブレイディーの本でした[8]。「他者の涙に無関心にならないことで、世界中の子どもの母になる」と語る著者の言葉に心から共感しました。かつて、マザー・テレサも日本を訪れた折、愛することの反意語は無関心であると講演しました。無関心こそ、人を孤独に陥らせ悲しませるものであること、無関心から解放されるよう、他者の涙に近づくよう、繰り返し話されたことが印象深く思い出されます。ブレイディーやマザー・テレサのいう「相手の気持ちに関心をもつ」とは、「相手の望みに関心をもつ」ことを意味しているのではないかと思います。では、何のために関心をもつのでしょうか。相手の幸せのため、それとも相手の満足のため、それとも自分の安心のためでしょうか。

私は、本来、そうした相手への関心は、相手の幸せのためにあるべきものだと考えます。型、形式というものを重視し、長きにわたって「世間様」というものが人々の価値判断に影響を与えてきた文化を有する日本では、母親役割に関しても「こうあるべき」といった型にはまった考えをもっている人が少なくありません。仕事柄、育児相談を受けることも少なくないのですが、多くの母親たちが、「他の人たちがこういうから」「他のお母さんたちはこんな風にしているから」「〇〇しなければいけないから」「〇〇からこういわれたから」「みんながしているから」と話されます。そうした言葉を耳にするたびに私は、「いい意味で、他者に対して無関心になってみてください」とお伝えするようにしています。他者がどういおうとも、自分の言動の責任は自分にあるわけですから、自分の内面へ問いかけ、自分の本心との対話こそ、大切なものだと私は思います。自分の心の向かう方向を見極めることこそ、自立した大人のあるべき姿だと考えます。未熟な大人ほど周囲に流され、うまくいかなかったときにその責任を周囲のせいにするものです。何のために相手の気持ちに関心をもつのか、それは、相手の望みに応えるため、と理解されているのであれば、互いの感情のズレは少々あろうと、聞き手のまごころはきっと通じると私は信じています。

教育者の最終目標は、相手の自立です。学生が私を必要としなくなることが私の教育目標なのです。どうすれば、相手は豊かな人間関係を新しくつくり、自分を支えてくれる身近なサポーターを自分の力で探しあて、自分の行くべき道を歩める大人になっていくのだろう。毎日、そのようなことを考えて暮らしています。教師としての私に求められることは、相手の自由を重んじることと肝に銘じています。なぜならば、愛することは相手の自由を重んじることだからです。彼らが臆病になっているときには勇気づけ、孤独なときにはそばにあり、ともに笑い、ともに怒り、ともに泣きます。すると、自然に学生は元気になり、再出発していきます。将来、彼らが私を忘れても嬉しいし、私を思い出してくれても嬉しいのです。私は彼らとかかわること自体が幸せなのですから。

日本の母親は、懸命に子育てをしているのに「母親の人生はいきがいのあるものと考えている子どもは少数派であり（中略）総じて現代の若者と母親との関係は、それほど悪くもないがそれほど母親を尊敬しているわけではないという淡々とした性格のものである」[9]といいます。かたや、イタリアの子ども達は「私のマンマの手料理は世界で一番美味しい」「私のマンマは世界一！」「私はママっ子（mammone：マンモーネ）！」と堂々と語ります。それは、子どもだけではありません。老いも若きも、あるいは男性も女性も、「私の母は素晴らしい」と豪語するのです。イタリアの母親は家族のために部屋中を磨き上げ、2時間かけて昼食の準備をし、焼き立てのパンを並んで買い求めます。外でも働くキャリア志向の母親も、優先して料理はしようと努力しています。現実主義である彼女たちは、手料理をともに食べることが家族の絆を維持するために、いかに大切かを熟知しているからでしょう。

さて、この節をまとめるに際して、会社中心主義の日本にあって、母親の愛を子どもが自然に受容するためにはどのような工夫が求められるか、ということについて考えるために、イタリア人が「マンマの手料理は世界一」というときの本当の意味合いについて考えてみましょう。もちろん、母親たちは愛情を込めて、時間をかけて料理をしますので実際にとても美味しいのですが、母の手料理の

「美味しさ」だけで家族は集まるのでしょうか。なぜ、イタリアの家族は母の元に集まるのでしょうか。

答えは明解です。そこに自分の居場所があり、無条件で受け入れてくれる人がいるからです。そこに集えば、生きる力をもらえ、心身の疲れもとれるような安らぎがあるからなのでしょう。母の愛の表現としての手料理を囲む食卓、そこには「母親を軸とした家族間の心の通い合い」が含まれていることを忘れてはなりません。イタリアの母親は家族の心の交差点であり、家族の情報を整理し、優先順位をつけ、家族の一致と調和に気を遣いながら生きているように感じます。

こうしてみると、母親の愛を伝えるために私たちが何をしたらよいのか、見えてくるように感じます。待つこと、信じること、そして受け止めること。それを表現するために、心を込めて食事をつくること。次節では、それを表現し続けた女性、日本のマザー・テレサと呼ばれた佐藤初女について触れてみたいと思います。

5節◆受け止める心、そして待つ心――佐藤初女の「母の心」

「耐えがたきを耐え　忍びがたきを忍び　許しがたきを許し　あたたかい太陽を思わせるやさしい言葉　冬の厳しい寒さにも値する愛情ある助言　慈しみの雨のように涙を流して共感する　なごやかな風を思わせる雰囲気　それが母の心」

佐藤初女『おむすびの祈り「森のイスキア」こころの歳時記』集英社、２００７年。

数々の著作を遺し、出会った人々に多くの教えを遺し、２０１６（平成28）年2月1日に佐藤初女が旅立ちました。亡くなる前年まで日本中、そして他国にも出かけ、母の心の大切さを伝え続けた方です。私の研究が母性であったこともあり、ゼミ生を連れて青森にある彼女を支えるボランティアのお宅へうかがい、彼女とともに過ごすことができました。

亡き後、彼女を偲ぶ会があちらこちらで開かれ、彼女の教え、彼女の生き方を習おうとする人々が日本にもたくさんいることがわかりました。人はこの世の中から消えてなくなっても、人を励まし、人を導く存在であることがわかります。ここに生きている私たちは、日常の小さなことに一喜一憂し、心を揺らしています。でも、本当に大切なことは、ほんの少しのことなのではないかと、彼女をみていて思いました。彼女との出会いを通じて私は、「今日一日、あなたは人を大切にしましたか」「喜んで生きましたか」「精一杯、生きましたか」と、眠りに就く前に自身に問いかけるようになりました。

彼女は、若い頃に17年間も結核を患いました。そして、息子さんを亡くされていました。誰の人生にも悲しみや苦しみがあるように、彼女もそれを受け止めながら生きていたのでしょう。青森を訪れたとき、ゼミ生の一人が「初女先生の尊敬する人は誰ですか」と尋ねたことがありました。すると、「よくその質問をされるのです。いっぱいいるのですが、誰か一人の名前をお答えするのは失礼かなと思って。だから私は、イエス様と答えるようにしています」と、優しい津軽弁で話されました。彼女が有名になったのは１９９５（平成7）年、龍村仁監督の映画「地球交響曲第二番」が契機であったといいます。映画の冒頭に出てくる句、「多様なものが多様なままに共に生きる　それが生命の摂理であり、宇宙の摂理である」が多くの人の心に響いたのでしょう。

彼女は、数えきれないほどの人々をもてなし、心を込めて時間をかけて手料理をつくり、分け隔てなく、落ち着いて一人ひとりの話に耳を傾けました。相手を信じて待つ心があれば、待つ人も待ってもらっている人も幸せになっていくことを、彼女は教えてくれたのでした。どんなときも感謝の心を忘れない彼女は、喜びに満ちていました。高齢になられても自分のできることを喜んで行うことが、人にとって幸せであることを教えてくれました。

それでは、本章の最後に、第一節で触れた、聖母マリアについていま一度考えてみましょう。母性の源流ともいえるイタリア。しかし、イタリアだけでなく、世界中でみられる聖母マリアの出現譚《しゅつげんたん》についての特集した、『ナショナルジオグラフィック』２０１５年12月号を参考に、人はなぜ、母なるものを求め続けるのかを考えてみます。

6節◆世界平和のキーワードとしての母性原理――聖母信心という現象からみる母性への希求

全世界に聖母マリアの出現譚はあり、約2千件のデータが確認されるといいます。そのなかで、バチカンの承認を得られたのは16件のみです。日本でも知られているのは、フランスのルルドでしょうか。実際に訪れてみると、病者を連れて数多くの人々が巡礼に来ていました。私が大学院生のときに社会心理学の授業でルルドについて語られたことを、いまだに印象深く覚えています。

ある医師の体験談です。「末期がんの患者がいて、医師は自宅へ帰りたいという患者の希望を受けて自宅へ帰る手続きを行った。その後、その患者が病院を訪れることもなくなり、記憶も薄れてきたある日のことです。医師が名古屋で地下鉄に乗ったとき、どこかでみた顔が前の席にあった。『末期がんで、もう死が近いため自宅へ戻ったあのときの患者さんだ』とわかったとのこと。元気そうに普通に座っていたため、一体どうしたのかと怪訝そうにみていると、その元患者さんが微笑み返してきた。医師が話をきいてみると、その人は死期が近いことを覚悟しながらも、フランスのルルドを訪問しお祈りをしてきたとのこと。するとその後、がんが消えたという奇跡が起こったことを話してくれた」

社会心理学の先生は、「こうした超自然的なこと、科学では説明できないことが世の中にはあるのです」と話していました。

現代、科学の力は目覚ましい発展を遂げています。そう遠くない未来に、人間の誕生すらもコントロールできる時代が来るかもしれません。しかしながら、ナショナルジオグラフィックの数々の写真をみると、バチカンの承認のあるなしにかかわらず、多数の人々が聖母マリアの出現の地（聖地）を訪れ、祈り、奇跡を願っているということがわかります。聖母マリアはイスラム教の聖典（コーラン）にもその名前が記されていることから、聖地の場所によっては、イスラムの人々も宗教の違いを越えてともに祈り、集っているそうです。特集の著者、モーリーン・オースは、「聖母マリアが道を照らしてくれると信じて疑わないたくさんの魂が、そこにあった」と特集記事の最後を結んでいます。

「母性原理は人類としての同質性という観点において、世界平和の道標になる[10]」と私は考えています。龍村監督が、日本の母親のモデルとして佐藤初女に光をあてたのは、母なるものがもつ包容力を彼女が備えていたからではないかと思います。本章1節で述べたように、聖母マリアは、自分の子どもであるイエスが磔刑となるという壮絶な苦しみを味わっています。ミケランジェロのピエタの像は、十字架から降ろされた受刑者イエスを膝に乗せ、嘆き悲しむ聖母の姿を現しています。何があってもわが子を見捨てない母。それが民族や文化の違いを越えて、世界で共通の母親の役割であると私は考えるのです。

さて、次章では、母性の役割について詳述されます。本書ではあえて、母親の役割と母性の役割を分けて論じてみました。それは、家庭の内実を洗い直すことを本書が目指しているからなのです。教育現場からの報告をまとめてみると、表面的に両親が揃っていることが、必ずしも子どもの幸せに直結するわけではないとわかります。むしろ、戸籍上の父と母が揃っていても孤独を感じている子どもはたくさんいるのです。何よりも大切なのは、厳しさを伝え教える父的な役割と無条件に包み守る母的な役割がバランスよく果たされること、そして家庭のなかで子どもが安心して育まれることなのです。家族のあり方も多様になり、夫婦のあり方も、個人の生き方もますます多様になってきています。そうした多様な価値観を理解したうえで、次世代を善く育成するために、そして大人も家庭に安らぎを感じられるためにはどうすればよいのでしょうか。日本の家庭の未来についてともに考えてまいりましょう。

第3章　家庭団欒における母性の役割
——対話における「共感的理解」を中心として

母性とは、生物学的な母親でなくても、さらには女性でなくても、包み込むような愛情をもって、子どもにかかわっていくものです。そして、「共感的理解」を核としたコミュニケーションが家庭団欒の場において大切なのです。

1節◆母性とは何か？

1　母性は母親だけのものなのか？

広辞苑第6版（2008）によると、母性とは「母としてもつ性質。また、母たるもの」とあります。また、同じく広辞苑では「母性愛」という項目があります。そこでは、「母親のもつ、子に対する先天的本能的な愛情」と書かれています。日本において、この母性という言葉が用いられるようになったのは大正期だといわれています。[1] これは、「お腹を痛めて産んだ子どもを慈しみ、守り育てようとするのは、女性に本能的に備わったものである」という考えに立ち、子育てに際しての母親の愛情、犠牲心を当然視したものでした。

こうした母性観は生まれながらに女性に備わった特性であるという、いわば母性本能説ともいえるものです。「子どもを産む」という女性の特性に加わるかたちで、子どもを育てるうえで大切な、すなわち精神的な「母性」あるいは「母性愛」が強調されるようになっていたといえるでしょう。そして、こうした見方は日本だけにとどまらず、世界的な認識でもありました。

しかし、このような先天的本能的な愛情と捉えることに疑問を投げかけたのが、フランスの女性史研究者であるバダンテール（Badinter, E.）の『母性という神話』でした。バダンテール[2]は、17～18世紀のフランスの乳幼児死亡率が約25％という高率であることに着目しました。そして、その当時、自分の子どもを育てる母親はほとんどなく、膨大な子どもが遺棄されたり、里子に出されたりしていたという事実から子どもはみな無関心な状況に置かれていたことを明らかにしました。そのうえで、女性は「自分が産んだ」子どもではなく、「自分の面倒を見た」子どもに愛情を抱く傾向にあると指摘しました。こうして、母性は本能ではなく、それ自体の社会的・文化的な意味付けによってつくり上げられた神話に過ぎないと結論付けたのです。このバダンテールの影響を受け、母性とは、女性に生まれながらに備わったものではなく、母性に関する経験や学習を通して育まれていくものなのだという考え方が広がっていったのでした。

しかし、林道義[3]はその著書、『母性の復権』において、母性は本能ではないと主張するバダンテールらの見方を「歴史の一時点で、しかも限られた地域において母性がなかった例が発見されれば、母性が普遍的でないし本能でもないことが証明される」として、真っ向から否定したのでした。そして、「本能というものは、ある種のすべての個体に『備わっている』けれども、必ずしも『現われる』わけではない。『現われる』（触発される）ためには、それなりの条件が必要である」として、本能行動と学習行動が相互に連鎖を形成しているものとしました。そのうえで「子どもが生まれたとたんに必ず可愛いと感じ、教わらなくても自動的に子どもの世話ができる、それが本能だ」という理解は、まったく間違っているとしています。

このように、両者は母性が本能であるか否かでは大きく対立しています。しかし、母性的な行動には、妊娠から出産、そして育児という過程における、母子の相互作用、さらに父の情緒的なサポート、周囲からの支援のある環境の中での母親役割を習得していくものである認識には、バダンテールも林もその考え方に違いはないということができるのではないでしょうか。

2　基本的信頼感の形成のために

生まれて間もない赤ちゃんにとって、最も大切なことは「基本的信頼」であるといわれています。赤ちゃんは、お腹が空いた、おしりが気持ち悪い、不安だから抱っこしてほしいなど、さまざまなことで泣きます。こうした状況で、赤ちゃんのそばにいる大人（その子を産んだ母親の場合もあるでしょうが、母親がかかわれない状況にあれば、母親に代わる人である場合もあるでしょう）は、子どもの不快な気持ちを鋭敏に感じ取り、その不快な状況を除去し、心地よい状況を子どもに提供していきます。

こうした行為が日々繰り返されることを通して、子どもは愛情を感じ取るのです。このように常に愛され、応答されているという体験から、赤ちゃんは、養育者ひいては人間は信頼できるものであること、そして世話をしてもらえる自分というものが信頼できるという確かな感覚を得るようになります。そして、それが生きる姿勢の基礎となるのです。これを「基本的信頼」といいますが、この基本的信頼の感覚がなければ、人は自分自身に対してさえも安全感がなくなるのです。

このように、ほど良いスキンシップとホールディング（holding：包み込むこと）を通して、基本的信頼が形成されていくのですが、ここで、ウィニコット（Winnicott, D. W.）[4]の「ほど良い母親（good enough mother）」という概念を紹介したいと思います。この「ほど良い母親」とは、特別に優秀な育児能力や育児への強い熱意をもっている特別な母親のことではなく、子どもに自然な愛情と優しさを注ぎ、一緒に過ごす時間を楽しむことができるごく普通の母親を意味します。機械のような完全さや、子育てに関する知識などの点での知的理解は必要ではありません。そして、育児においては、どのような助言や手本よりも、「自分自身の判断を信じられる時が母親の最良の状態である」と考えます。こうしたなかで、母親が「母親そのものであることによってなしうることを、直観的にやったとすれば、それが最も良い方法」だとします。このように「母親の心に自然に湧いてくるやり方」で子どもを育てるのが「ほど良い母親」だとし、子どもの発達段階や要求水準、身体的・精神的能力に合わせて、密着した手厚い保護や世話から、子どもの自立性、自発性を促していくことで、子どもの心理社会的自立を実現していくとウィニコットは考えたのです。

こうした母子関係の研究によって、母親が子どもに及ぼす影響の重要性、すなわち良い子どもに育てるためには母親がどうあるべきかに関心が向けられてきました。しかし、近年その様相が変化してきています。これまでの母親から子どもという一方向ではなく、子どもが母親の養育行動にどのような影響を与えてきたかという母子相互作用が注目されるようになってきたのです。さらに、母親として子どもとの関係を経験することで、母親自身がどのように変化・成長してきたかという、母親自身の発達を生涯発達の視点で捉えることが加わってきました。こうして、親としての成長にどのような要因が影響を与えているかという研究が行われるようになってきました。

　こうした動きのなかで、これまでの「子どもを産む女性は子どもを育てる適性にも恵まれるように定められているのだから、その母親が子育てをするのが当然だ」とする母性観が崩れ、「母性」は本能ではなく、社会的学習によって形成されるということが明らかになってきました。そして、性にかかわりなく親子関係を維持していくうえで、大切な基本的信頼感の形成のために何が大切であるかといった面が注目されるようになりました。しかし、親子関係のあり方、特に母子関係が強調されるようになったことで、たとえば「子どもは3歳までは生物学的母親のみによって養育すべきである」といった「3歳児神話」のような極端な信念も広がっていきました。そうしたなか、シャファーとエマーソン（Schaffer, H. R. & Emerson, P. E.）[5]は、子どもの愛着は、一緒にいる時間が短くても、子どもに注意を払い、子どもの行動に鋭敏に反応するなど、交流の質の高い人に向く傾向があることを明らかにしたのです。この結果から、生物学的な母親でなくても、さらには女性でなくても、包み込むような愛情をもって家庭団欒の場で子ども、そして家族にかかわっていくことが母性としての役割であると考えられるようになりました。多様な家族が出現している現代社会においては、母性を母親が担うべきものと一面的に捉えるのではなく、母性の役割を養育者のなかでどのように担っていくのかは、それぞれの家族のかたちによってさまざまであるという認識に立つ必要があるといえるでしょう。

2節◆母性と子どもとのかかわり

これまで述べてきたように、母性とは、子どもを養育するために母親に備わっているはずの「母たるもの」ではなく、性別にかかわりなく、子どもが育っていくために不可欠な基本的信頼感を形成するために大切な「母なるもの」として捉えられるようになってきました。

母性においては、包み込み、人を暖かく育んでいくという肯定的な面が強調されがちですが、その一方で、呑み込んで離さない、抱え込みすぎ、自立を妨げるという否定的な面もあります。

この母性の機能と逆機能について、子育てと関連付けたのが、図3－1のデベロー（Devereux, E. C.）の親の子育て行動の4象限です[6]。

これは親の子育て行動について、暖かさ・支持――拒否・敵意（縦軸）と、統制――許容性（横軸）という2つの軸で見たもので、このうち、暖かさ・支持――拒否・敵意という縦軸は母性的な行動とみることができます。

第一象限（左上）は、子どもに対して暖かい態度でかかわるのですが、その愛情ゆえに子どもに失敗させてはいけないという思いから、「あれはしてはいけない、これをしなさい」という統制的な態度をとってしまうということを示しています。そうすることで「過保護」な子育てになりがちとな

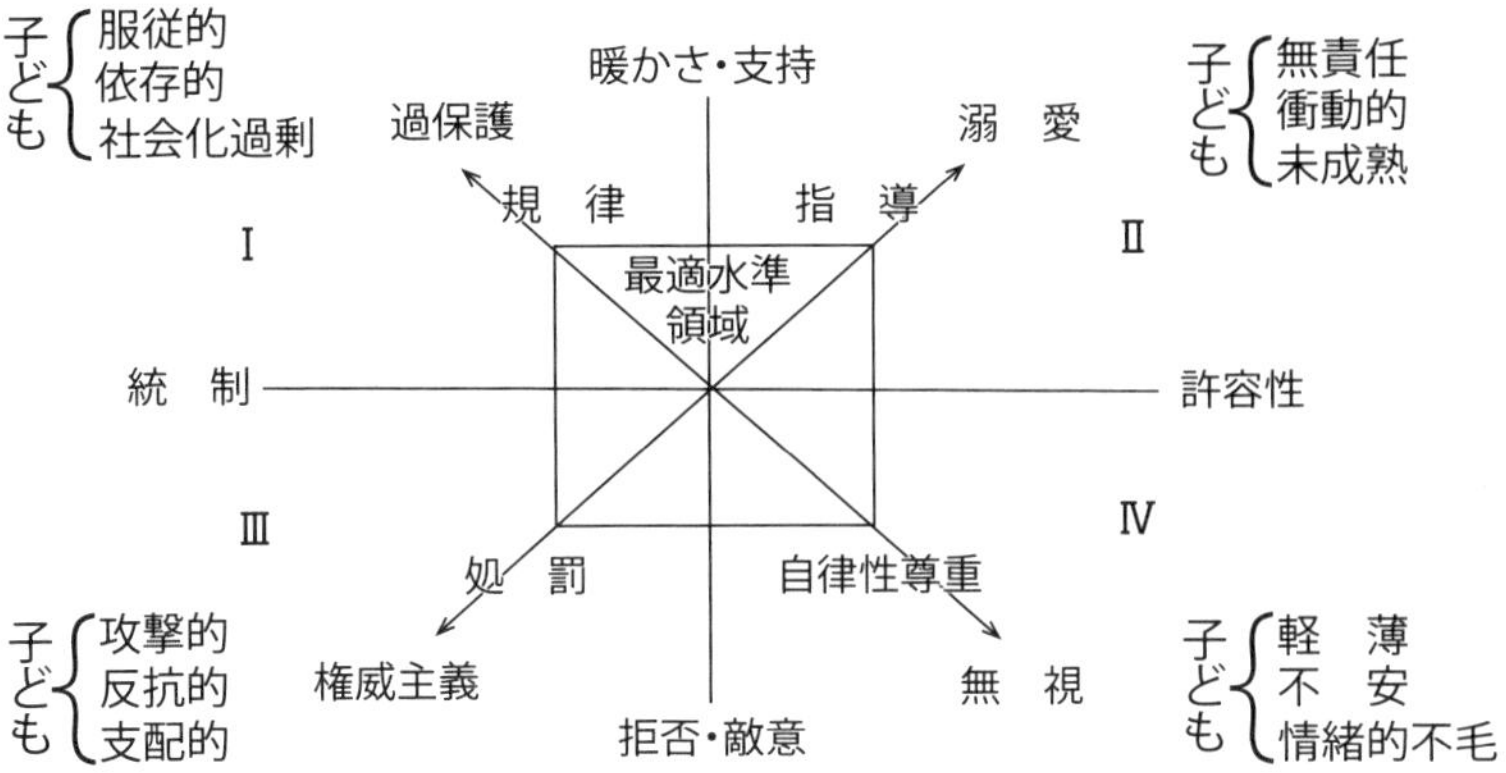

図３−１　デベローによる親の行動の４象限
（森岡清美・望月嵩『新しい家族社会学』４訂版、培風館、2007）

り、その結果、子どもの行動には服従的、依存的、社会化過剰といった傾向が生まれやすいとしました。

第二象限（右上）は、第一象限と同様に子どもに対して暖かい態度でかかわりますが、子どもの思いのままにどのような行動も許してしまう、許容的な態度を示しています。そうした子育てを「溺愛」とし、子どもの行動には無責任、衝動的、未成熟といった傾向が生まれやすいとしました。

第三象限（左下）は、子どもに対して拒否的な態度でかかわり、そのうえ、親が煩わされることを避けるため、子どもに統制の意味を内在化させることなく「あれはしてはいけない、これをしなさい」という態度をとることを示しています。これは「権威主義」的な子育てとなり、子どもの行動に攻撃的、反抗的、支配的といった傾向が生まれやすいとしました。

第四象限（右下）は、子どもに対して拒否的な態度でかかわるがゆえに、子どもが何をしても構わない、勝手にすればよいという、許容的な子育てになるということを示しています。このように許容的な態度が敵意・拒否に基づくものであると、「無視（ネグレクト）」した子育てになるとし、その結果、子どもの行動には軽薄、不安、情緒的不毛といった傾向が生まれやすいとしたのです。

デベローは、この四つの象限のなかで、どれが適切な養育態度であるかを示したのではなく、それぞれの象限の養育態度が最適な水準にとどまっていれば、適切な子育てであるとしています。それが図の中央に示された「最適水準領域」です。このことは前節で紹介したウィニコット（Winnicott, D. W.）の「ほど良い母親」で示したことと共通しますが、適切な子育てというのは「ほどほどさ」が必要であるということができるでしょう。

3節◆家庭団欒における親子のコミュニケーション

1　全国児童家庭調査からみる親子の会話時間

厚生労働省では5年に一度、全国児童家庭調査を実施しています。これは、福祉行政推進のために、全国の家庭にいる児童およびその世帯の状況を把握するもので、全国の18歳未満の児童のいる世帯を対象に、無作為に抽出し実施されています。

この調査には、父母および保護者の状況、父母の仕事の状況、父母の仕事からの帰宅時間、家族揃

表3−1　父母の子どもたちとの会話時間（1週間あたり）
（厚生労働省1999年、2004年、2009年の全国児童家庭調査結果から作成）

	会話時間	0～9時間	10～19時間	20～29時間	30～39時間	40～49時間	50～59時間	60～69時間	70時間以上	不詳
父	1999年（n=1,936人）	50.5%	22.5%	13.5%	6.7%	2.3%	1.2%	0.4%	0.4%	2.6%
	2004年（n=1,223人）	49.5%	22.4%	13.7%	6.3%	2.0%	0.4%	0.6%	0.3%	4.7%
	2009年（n=1,166人）	50.5%	20.5%	15.6%	5.4%	2.7%	0.7%	0.3%	0.1%	4.3%

	会話時間	0～9時間	10～19時間	20～29時間	30～39時間	40～49時間	50～59時間	60～69時間	70時間以上	不詳
母	1999年（n=2,021人）	23.9%	20.2%	16.9%	11.0%	7.2%	5.7%	3.2%	8.9%	2.9%
	2004年（n=1,323人）	25.2%	19.1%	16.3%	12.6%	5.8%	6.3%	2.3%	8.4%	4.1%
	2009年（n=1,319人）	25.2%	20.1%	16.5%	10.1%	8.2%	6.3%	3.4%	7.1%	3.1%

って一緒に食事をする日数、子育てについての不安や悩みおよびその相談相手、父母のしつけの状況、1ヵ月にかかる養育費の状況、未就学児童の状況、終業後のクラブ活動、塾等の状況、帰宅時間の状況、普段の遊び場、不安や悩みおよびその相談相手、自分の将来と今、幸せだと思うかどうかについてなど、子どもの育ちや家庭の状況についてのさまざまな調査項目を設けています。

その中からここでは、親子のコミュニケーションに関する調査項目の1つ、「1週間あたりの父母の子どもたちとの会話時間」を紹介します（表3−1）[7]。

1999年、2004年、2009年の3回の調査に共通する点として、父のほぼ半数が1週間あたりの会話時間が0~9時間であると回答していることが挙げられます。また、会話時間が増えるにしたがって、回答した父が減っていることがわかります。

母についても、3回の調査に共通する傾向として、約25％（4人に1人）が1週間あたり0〜9時間の会話時間であると回答しています。そして、父と同様に会話時間が増えるにしたがって、回答した母は減っていますが、父と異なる結果をみせたのが、1週間あたり70時間以上と回答した母が、3回の調査を通して7〜8％（約14人に1人）の割合を占めた点でした。

さらに、この調査では、就労していない母に限っていうと、1週間あたり70時間以上と回答した人は99年調査では16・1％、04年調査では16・9％、09年調査では14・1％（約7人に1人）の割合を占めていることも明らかになっています。

この結果からみると、子どもとの濃厚なコミュニケーションをとっている母親がかなり多いと思われた人も少なくないでしょう。

しかし、よく考えてみましょう。1週間に70時間ということは、1日あたり10時間です。1日24時間のうち、睡眠時間（2011年の総務省「社会生活調査」によると中学生で約8・5時間）、学校などに行っている時間（同調査によると小学生で約5時間）が割かれている状況を考えると、10時間以上というのは、子どもが家にいる間はすべて会話の時間となっているということです。

もちろん、1日10時間以上、子どもと会話している人がまったくいないとは断言できません。しかし、この調査は「調査員があらかじめ配布した調査票に世帯が自ら記入し、後日、調査員が回収する留置自計方式」であり、正確に時間を計測したうえで算出されたデータではないということも考えられます。むしろ、普段から子どものコミュニケーションが十分にとれていると感じている人が、調査項目の中で一番高い数字を示す70時間以上と回答したということも推察できるのではないでしょう

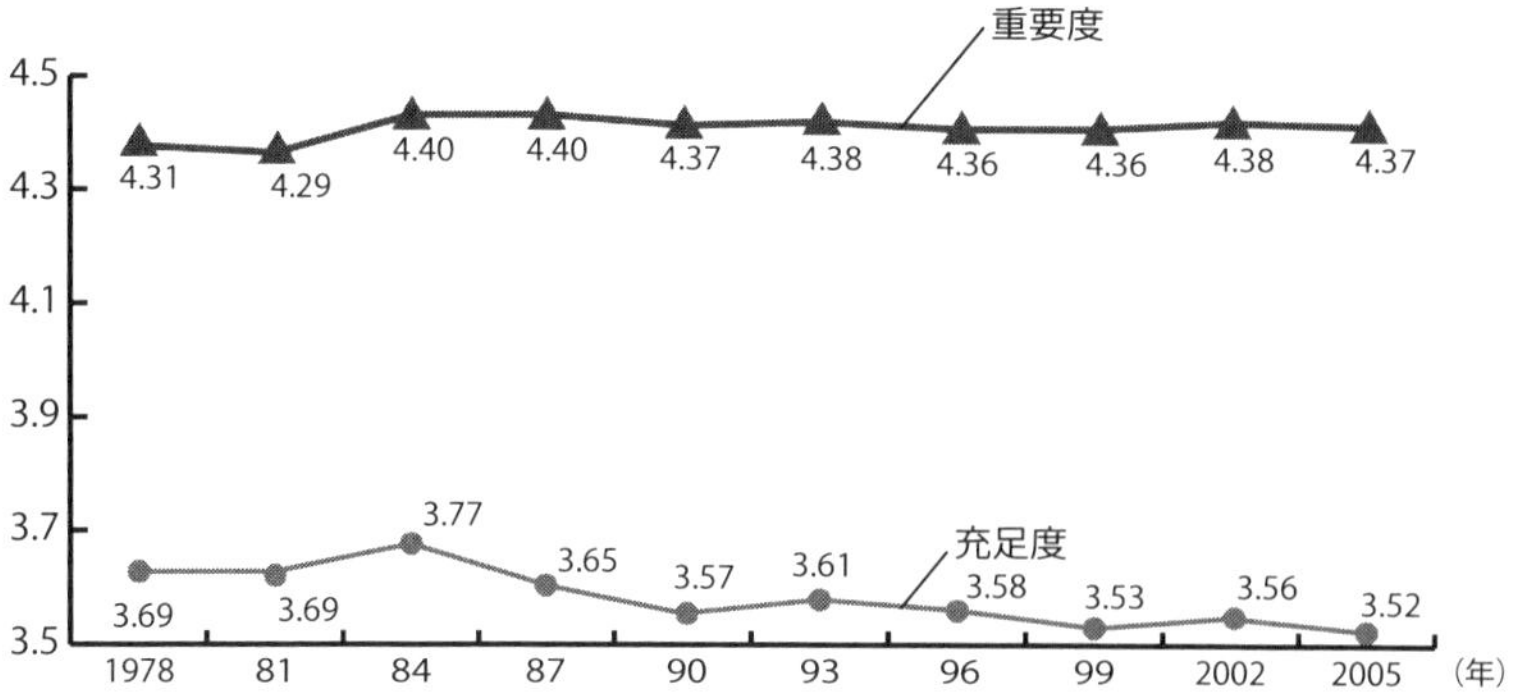

図3－2　親子の対話の重要度と充足度の推移
（内閣府『平成19年度版 国民生活白書』2007）

か。

また、実際に母親が子どもと1日10時間以上会話していたとしても、会話時間が長ければ良いというものではないはずです。むしろ、そこでなされる会話の質が問題なのではないでしょうか。

図3－2は、2007年版国民生活白書中の「親子の対話の重要度と充足度の推移」を示したものです[8]。これは、内閣府の国民生活選好度調査から、「親子の間に対話があり互いに相手を信頼しているかどうか」について、どの程度重要と感じているか（重要度）と、現在どれだけ満たされているか（充足度）の年次推移を示したのです。この結果からは、親子の対話は、過去30年程度において、一貫して重要であると認識されているものの、近年になるほど、人々は親子で対話が十分できていないと感じていることがわかります。このことからも、親子の会話は会話時間という量的なものでみるのではなく、充足度という質的なものとしてみることが大切なのではないかと考えます。

2　会話はキャッチボール

会話の質というものを考えるために、ここで、とある家庭の朝の状況をみてみたいと思います。登場人物は幼稚園児とその親です（子1とは、子どもの1つめの発言ということです）。
子1「おはよう～」
親1「おはよう！今日も1日がんばろうね！顔洗った？歯磨きは？」
子2「うん」
親2「さぁ、朝ご飯できたわよ。しっかり食べてね」
子3「うん」
（食事後）
親3「さぁ、そろそろお迎えのバスが来る時間よ。用意できた？今日は体操の時間があるよ。体操服入れた？」
子4「うん」
親4「じゃあ、行きましょう」
このやりとりを見て、どのように思われたでしょうか？子どもの言葉は「おはよう」と「うん」だけで、親の言葉が大半です。お互いに「おはよう」と挨拶を交わすことはとても大切です。しかも、朝起きてから幼稚園に行くまで一言も言葉を交わさないような状況よりも、比べものにならないぐらい大切な子どもとの時間ではあります。しかし、1日の会話時間が10時間というのにはひょっとするとこうした場面も含まれてはいないでしょうか？
ここで、「会話はキャッチボールである」ということを考えてみたいと思います。キャッチボールとは、1つのボールを投げては受けて、受けては投げてを繰り返すものです。その意味で往復のやりとりということができます。しかし、さきほどの朝の場面は、親がまるで自分の側にあるボールケースから、いくつものボールを矢継ぎ早に子どもに向かって投げている様子が見て取れます。
今度は子どもが帰宅後の場面で「会話はキャッチボールである」ということを考えてみましょう。
子1「ただいまぁ」
親1「おかえりなさい」
子2「楽しかった～」
親2「手洗った？」
親3「誰と遊んでたの？」
親4「あ、ドーナツあるよ、食べる？　手洗っといで」
子3「うん、食べる……」
これもよくある光景かと思います。しかし、「会話はキャッチボールである」ということからは、考えてみたいポイントがあります。それは子2の「楽しかった～」です。この子どもは、今日あった楽しかった出来事を思い返しています。そして、ぜひ話を聴いてほしいという思いを込めて「楽しかった～」と語ったと読み取れます。

しかし、親はその思いを受け止めることなく、すなわち「楽しかった～」というボールはキャッチしてもらえず、親は「手洗った？」と別のボールを投げてきたのです。さらに「誰と遊んでたの？」「ドーナツあるよ」と親自身が思いついたことを矢継ぎ早に子どもに投げているように感じてしまいます。これでは子どもの「楽しかった～」という気持ちは受け止められることもなく、どこかに消えてしまっていきそうです。
それでは、しっかりとしたキャッチボールとなるにはどのようにすれば良いのでしょうか？
さきほどと同じく子どもが帰宅した場面です。
子１「ただいまぁ」
親１「おかえりなさい」
子２「楽しかった～」
親２「そう、楽しかったんやぁ」
子３「うん、砂場でトンネル作って、面白かってん」
親３「へぇ～、砂場でトンネル作って、面白かったんやねぇ」
子４「おやつは？」
親４「いっぱい遊んで、お腹がすいたのかな？ドーナツあるよ。食べる？」
子５「うん、食べる」
親５「じゃあ、手洗っといで」
このやりとりは、さきほどとは何が違うのでしょうか？

それは、相手のボールを受け止めたことを丹念に言葉にして返しているところです。

子2「楽しかった〜」
親2「そう、楽しかったんやぁ」

子3「うん、砂場でトンネル作って、面白かってん」
親3「へぇ〜、砂場でトンネル作って、面白かったんやねぇ」

この親の二つの応答では、相手の語りをそのままオウム返しをするということが用いられています。これは対人援助の場面では「反復」といった言葉で説明されるものです。この「反復」は、相手にきちんと聴いてもらえているという安心感を与えます。そして、なごやかにやりとりを進めることができるようになるのです。
次も丹念に言葉を返すやりとりですが、「反復」とは少し異なります。

子4「おやつは?」
親4「いっぱい遊んでお腹がすいたのかな? ドーナツあるよ。食べる?」

このやりとりでは子どもは「お腹がすいた」とは語っていませんが、この「おやつは?」との語りから、親は、「お腹がすいたのかな」と子どもの気持ちを感じ取り、その気持ちを語ったのです。これを共感的理解（Empathic understanding）といいます。

3　共感的理解のチカラ

共感的理解とは、その人の世界をあたかも自分の世界であるかのように感じ取り、そのあたかもという性質を失わないことといわれています。人間中心療法（来談者中心療法）で知られるロジャーズ（Rogers, C. R.）は、この共感的理解を心理療法の一般原則の一つと位置づけていますが[9]、親子間においても、養育者との共感的な働きかけは、子どもの人格の成長そのものに大きな影響を与えていくといわれています。
しかし、この「共感」という言葉は日常的に用いられているだけに、「共感的理解」とはどういうものなのかを少し丁寧に考えていく必要があります。そこで、まずは共感と同感の違いということから考えてみましょう。

同感（sympathy）：相手を見て、これまでの自分の経験や感情に照らし合わせて、相手が自分と同じような気持ちや感情を抱いているであろうと思うことである
共感（empathy）：相手に起こっているであろう気持ちや感情をそのまま感じること

たとえば、子どもが転んで泣いているのを見たとき、「あぁ、昔、自分も転んだとき、痛かったも

んなぁ」と思って「痛いよね」というのは同感です。しかし、自分の経験や思いに照らし合わせるのではなく、あくまで、転んだ子どもの「今、ここ」での気持ちになって「痛さ」を感じるということが共感なのです。

このことを次のやりとりで考えてみましょう。

子：部活の試合、私のせいで、負けちゃってん……。

親：私も中学生のときにそんなことあったわ。悔しかった。

これが同感です。親は子どもの言葉に触発され、自分の経験を語っています。こう言われた子どもは、「あぁ、親にも同じような経験があったのだなぁ」と思って、安心することはあるでしょう。しかし、自分の話を持って行かれたような感じがしないでもありません。

さらに、同感には決定的な限界があります。それは聴き手にとって未体験な経験を話されたときに起こります。

子：もう学校行きたくない……。

親：（私、今までそんなこと思ったことない、どうしよう……）

これが同感の限界なのです。自分に未体験なことでは同感できないのです。

そして、こうしたとき、ありがちな応答を紹介しましょう。

「そんなことを言ってはいけないよ。行かないといけないよ」

これは親としての意見、子どもへの評価を語ったものです。しかし、子どもはこんなふうに思うのではないでしょうか。「（やっぱり……）、私の気持ちなんかわかってもらえない」と。

あるいはこんな応答もありがちです。

「何があったの?」

この「何があったの?」といった語りは事実を把握しようということに焦点をあてた語りです。もちろん相手に関心をもって、学校に行きたくないと思うようになった背景を丁寧に聴くことも大切です。しかし、こうした事実を捉える前に、次のような応答をしてみるとどうでしょうか。

「学校に行きたくないんやねぇ。なんだか辛そうに感じるけど……」

まずは、子どもの「学校に行きたくない」という語りを反復する。そして、「なんだか辛そうに感じる」と、「もう学校に行きたくない」と語った子どもの「今、ここ」での気持ちを感じ取り、それを言葉にするのです。

そして、子ども自身が辛さを感じていたとすれば、まさにわかってもらえた感じがするでしょう。しかし、子どもは辛さではなく、悲しさを感じているかもしれません。それでも、この語りを通して、子どもにとっては自分の気持ちをわかろうとしている親の姿が伝わっていくのです。

そして、こうしたやりとりは親子間だけではなく、夫婦間、きょうだい間といった家族メンバー相互のやりとりでも大切です。

相手の思いを丹念に受け止めることを通して、相互に信頼できる存在であるとの認識がより一層強まっていきます。そして、こうした共感的理解を大切にしたコミュニケーションが家庭の団欒の場において、親子間のみならず、夫婦間、きょうだい間でも日常的に行われていく家族の風土が培われていくことが大切なのです。

第4章　子どもの物語からみた家庭団欒——子どもの望み

本章では、子どもが家庭のなかでことばや物語に出会う意味について明らかにしていきたいと思います。子どもは、養育者との絵本や幼年童話などの物語を通したかかわりのなかでさまざまな経験をし、新しい世界と出会います。それは同時に、子ども自身の存在が大切にされる経験であり、心と心の通い合いによって家族との絆を深めていくことでもあるのです。つまり、家庭のなかで養育者と子どもが物語をともに読むひとときが、子どもの自立を育みながら同時に家庭団欒を育むといえます。

1節◆家庭での温かなことばのやりとり

1　安心した温かな雰囲気のなかでことばの贈り物を受け取る

子どもは、ことばを持たずに生まれます。フランス語では子どものことを「enfant」と表しますが、これは「話すことのできない者」というラテン語の「infans」が語源です。ことばを獲得し、そのことばによって人とかかわり、生活世界を広げていくことが幼児期の大きな課題の一つであることが表されています。そもそもことばは、人間にとってなくてはならないものです。なぜなら人間はことばによって考えることで自分自身を形作り、表現し、他者とつながり、世界を広げていくからです。こうした意味でことばは、私たちのあり方そのものであり、人間の根っことなるものといえます。そのようなことばをまだ話すことのできない子どもを養育する人たちは、子どもが泣いたり、笑ったりする様子から子どもの思いを読み取って育てていきます。そして、養育者から愛情のこもったことばをたくさん浴びるなかで、子どもは心と身体とともにことばを育んでいくのです。乳幼児期は人間らしく生きるために欠かせないことばを育む重要な時期であり、人間にとって大切なことばが育まれる基盤となるのが家庭となります。

子どもがことばを育むとは、単に話すことのできる単語が増え、文字が読めるようになることだけを指すのではありません。乳幼児期の子どもは、心と身体を一緒に育んでいくため、独立してことばだけを育むということはありません。子どもがことばを育むには二つの前提条件が必要になります。一つは、子どもを取り巻く雰囲気。もう一つは、大人の積極的なかかわりのなかで心と身体全体でことばを育むことです。

まず、子どもを取り巻く雰囲気について考えていきましょう。子どもが包まれ守られている環境のなかで育つことは、子どもの健やかな発達にとってなくてはならないことです。こうした環境のなかで、子どもは、養育者の愛や配慮に満ちたかかわりを通して、温かく包まれている心地よい感情を抱きます[1]。この感情が、その後培われていくさまざまな感情を支える基盤となり、人生のなかで子どもをずっと支えていくことになるのです。つまり、このように自分が包まれ守られていること、絶対的に支えられていることを感じるなかで生まれる、満ちあふれている幸福の感情を確立していくことが、子どもが成長していくための前提となるのです[2]。子どもはこのような安らいだ温かな雰囲気のなかで心とことば、そして身体を育んでいきます。

２　心と身体を通して豊かなことばに出会う

子どもは、生まれながらに人とかかわりながら生きていく社会的な存在です。そのため、ことばが育まれる前提にも、人とのかかわりが非常に重要になります。子どもがことばを話す前の段階では、養育者との気持ちのやりとりが行われています。それは、養育者に抱っこされた温かな心地よさのなかで、大好きな人の声を聴き、リズムよく揺すられているなかでのやりとりであり、触覚や聴覚、視覚、温度感覚などいくつもの感覚から刺激を受けるかかわりとなっています。このような養育者と子どもの間主観的な共同体的情動を基盤としたかかわりは、その後、お互いの気持ちのやりとりになり、コミュニケーションの基盤となります[3]。こうしたかかわりは、大人の側から積極的に働きかけなければ深まらないかかわりでもあります。

さらに、成長が進むと視線を共有することで、子どもが人とかかわる姿が見えてきます。子どもが対象を指をさし、養育者がそれを受け止めることが見受けられるようになります。ここでは、子どもが対象を指さすことで、子ども自身が思いを養育者に伝えようとし、また養育者も指さしによって子どもの思いを受け止め、一緒に対象を見るといったように両者がお互いの意図を理解した共同活動を促しています。こうして心と身体の発達が土台となり、心と行動が一緒になって子どもが何かを養育者に伝えようとするように、感覚器官の陶冶のなかでことばが育まれます。そのような子どもの思いを養育者が受け止め、寄り添っていくことで、子どもの心と養育者の心がつながっていき、双方向的なかかわりが生まれ、その繰り返しのなかで基本的信頼感が育まれます。子どもと養育者との関係が深まると、子どもは安心して周囲の世界に積極的にかかわろうとします。満足感や安心感を味わい育み、それが現在の自己の存在や生きていることを、基本的に価値のあるものであると感じる「自尊感情（self-esteem）」を育てていくのです。その自尊感情が、子どもの人生を大きく支えていきます。

このように、子どもがことばを育むには、温かで守られていると感じるような雰囲気の環境のなかで、養育者の積極的なかかわりのうちに、ことばと出会うことが前提として重要であるとわかります。また、それは他者に対する基本的信頼関係を築き、自分を大切に思う自尊感情にもつながるものです。このような安心した温かな雰囲気のなかで、子どもがことばの贈り物を受け取り、次には、子どもは、ことばを使って安心して外の世界への興味を広げていくのです。

2節◆家庭のなかでの絵本

1　家庭での絵本の読み聞かせ

第1節では、温かな雰囲気の家庭のなかで養育者を通して子どもがことばと出会い、心と身体とともにことばを育んでいくことに注目しました。子どもがことばに出会う場として、他にも忘れてはならないのが絵本です。この節では子どもの成長発達とともに、家庭で絵本を養育者と子どもがともに読むことについて考えていきたいと思います。

みなさんは子どもの頃、どのような絵本や物語が好きだったでしょうか。大好きなお気に入りの一冊を繰り返し読んでいた人や、好きな物語がたくさんあった人もいるでしょう。子どもの頃に出会った物語は、いくつになっても思い出すたびに私たちの心を温め、新しい世界へ踏み出す喜びと勇気をくれます。

なぜ、絵本はそのような力をもっているのでしょうか。その答えの一つは、絵本を思い出すときに内容だけでなく、そばで読んでくれた人の温かさも一緒に思い出すからです。内容のおもしろさとともに、誰かに読んでもらい大切にされた経験もセットになるからです。そもそも絵本は、絵と文字で物語が描かれている本ですが、他の本と比べていくつかの特徴があります。その一つは、子どもが初めて絵本に出会うときは、大人と一緒に読むことが多いという点です。特に、子どもがことばを読めるようになるまでは、一緒に読む大人の存在がつきものです。

絵本を子どもに読んであげることは「読み聞かせ」や「読み合い」などと呼ばれていますが、家庭で子どもに読み聞かせをすることも一般的になってきています。乳幼児の生活の様子や保護者の子育てに対する意識や実態を把握することを目的とした、ベネッセ次世代育成研究所の「第4回幼児の生活アンケート（2010年）[4]」では、多くの家庭で養育者が乳幼児に対して絵本の読み聞かせを行っていることが明らかにされています。1～3歳の子どもがいる家庭では、60％以上の家庭でほとんど毎日絵本が使用されており、約90％にのぼる家庭で週に一度は絵本が使用されていることが示されています。4～6歳の子どものいる家庭では、1～3歳の子どものいる家庭よりも使用頻度は減りますが、週に1日以上絵本を使用している割合は80％を超えています。また、この調査は1995年から縦断的に行われており、15年にわたる調査結果を経年比較することができます。乳幼児の家庭で絵本を使う頻度についての変化をみると、絵本は15年を通して約70％の家庭で使用されており、使用頻度は一貫して高いことが明らかになっています。

このように家庭で養育者と子どもに絵本が読まれ、多くの絵本が普及している一方で、ことばを学ぶための知育玩具のように、絵本を教育の手段として重視する風潮がみられることも確かです。「子どもがことばを覚えるため」「子どもが本に興味をもつため」といった意味で、絵本の大切さが認知されていることも多いでしょう。確かに絵本にはそのような特徴もありますが、それだけでしょうか。絵本が家庭のなかで広く用いられているからこそ、読み聞かせによってどのようなことが子どものなかで育まれているのか、そして家庭にとってどのような意味をもっているのかを考えることが大切になるでしょう。

２　情緒的な結びつきや子どもの自尊感情を育む絵本の読み聞かせ

家庭での読み聞かせには、どのような特徴があるでしょうか。家庭では、子どもが自分の興味や思いに沿った絵本を養育者とじっくり味わうことができます。絵本というとすぐに絵と文字が注目されるかもしれません。しかし、絵本の読み聞かせには、絵と文字による楽しさに加えて、大好きな人が語りかけてくれるという聴覚からの刺激、そして大好きな人が近くで読んでくれる温かさを感じる触覚など、五感を通したさまざまなかかわりが含まれています。子どもは大好きな養育者の声で絵本の物語を聞くことで、養育者と一緒に同じ世界を共有する楽しさを体験します。養育者とともに心を通わせ、一体感を味わいます。さらに、絵本には子どもが自分で文字を追う楽しさもありますが、養育者に読んでもらうことによって、声に乗った絵本の物語は温かさとリズムをもって子どもに届きます。自分で読むようなたどたどしさがなく、リズミカルに想像を広げることができます。そして一人読みでは気づかなかった点に興味や関心を持ち、世界を広げていくダイナミックな楽しさを体験します。

また、養育者による読み聞かせは、絵本の内容をじっくり味わうだけでなく、養育者を独り占めできるひとときにもなります。生活のなかで、養育者が子どものためだけに時間をとることはなかなか難しいことです。他にも子どもが多くいる場合はなおさらです。しかし、絵本を読むあいだだけは、養育者は子どものためだけの存在になります。子どもは、養育者を独り占めして絵本を読んでもらうことによって満ち足りた気持ちになります。そうして、自分が大事にされる体験を通して子どもは自尊感情を育んでいくのです。それは、物理的にも子どもの大切な居場所づくりとなり、精神的にも大好きな養育者が読んでくれた「私」の物語として大切な心の拠り所にもなるのです。このようにして、絵本をとおした養育者と子どものコミュニケーションのなかで、家族の絆が強まるのです。

ニュージーランドのオークランドで、読書障害児教育と未就学児童読書教育のための読書センターを開き、児童文学者でありながら幼児期から生涯にわたる読書教育の第一人者でもあるバトラー(Butler,D.)。彼女は、子どもの人生において赤ちゃんのときから本を与えることが重要であると述べています[5]。養育者やまわりの大人が、親身になって子どもが絵本とかかわるきっかけをつくっていくことが大切であると強調しています。いわば、第1節でみたように、養育者などの助けをかりて子どもは絵本やことば、物語に出会っていくのです。バトラーは、「子どもとの関係を確立し、支える力において、本にまさる『親の助け(ペアレンツ・エイド)』はない、というのが私の信条です[6]」と述べています。そして、養育者と絵本を共有した楽しさ、ぬくもり、絵本のなかで体験した冒険や秘密などすべてのものが、人生のあらゆる場面で子どもを助け、幸せで前向きな人間へと育んでくれることでしょうと語るのです。

3　ともに楽しむものとしての絵本

このような絵本を通した養育者と子どものかかわりを、さらに親子関係や育児支援の点から支援していこうという取り組みの一つが、「ブックスタート」です。現在ではよく知られるようになってきていますが、ブックスタートとは、赤ちゃんと養育者が絵本を通して心ふれあう時間をもつきっかけを届ける活動です。[7] １９９２年にイギリスのバーミンガムで始まり、日本では子ども読書年をきっかけとして、２００１年にスタートしました。具体的には、市区町村自治体が行う0歳児健診などの機会に、「絵本」と「赤ちゃんと絵本を楽しむ体験」をプレゼントする活動が行われています。

このブックスタートの取り組みのなかで重要な点は、“Share books with your baby！”というキャッチフレーズです。ブックスタートでは絵本を赤ちゃんにプレゼントしますが、「絵本を読む（read books）」ではなく、「赤ちゃんと絵本を開く楽しいひとときを分かち合う（share books）」という思いが込められています。この活動では絵本やスタイ、子育てに関する資料などが入った「ブックスタート・パック」と呼ばれるプレゼントが手渡され、その場で一組の親子に必ず一人のボランティアがついて実際に絵本を読み、赤ちゃんと絵本を楽しむ体験をさせてくれます。ただ絵本を配るだけの活動ではなく、養育者に赤ちゃんと絵本を開く時間の楽しさを、体験を通して実感してもらうこと、そして、「楽しかったから家でもやってみよう」と思ってもらえるような活動が目指されているのです。[8] こうしたひとときを「自治体に生まれてきたすべての赤ちゃんのもとへ届けよう」という取り組みになっています。ブックスタートは、養育者が絵本を通して子どもと心温まる時間を体験することから、「絵本による家庭団欒を促す取り組み」として捉えることができるといえるでしょう。

ブックスタートの取り組みからもわかるように、絵本は、子どもにとって大切な遊びの一つです。一般的に大人は、絵本が文字と絵でできていることから「読む」ものであると捉えがちです。しかし、子どもにとっては遊びであり、味わうものであり、養育者とのやりとりを楽しむものです。そもそも遊びは、「遊ぶために遊ぶのであって、遊びを超える目的はない」[9]ものであり、人は遊んでいることそのものを楽しんでいるのです。そのため、結果としてもたらされる効果だけを期待されてしまうと、遊びが本来もつ価値は見えなくなってしまいます。養育者が子どもに絵本を与える背景や理由にはさまざまな思いがあるかもしれませんが、子どもが絵本や物語の世界にどっぷり浸る体験や時間が子どもにとって大切なのではないでしょうか。絵本や物語を楽しむなかで、結果的にさまざまな力や絆が子どものなかに育まれていくのです。

3節◆子どもに寄り添う物語

第2節でみてきたように、絵本を養育者が子どもに読み聞かせることは、心と身体を使った豊かなコミュニケーションの一つであることがわかりました。このようなやりとりのなかで、養育者と子どもはしっかりとした絆を結んでいくのでした。最後の節では絵本や幼年童話、児童文学の物語から考えていきたいと思います。

1　他者と出会い自分をつくるものとしての絵本

絵本にはさまざまな特徴がありますが、その一つは、絵本が大人（他者）によって子どもに与えられるギフトだということです。絵本が対象としている読者は子どもですが、子どもたちのために絵本を作り、選び、与えるのは大人です。そのため、絵本には大人が子どもに伝えたいこと、子どもが成長し生きていくことに対する期待や希望などがこめられていると考えることができます。大人が子どもに伝えたいことを描いている点、そしてそれを子どもに読み、与えるという点で、絵本は本質的に教育的な価値を含んでいるといえます。ここでいう教育的とは、大きな意味での人間形成につながる意味です。こうした絵本の物語のなかで、子どもは何を育むのでしょうか。

多くの子どもに愛されている絵本の『ぐりとぐら』[10]から考えていきたいと思います。この絵本は、森のねずみのきょうだいのぐりとぐらが、散歩中に大きなたまごを見つけて大きなカステラを焼き、森の動物たちとおいしく食べるお話です。そもそもこの物語は、作者の中川李枝子が保育者として保育園で働いていたときに子どものために作られたものでした[11]。保育園の子どもたちは『ちびくろさんぼ』が大好きだったため、小さなホットケーキを作ってみんなで分け合って食べたところ、みんな喜んだといいます。戦後で高価なものが手に入らない時代のなかで、子どもたちにもっと素敵なものをたくさん食べさせてあげたいと思い、その思いからホットケーキよりも高価で、もっと大きなカステラが出てくるお話を考えて『ぐりとぐら』が生まれたといいます。

教育哲学者の矢野智司は、『ぐりとぐら』に代表されるように絵本に動物が非常に多く登場することに注目し、動物が登場する動物絵本の世界で、子どもは人間と似ているが人間ではない「他者」というべき動物に出会い、そのなかで人間とは何かを学んでいると指摘しています。たとえば、この絵本のクライマックスでもある大きなカステラが焼け、そのにおいに誘われてやってきたたくさんの動物たちとカステラを分け合って食べるところに注目してみます。見開きいっぱいに描かれた大きな黄色いカステラの絵は、バターのいいにおいがしてくるようで、それを食べているぐりとぐらや周りの動物たちは本当に幸せそうです。この物語を読みながら、子どもは他の動物たちと一緒にこのカステラを食べているのです。そして、子どもはぐりとぐらがその場で初めて出会った動物たちにもカステラをふるまう姿から、ことばにならない優しさやしなやかな生き方について深い体験をするのです[12]。矢野は動物絵本が子どもにとって深い知の冒険であると人間学の視点から指摘しています。そうした意味で、「子どもにとって、物語は食物と同じ生きるために必要なだけでなく、よく生きるためにも欠かすことのできないもの[13]」なのです。

物語の背景には子どもに届けたい作者の思いがあります。さらに、子どもはこの絵本の登場人物であるぐりとぐらに出会い、ぐりとぐらになりきり絵本の世界に入り込みます。子どもは、自分の生活している限られた世界しか知りません。しかし、絵本を通して新しい世界を体験し、他者と出会い、さまざまなことを想像する楽しみと出会うことになります。絵本や物語は、ことばを通して私たちに喜びの体験を与えてくれます。それは、子どもが触れることばの後ろには、必ずともに生きる他者の存在があるからです。ともに生きる他者とは、ぐりとぐらのような登場人物たちであり、作者であり、絵本を子どもに読んで与えてくれる養育者なのです。

2　絵本以後の読み物と家庭 ――幼年童話――

①幼年童話

第2節で取り上げたように、絵本の読み聞かせは家庭でも広く行われ、養育者と子どもが絵本を通して豊かな時間を過ごしていることがわかりました。しかし、多くの絵本好きの子どもがいる一方で、その後本を読まなくなる子どもも多いといわれています。絵本の読み聞かせがこれだけ一般的になっているにもかかわらず、なぜ本を読む楽しさにつながっていかないのでしょうか。その理由は大きく二つ考えられています。一つは、一つの文字に対して一つの音節がある表音文字という日本語のひらがなの特性によるものです。この特性により、日本の子どもは海外の子どもに比べて一人読みが早くできるようになるため、養育者が次第にかかわらなっていくという点があげられます。こうしたことから、年齢が上がるにつれて家庭での読み聞かせが減っていることが指摘されています。

そしてもう一つは、幼児期によく読まれる絵本の次に何を読めばいいのかわからないという点です。ここでは、後者の理由に注目してみましょう。子ども向けの本といえば絵本と児童文学がすぐ思いつくように、児童期になれば、『ハリーポッター』のような児童文学の世界が待っています。しかし、児童文学作品はページも多く、内容も難しくなっており、絵本からすぐに読み進めることはできません。児童文学は絵本と比べて絵がほとんどないため、幼児期の子どもには文字だけで想像して楽しむことが難しいためです。この絵本から児童文学へと移行する時期が、読書体験の「壁」となっていることが指摘されているのです。また、家庭で本を読まなくなることは、前節でみてきたような絵本を通して養育者と子どもの心が通い合う、豊かな結びつきを育む時間がなくなるということでもあります。このような時間は、幼年期の子どもと養育者にとっても大切なのではないでしょうか。

それでは、絵本から児童文学の間に何を読めばよいのでしょうか。そこで注目したいのが幼年童話です。幼年童話は、就学前（5～6歳）から小学校1～2年生（8歳頃）までの幼年期の子どもを対象とする本です。代表的なものに『こまったさん』シリーズ、『モンスター・ホテル』シリーズ、『小さなおばけ』シリーズ、『かいけつゾロリ』シリーズ、『かいじゅうトゲトゲ』シリーズなど、長年にわたって読み続けられている作品が数多くあります。これら幼年童話は、子どもが絵本から児童文学へと読書を進めていくうえで、重要な橋渡しの役割を担っています。絵本や児童文学に比べるとあまり知られていないジャンルですが、幼年期の子どものことばや発達に寄り添う本となっています。児童期のようにものごとを論理的に追いかけ、ことばで秩序づけていくことがまだ難しい幼年期の子どもにとって、絵よりもことばに主軸が移っていきながら、絵がストーリーを伝える役割を十分にもっている幼年童話は、子どもが文字によって想像する楽しさを育む手助けをしてくれます。

また、幼年期の子どもは、発達段階においても幼児期と児童期の過渡期に位置します。そのため、幼年期の子どもは自分の思いと行動がうまくかみ合わなかったり、自分の思いが他者の思いとぶつかったり、矛盾した行動や言動がみられることがあります。こうした一つ前の発達段階で子どもがつまづいたとき、養育者はネガティブな行動として捉えてしまいがちです[14]。しかし、幼年期の子どもは、このようなもやもやした曖昧な状態にある自分の体験を受け止めてくれる環境を必要としているのです。そして、自分と同じような気持ちや状況を代弁し、受け止め、寄り添ってくれる場所を求めています。このような幼年期の子どもを見守る場所の一つとなるのが幼年童話なのです。そして、幼年童話を養育者とともに読むことによって、さらにその価値が強まります。

②幼年期の子どもを見守る場所

幼年期の子どもを見守る場所の一つとしての幼年童話について、具体的な作品『きつねの子』シリーズから考えていきたいと思います。よく知られている『きいろいばけつ[15]』を代表する『きつねの子』シリーズでは、シリーズ５冊を通して主人公のきつねの子と友だちのうさぎの子とくまの子が登場し、３匹の友だち同士のかかわり合いをメインにした物語が描かれています。どの本も心が温まるようなストーリーなのですが、５冊に共通しているものは、ただ優しく温かいだけの内容ではないところです。特に3作目の『ぼくだけしってる[16]』では、子どもの揺れ動く友だちとの関係をみることができます。

３匹で遊んでいると、きつねの子だけがバスや船を見たことがなく、漢字で「四」を書けないことを笑われてしまいます。その場では、きつねの子も一緒になって笑っていましたが、一人になると悔しく悲しい気持ちになります。きつねの子は泣きながらも「しなんて　かけなくたって……。」「ぼくは、ぼく。きつねこんすけ。」と呟きます。いつもは仲のいい友だちとのかかわりのなかで、傷つきながらも自分を見つめなおし、自分の気持ちに前向きに折り合いをつけようとするのです。そして、大きな虹を見つけ、虹が生まれるところを「ぼくだけしってる……」と自信を取り戻し、その喜びとともに見つけた虹を教えてあげようと2匹のところに戻っていくのです。

このように、友だちである他者と一緒にいてただ楽しいだけでなく、悔しかったり、けんかをしてみたり、友だちに嘘をついてみたりといった、少し複雑な気持ちが描かれています。誰かに守られたり甘えるだけではなく、自分と他者の気持ちのバランスをとり、幼いながらも自分を見つけていく児童期に向かう子どもの姿に沿った話となっています。また、物語の場面によっては、いつも仲の良い友だちとのかかわり方もさまざまに変化し、単純なキャラクターではない多層的な面がみられるようになってきます。

絵本よりも多層的な人物描写となり、複雑な内容となっている幼年童話を読むことで、幼年期の子どもは、自分と同じような状況におり、似た特徴をもつ主人公に自分を重ねて物語を疑似体験することができます。このような体験を通して、子どもは自分が一人ではないことに気づきます。そして、他者とのかかわりのなかで揺れ動きながら生き、成長していく自分というものへの気づきが育まれていくのです。それは、子どもが自らの存在を肯定することにつながる行為となります。幼年童話のなかで自信を育み、楽しいこと、嬉しいこと、悔しいこと、悲しいことなどさまざまな体験を通して、子どもは自分で成長していく力を育んでいくのです。

このように、幼年童話は、過渡期のなかで揺れ動く幼年期の心に寄り添い、その育ちを見守る物語となっています。幼年期の子どもとかかわるなかで、養育者は幼年期の曖昧さから生じる葛藤を否定するのではなく、子どもが直面している矛盾のなかで、子ども自身で次の段階へと新しく状況を構成していく力を獲得していくことを援助し、見守る環境を作ることが重要となります。子どもと幼年童話をともに読むことは、そのような子どもの姿を受け入れ、見守る大切な場所となるのです。つまり、幼年童話を養育者と子どもが楽しむということは、過渡期の曖昧な子どもの姿を包み、育み、見守り、子どもの自己実現を可能にしようとする愛を根底にもつ教育の根源的営みとなるのです。

3　家庭から旅立ち新たな家庭をつくる物語　——児童文学——

ここでは児童文学に注目していきたいと思います。乳幼児期の子どものことばは、話しことばが中心であり、「話すこと」と「聞くこと」が中心となった言語活動を行うなかで、絵本やお話を楽しんでいました。一方で、児童期の子どもたちは、学校教育にともなって本格的な読み書きのことばの世界へ入っていく段階に位置し「読むこと」と「書くこと」が中心となっていく生活のなかで、児童文学をはじめとする文学作品を楽しんでいきます。

「書くこと」は論理的で抽象的なことばの使い方であるため、話しことばのような、まさに「今、ここ」で生起している具体的な世界を超えていくことが可能になります。そのため児童文学になると、絵は挿し絵となりその数は減り、ことばによって物語を味わっていくようになります。ストーリーは長くなり、複雑な内容となります。そして、子どもが一人で読むことが増えます。このような特徴をもつ児童文学は、家庭団欒とどのようにつながっていくのでしょうか。

ローラ・インガルス・ワイルダー（Laura Ingalls Wilder）の『大草原の小さな家』シリーズは、世界中で多くの人々に愛されている児童文学作品の一つです。１８７０～１８８０年代の南北戦争後のアメリカが舞台となり、開拓生活を送る主人公の少女ローラとその家族の物語が描かれています。作者自身が自分の子どもの頃を振り返って描いた自叙伝的作品であり、幼いローラが大人になって夫のアルマンゾと結婚し、新しい生活を始めるまでが9冊のシリーズとしてまとめられています。ローラと家族が、ウィスコンシンから始まりミズリー、カンザス、アイオアを経て、サウス・ダコタへと開拓を進めるなかで、大きな森や大草原といった大自然と向かい合いながら暮らしていく生活が丁寧に描かれています。大自然の恵みや豊かさと厳しさのなかで、深い知恵とともに家族が協力して生きていきます。

派手なエピソードはありませんが、毎日の生活のなかでの家族の姿がいきいきと伝わり、平凡な温かさが伝わる内容となっています。そうした生活も、ただ家族の温かさや優しさがつまっているのではなく、厳しい現実も描かれています。冬の大吹雪で父親が出稼ぎにいった街から帰ることができなくなり、近所の人々に支えられながら母子だけでクリスマスを過ごしたり、いなごの大群で畑が全滅したりするなかで、強く生きていきます。また、姉のメアリーが失明して盲学校へ行くことになり、家族を支えるためにローラが小学校教員として厳しい環境で働くこともあります。

子どもはこの物語を読むなかで、自分の家族とは異なる家族の暮らし方を知ります。そして、ローラだけでなく、姉のメアリーや妹のキャリー、両親、近所の人々などの人生を疑似体験し、同じ物語のなかでそれぞれの立場の思いを知ります。実際の生活では見えにくい家族や家族を取り巻く人々の心に触れることができます。そして、この物語のメインストーリーである、家族から自立し自分の家族を作っていくローラの姿に自分を重ねながら、同時にローラの家族を通して家族というものを考えることにつながるのです。

もちろんこの物語は、ある特定の時代のなかでの北アメリカやピューリタンなどといった文化的背景など、さまざまな背景をもつ一つの家族の姿でしかありませんが、そこに描かれている家族の姿から人が協力して家庭をつくり育んでいくというエッセンスを見出すことができるでしょう。子どもは、このような物語を楽しみながら知らず知らずにそのエッセンスを蓄えていくのです。そのようにして物語を通して育まれたものは、児童期を過ぎて思春期や青年期となっても子どもをずっと支えていき、その後自分たちが家族をもつときにも、その知恵や読書を通した体験が、新しい場所で人との絆をつくっていく支えになっていくでしょう。

他にも、多くの人々に愛されている角野栄子の『魔女の宅急便』（１９８５）もそうした作品としてあげることができます。この物語は、主人公のキキが魔女になる決心をし、13歳の満月の日に家族のもとを離れ、知らない街で自分の魔法を頼りに1年間の見習いをしながら、たくさんの人と出会い自分の生き方を見つけていくお話です。このキキの物語はその後も続き、6巻にわたるシリーズになっており、最終巻の『魔女の宅急便──それぞれの旅立ち』（２００９）では、キキは結婚し、男の子と女の子の双子の子どもたちが13歳となり、それぞれの道へ旅立つまでが描かれています。

シリーズを通して読み進めると、この作品はそれぞれのストーリーの面白さだけでなく、キキという一人の女性が家族から自立し、自分の家庭を築いていく人生の物語となっています。キキは読者と同じような年齢で魔女になると自分で決め、その自己実現を目指しながら、社会のなかで生きていくことを試みているのです。他の魔女が住んでいない知らない街で、そして人間社会のなかでキキは魔女という異なる存在を受け入れてもらい、魔女としての自分を発揮して生きていこうとします。子どもは、このようなキキを通して自由を味わうことができます。そして同時に、キキを送り出した家族とともに、新しい街で疑似家族としてのおソノさんたちの温かな思いやかかわりを学びます。

この二つの児童文学作品を通して、子どもは自分の育った家族とは異なる家族の生活を知ります。そして、他者と他者が出会い育んでいく家族のあり方や知恵を学んでいくのです。また同時に、その家族から巣立ち、新しい世界のなかで家族に似たかかわりや新しい家族をつくっていくという営みを疑似体験して、自分の生き方を模索していくことにつながるのです。こうした物語のなかにあるたくさんのエッセンスを味わうなかで、想像することを通した心の自由を味わいながら、同時に子どもは家族の絆を強めていくのです。

4　子どもの目で世界を見直す経験

これまでは、絵本や幼年童話などの物語と出会うことを通して子ども自身が育んでいるものに焦点をあててきました。では、養育者にとって子どもとともにそのような物語に出会うことは、どのような経験となっているのでしょうか。

臨床心理学者の河合隼雄は、多層性という言葉を用いて子どものための物語を読み解いています。現実は多層的であり、さまざまな真実を包含しているのにもかかわらず、近代の自然科学の方法論が社会科学や人文科学に過度に用いられていることや、経済の論理が重視されていることで、大人は問いに必ず明確な答えを求め、何かものごとには必ず一つ原因と結果があるといった考え方に偏っているために多層性を忘れ、真実を見失っていると指摘しています。人間の心には、人間の分析を超えた領域が存在し、そこにこそ人間の本質が存在するため、現実を多層的にみるときにこそ、みる人間の心も多層性に対応し豊かになるのです。前述の『魔女の宅急便』では、魔女が13歳になり、知らない街で1年間の見習いをするのは、「この世にはもう不思議はないと思っている人たちに、まだ不思議はあるのですよ、と知ってもらうための大切な役割」[17]があるからだと描かれています。このように、大人が見落としがちな多層的で豊かな領域をみることができるのが、子どもの目であり、子どもの目で描かれた、子どものための本なのです[18]。養育者は、子どもと子どものために書かれた物語を一緒に読むなかで、子どもの目で世界を見直す体験をしているのです。

家庭のなかで、子どもと養育者が絵本を通してさまざまなことばに出会い、一緒にやりとりをすることによって、子どもと養育者の絆は深まります。それと同時に、子どもはそのような経験を糧にして自立していきます。また、大人が子どもにかかわるなかで、大人自身も豊かな世界に生きていることを再認識します。このように、物語やことばを通して子どもと養育者がかかわりを深め、お互いの生を豊かにしていくことが、家庭団欒につながっていくのではないでしょうか。

コラム1 『思春期を生きる』子どもへのかかわり
——今日的な「子育ての課題」に関する臨床教育学的考察——

「さなぎの時期」とも呼ばれる思春期は、児童期から青年期・成人期への過渡期にあたり、〝からだ〟も〝こころ〟も子どもから大人に変わる大事なライフステージです。思春期の子どもの多くは、以前よりも周りの人間関係に敏感となり、「自分とは何か」「どう生きていけばいいのか」について考え始める時期でもあります。「個別的に生きねばならぬ予感と兆候に満ちた世界」と精神医学者の中井久夫が示すように、思春期とは「さなぎ」というメルヘンチックなたとえに反し、子ども本人にとっては大変な苦しみを抱え込む、より切実で危機的な時期ともいえます[1]。このような「思春期を生きる」子どもへのかかわりは、なかなか難しいとよくいわれます。かかわりにくさ、つまり親の願い通りにいかない理由は、子ども以上で大人未満というグレーゾーンに生きる子どもの〝心身の大きな揺れ〟が、かかわり方の安易な単純化と一般化をはばむからだといえるでしょう。

思春期の子どもを抱える親の〝支え〟とは何か?

「思春期を生きる」子どもの親である私も、現在、中学2年の〝わが娘〟へかかわる難しさを痛感しています。苦しくなり「いつ抜けられるかわからないまっ暗なトンネルにいる」気持ちが高まると、特効薬のような〝すぐに役立つ〟マニュアルを知りたくなります。しかし先に述べたように、一人ひとりの子どもの置かれた状況は複雑でそして多様なため、「その家庭のその親子」に合う対処法を得ることはかなり難しいといえます。では、子どもの言動に振り回されずに肚を据えてかかわるための〝支え〟を、一体どこに求めればよいのでしょうか。当事者でもある私は現時点で、子育ての実用書をあれこれと手にとることよりも、むしろ「今、なぜ子どもを育てるのか」という「親であることの意味」を探ることの方がとても大切だと思います。[2] なぜなら私たち（親）が子育てをめぐる自分にとっての「意味」を見出すことが、これまでの人生を真摯に振り返って「親としての役割」をより深く捉えることにつながり、結果としてかかわりの確かな拠り所になると考えるからです。

今、「親になる／であることの意味」を考える

今日の子育てについて教育学者の本田和子は、「『子ども』を『愛の結晶』と位置づける『愛情神話』は、『子ども』を非効率と見なし、子育てを『損な仕事』とする『成長効率神話』に完全にその席を譲ることになる」とみています。[3] もしこの「子育てをためらう」世相が私たちに大きな影を落としているとすれば、今、「親になる／であることの意味」とは果たして何でしょうか。

それは、私たち自身が私たちの親に育てられてきたことに応えること、だと考えます。今ここに私たちが生きているのは、自らの利害や損得を離れ、私たち（子ども）のために尽くされてき

た親の身をなげうつ尊い心配りがあったからです。あまりにも崇高で冷厳なこの事実に想いを馳せるとき、私たちは次の世代へ「生命を受け継ぐ」という責任に目覚めるのではないでしょうか。ただし、この受け継ぐということは、必ずしも生物学的な意味での生命のつながりではありません。新しい生命を「いのちがけ」で引き受ける意志を、そして苦楽をともにして生きることに幸福を感じる（ウェルビーング：well-being）ところに「人生の意味」を認めるという生き方を、子どもへ確かに受け渡すというつながり方だと考えます。

実際に、私たちはその意味を明確に自覚して結婚し、子どもを産み育てることは少ないでしょう。むしろ、子どもに恵まれ、子育てにともなう「喜、怒、哀、楽」の経験を積み重ねていくことによってはじめて、家庭での営みに含まれる「教えそして育む」ことのより全体的で根源的な理解にたどり着き、責任感をもつ成熟した大人になっていくのではないでしょうか。つまり「この」子どもの親であるという、人智を超えた宿命的な親子の縁（宿縁）を真に受け止め、「わが家」の子育ての（否定的ではなく）肯定的な「意味」を見出そうとするなかで、親である私は親としての自覚を深め、そして、子どもは〝自らの足〟で大人への歩みを少しずつ進めていくのだと思います[4]。

第5章　伝統的な食事という価値——和食文化の食卓

２０１３年、和食は世界遺産にユネスコ無形文化遺産として登録されました。和食の素晴しさは、栄養面・美しさ・季節感・地域性といった表面的なことだけではなく、その陰には人間性あふれる心遣いや人とのかかわりが根付いています。そして、最も重要なことは、この素晴らしい食を受け継いでいく価値のあるものとして、世界が認めたということです。子どもたちに伝承すべき「伝統的な食文化」とは何かを考えます。

1節◆健康的な食事を子どもに

1　一汁三菜と母の味

和食は、栄養バランスに優れた健康的な食事として、世界に広く知られています。和食がヘルシーといわれる理由は、野菜摂取がしっかりでき、また、栄養素のバランス（五大栄養素）が優れている一汁三菜が基本であるからです。上の図のように和食の基本の組み合わせとして、主食（ごはん・パンなど）・副菜（野菜中心で作られる惣菜）・主菜（肉・魚・卵・大豆製品が中心に作られる惣菜）が１：２：１の皿の割合で構成されています。この構成はつい最近、健康志向が高まった時代になってから始まったわけではありません。ずっと昔からの和食の料理の組み合わせです。一汁三菜の組み合わせは、栄養バランスが良いだけではありません。配膳も食べやすい並びになっていて、まさに日本人の心遣いがうかがえます（図５－１）。

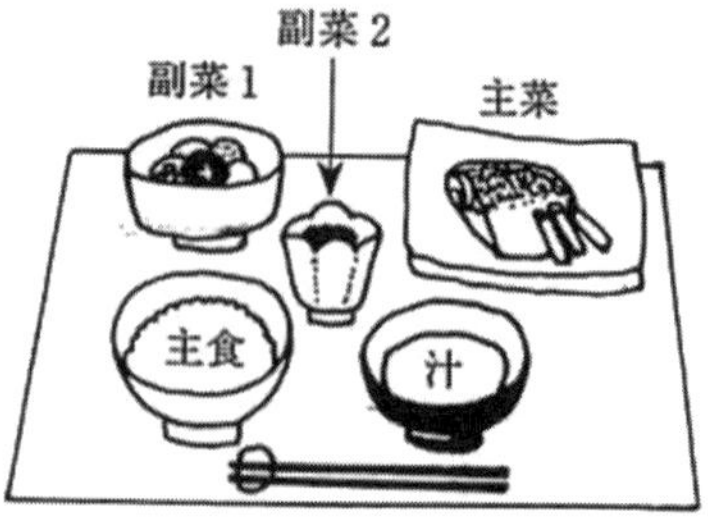

図５−１　一汁三菜の配膳図[1]

ところが、この健康的な栄養バランスの組み合わせを次世代に引き継ぐことが困難になっています。理由は、洋風料理が食卓で定番化してきたからです。たとえば、子どもが好きな料理に「オムライス」があります。この料理を栄養バランスの良い一汁三菜に置き換えるには、あと何を付け加えればいいかと考えるのに少し知識が必要です。実は洋風料理だけではありません。丼ぶり物は、和食とはいえ、不足している栄養は何かを考え、一汁三菜に置き換えるのは難しいでしょう。一汁三菜の組み合わせにするためには、丼ぶりに汁物と野菜のお惣菜（副菜）をつけることで栄養バランスの良い献立となります。毎日の食事を一汁三菜で考えて献立を立てることは大変ですが、毎日考えていると、考えることに慣れてくるものです。それが、子どもたちが大人になったとき「食事を毎日つくるお母さん（保護者）ってすごい」と思うことにつながるのです。

一汁三菜が日常の定番の配膳になったことの背景には、昔から家族の食の担い手が家族の健康を想う「温かさ」をもって食事をつくっていたからです。子どもたちは、毎日の食事のなかで、知らず知らずのうちにそうしてつくられた栄養バランスの良い食事をし、栄養というものを考えるようになっていくのです。家族の健康を想い、一緒に同じものを食べる。栄養バランスの良い献立をつくる心を次世代に受け継ぎたいものです。

しかし、子どもとの食卓で、一生懸命栄養バランスを考えてつくっても食べてくれない、好きなものしか食べてくれないといったことをよく耳にします。だからといって、子どもの食べたいもの、好むものだけの食事を出すことは、子どものことを思いやっているようにみえますが、子どもの健康のことを考えていないといわざるをえません。食事の担い手は、子どもの都合のいいように献立を考えるのではなく、「なんでも食べる元気な子」になることを望み、食事の準備をしなくてはなりません。その献立が子どもに受け入れてもらえないとしても、子どもの将来の健康のために、あきらめず工夫を重ねなくてはならないのです。栄養バランスの良い献立をつくることが真の思いやりであると考え、子どもたちに毎日食事を提供したいものです。

2　だし汁と手伝い

日本人が昆布から発見した「うま味」は、だし汁として和食には欠かせないものとなっています。和食は、だし汁をベースにした料理がほとんどです。特に、汁物、煮物などにだし汁は欠かせませ

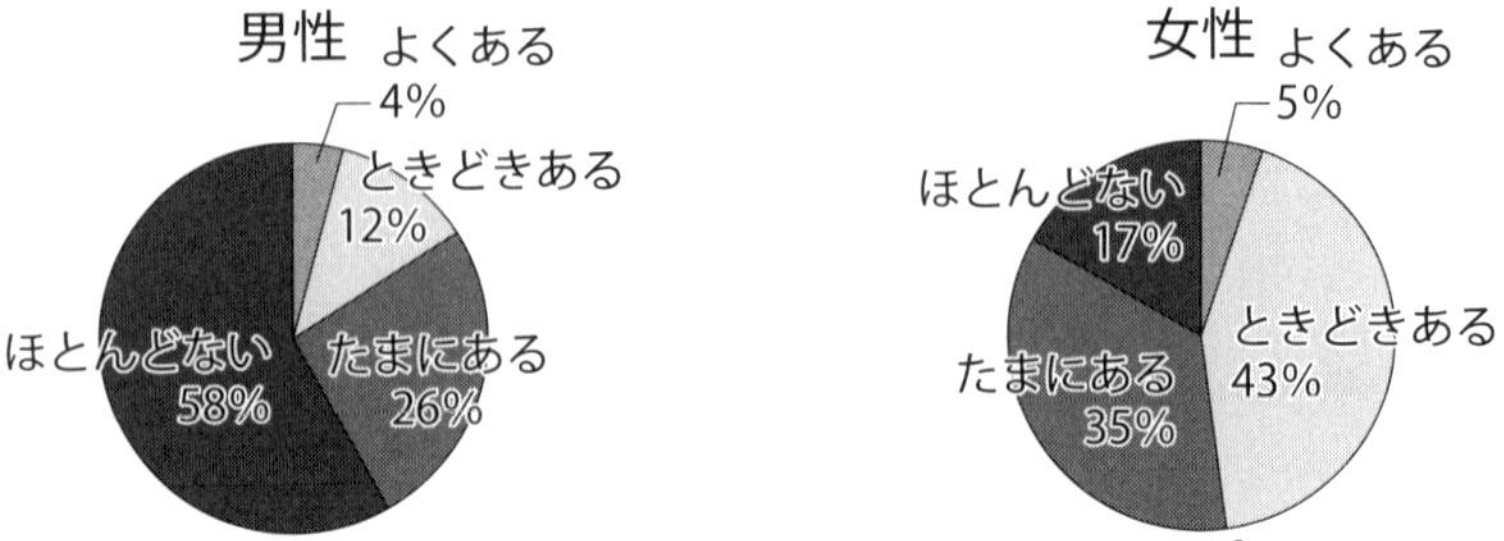

図５−２　料理を教えたり手伝わせる家庭（2006）[2]

ん。だし汁を使う料理は、動物性油脂が少なく、だし汁のうま味が味覚的な満足感を与えてくれるため、塩分を控えることができます。そのため、肥満になりにくく、生活習慣病の予防にもなり、日本人の長寿に一役買っています。つまり、だし汁を使った和風の食事を中心とすることで、健康的な食生活が営めるといっても過言ではないのです。しかし、近頃ではだし汁を使った料理は、ほとんどの家庭で市販の粉末を使用するようになり、素材からだし汁をとることが少なくなりました。ひと昔前では、だし汁の材料となる食材の下ごしらえは子どもの仕事（お手伝い）でした。昆布と鰹節の「混合だし」では、鰹節を削るのは子どもの仕事であり、味噌汁に合うだし汁として「いりこだし」のいりこの頭や腸をとったりする下ごしらえは、子どもの遊びのなかにあり、子どもはお手伝いとして食事づくりに携わっていました。しかし、現在では粉末で手軽にだし汁がとれるため、子どもが食事づくりで家族の役に立つ一員としてのかかわりが薄れてきています（図５−２）。残念なことに、便利なものを使用するようになるとなかなか以前に戻ることは難しいため、粉末よりも食品から手間をかけて美味しいだし汁をとる方が、健康にも味にも良いとわかっていてもできないのが現状です。そうであれば、せめて食事づくりに子どもが参加できるようにしたいものです。お皿を出す、箸を並べるといったことだけでなく、食材とかかわることで食材に対しての興味・関心が芽生えるからです。子ども自身が、食卓づくりに参加している実感を得ることで、家族の一員であると感じ、家族あっての自分であることと感じるでしょう。栄養バランスだけではなく、心のバランスをも保つ食卓づくりで健康な素晴らしい食卓になると考えます。現在から昔に戻ることはできません。便利になることで、何を失い、その代わりに何を取り入れていくのかを考えることが必要な時代でもあります。

2節　自然と地域の恵み

1　自然の恵みに感謝

私たちは、1日3食、食事をいただきます。この「いただく」という意味を深く考えることなく、食べることに慣れてしまっています。たとえば、人間にとって欠かせない水についてはどうでしょう。人は水を飲まなければ生きることはできません。食材も同様です。食材を食べるためには調理をしなくてはなりません。そして調理には水が必要です。水はつくり出されるものではなく、自然の恵みの恩恵であることに私たちは意識し、生きるために「いただいている」水（自然）に感謝しなければなりません。しかし、簡単に水道の蛇口から飲み水が出てくる現在では、その気持ちは薄れています。そして、日本の蛇口から出る水は「軟水」であり、私たちの身体に優しく、調理に適しているため、より感謝が募ります。何気ない生活を送るなかでも、特に食事の場面では感謝することは多いのです。自然に感謝するだけでなく、生き物に感謝、生産者に感謝、料理をつくってくださった方に感謝など、食べることは感謝の塊です。生きるうえで感謝する心は、心の豊かさであり、何ものにも代えがたいものです。食べる行為は生きることであり、食べることは欠かせないことから、感謝する心を育む場として食卓は大事にしたいものです。

また、日本の自然といえば、春夏秋冬と明確に意識できる四季があります。四季折々には豊かな実りがあり、その四季にしか味わえないものが多くあります。それが「旬」の味です。現在では、年中スーパーで同じ野菜、魚が買え、旬がわからなくなっています。自然の恵みである旬のものをいただけることに感謝をするとともに、旬の味わいは格別で至福の時と感じ、幸せを味わいたいものです。四季折々の旬の食材を使った料理で、旬の話をしながら、自然の恵みに感謝する。日本人で良かったと感じるときではないでしょうか。

食べることは生きること、感謝することであることは頭ではわかっていても、行動としてなかなかできないことも多いようです。最近、子どもの「偏食」（食べ物の好き嫌い）が、保護者の悩みの上位にあがっています。子どもの食は大人に依存しています。すなわち、子どもの食は大人に責任があるのです。好きなものだけを与え、嫌いなものは食卓に出さないことをそのままにしていては、食べ物への感謝の気持ちを育むことはできません。子どもの将来のために食べ物への感謝の気持ちを育むことこそ、親の愛情を注ぐべきことの一つだと思います。そのための場が食卓であり、食材の工夫、調

表5−1　各地の名物・名産[3]

国名（現在の都道府県）	名物・産物	名産品・郷土料理
山城（京都）	みずな・九条まくわ・八幡ごぼう・栂野茶・丸山醤・南蛮酒・冷泉通市蛮菓子	みずな・八幡ごぼう・宇治茶
大和（奈良）	葛粉・御所柿・三輪そうめん・法論みそ・僧坊酒・釣瓶鮨・煎茶	葛粉・柿ざとう・三輪そうめん・あゆずし・柿の葉ずし・茶粥
摂津（大阪）	雀ずし・伊丹酒・天満宮前のだいこん・天王寺かぶら・住吉の御祓だんご	雀ずし・ばってら・天王寺かぶら
伊勢（三重）	えび・かき・国崎わかめ・庄野の俵米	えび・かき・てこねずし
尾張（愛知）	だいこん・干しだいこん	守口漬・宮重だいこん
近江（滋賀）	源五郎ぶな・鮒ずし・日野うどん	鮒ずし
美濃（岐阜）	八屋の釣柿・小練・宮代のねぶか・岐阜あゆ	あゆずし
信濃（長野）	そば切り・串柿	信州そば
陸奥（青森・岩手）	昆布・ハタハタ鮨・かど・きんこ・かき・こごもりの塩引（鮭）・岩城のうに	はたはたずし・かどのすし漬・かき
松前（北海道）	昆布・干鮭・かずのこ・炙くじら・干とうふ	昆布・かずのこ・三平汁
丹波（兵庫・京都）	まつたけ・大納言あずき・筆柿	まつたけ・黒大豆
播磨（兵庫）	明石の赤めばる・阿古塩	明石のたこ・赤穂の塩
阿波（徳島）	鳴門わかめ	鳴門わかめ
伊予（愛媛）	松山そうめん・宇和島のいわし・来嶋のしらも	たいそうめん・丸ずし
土佐（高知）	節かつお	かつお節（土佐節）・かつおのたたき
肥後（熊本）	八代みかん・長州腹赤だい・砥持茶・久保田のだいこん	八代みかん・ろくべえ
薩摩（鹿児島）	赤いも・あわもり酒	からいももち・酒ずし・薩摩焼酎

理の工夫、食卓の雰囲気の工夫など、できる限りの力を注ぎ、子どもが将来生きることに不都合がないように基礎的なことを教えるのです。その場限りの目の前の幸せだけではなく、子どもの一生涯の幸せを考えていかなければなりません。

2　地域に伝わる料理

地域の料理といえば、「郷土料理」という言葉が浮かびますが、郷土料理とは地域のなかで、つくり、食べ、伝承されてきたその土地特有の料理です。ふるさとの味といってもいいでしょう。その地域の風土に合った料理は、地域によってさまざまです。あなたは、「あなたの街の郷土料理は何ですか？」の質問に答えることはできるでしょうか。

最近では、家で料理をしない若者も増えたため、郷土料理の意味さえも知らないかもしれません。地方の郷土料理として有名な、「秋田のきりたんぽ」や「沖縄のゴーヤーチャンプル」など、地域それぞれに思い浮かぶものがあると思います。また、お正月に食べる「お雑煮」も地域によって違っています。地域の料理は、調味料や各地の名物・名産品によっても異なります（表5－1）。これらの、地域に根付いた料理は、現在まで継承されてきたものです。継承されてきた背景には、家族での食卓や地域の方々との食事、寄り合いなどから受け継がれてきたものです。「ふるさとの味」「おふくろの味」が個々の家庭だけにとどまらず、地域ぐるみのつながりのなかで伝承されています。受け継がれていくものには必ず人の姿がうかがえます。食事をともにすることで人はつながり、心も味も分かち合いながらかかわりを深めてきたのです。食は人をつなげる中心としての役割があるようです。これからもずっと、人とつながりながら郷土の恵みを伝承できるようにしなければなりません。

3節◆和食と食卓

1　手づくりは何物にも勝る調理法

素材の味を活かす料理こそ、和食の特徴です。必要以上に手をかけないで調理をします。そのため、手の込んだものは少なく、時間も短時間でできるのが特徴です。調理方法では、煮物（煮る）は煮汁の中で加熱中に調理する方法、焼き物（焼く）の直火焼きは遠火の強火で、素材の味をそこなわないようにする調理方法です。茶碗蒸しのような蒸し物（蒸す）は、水を沸騰させ、その水蒸気を利用して加熱する方法、茹で物（茹でる）は、小麦粉やそばなどの粉からつくられたものをシンプルに食べることができる状態にする方法、和え物（和える）は野菜や魚介類などをごま・味噌・酢などで和える方法、揚げ物（揚げる）は、高温の油で食品を加熱する方法です。この他にも、生もの、お浸し、汁物、漬物などがあります。これらは、ほとんど油を使うことなく（揚げ物以外）、だし汁を使用し、健康的に素材の味がわかるような食材を摂取できる調理方法です。特に、素材そのものの味を楽しむ、「生もの」（刺身）は、新鮮素材であるうえに、盛り付けのセンスが必要となります。見た目も美しく盛り付けるといった、まさに和食ならではの繊細な心での調理方法です。

和食に欠かせない米の消費量は、年々減っています（図５－３、５－４）。米を使わない献立が増え、野菜や魚の消費も減り、肉と乳製品の消費が増えているということは、素材の味がなかなか出ない献立が増えていることになります。また、家庭での料理（内食）の回数も減少しているという報告（図５－５）からも、和食を伝承していくことは困難であるとの懸念をいだきます。電子レンジの普及や冷凍食品、インスタント食品といった便利で手軽なもの（中食）が増え続けている現代では、より一層、手づくり料理の機会が少なくなっていくことが予想されます。

しかし、手づくり料理の良さと美味しさを皆がわかっているのはどうしてでしょうか。それは、同じ献立でも飽きないところにあります。なぜなら、意図的にしろ無意識にしろ、調味料や食材（量と内容）を変える（アレンジする）ことができるからです。一方、インスタント食品や冷凍食品は味に変化がないため、飽きてしまいやすいのです。たとえば、毎朝の味噌汁でも、インスタントのものが

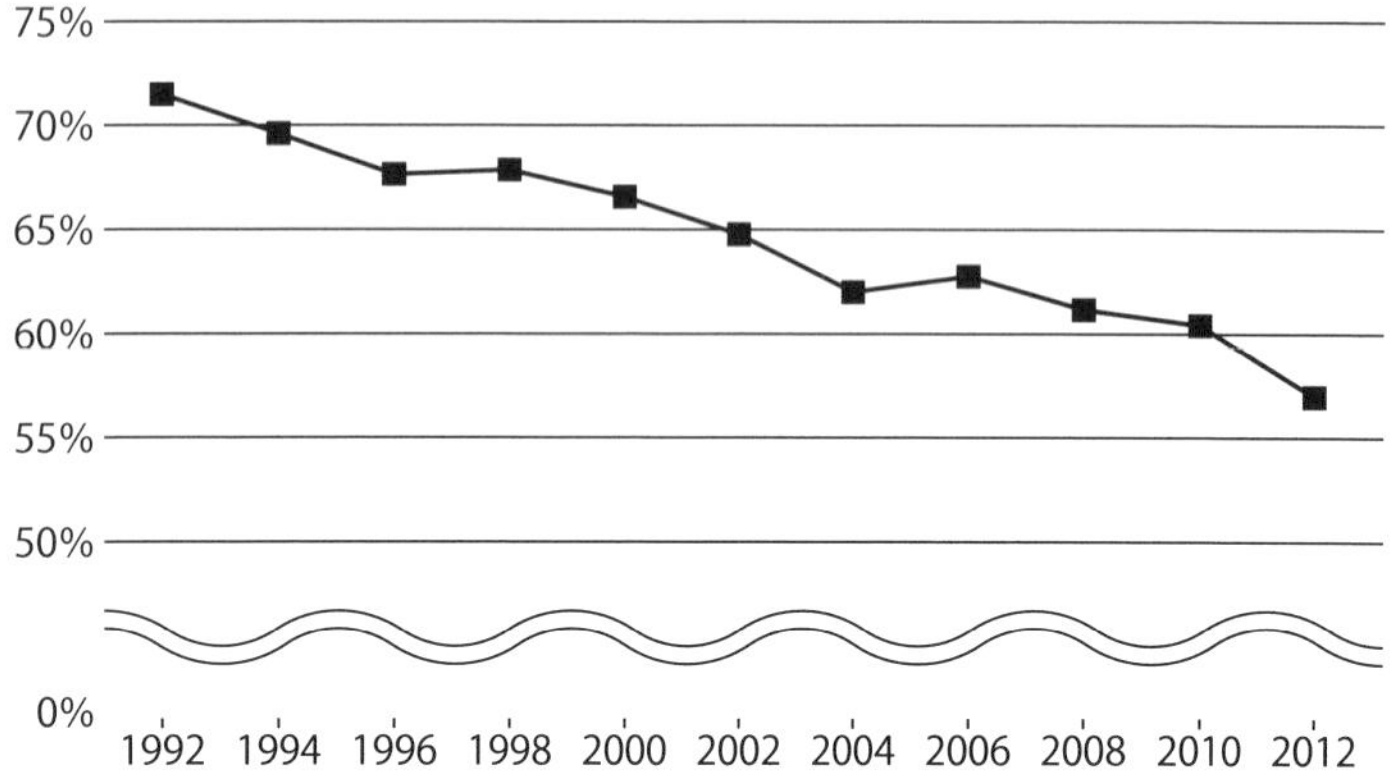

図5−3　1日に一度はお米を食べないと気が済まない人の割合[4]

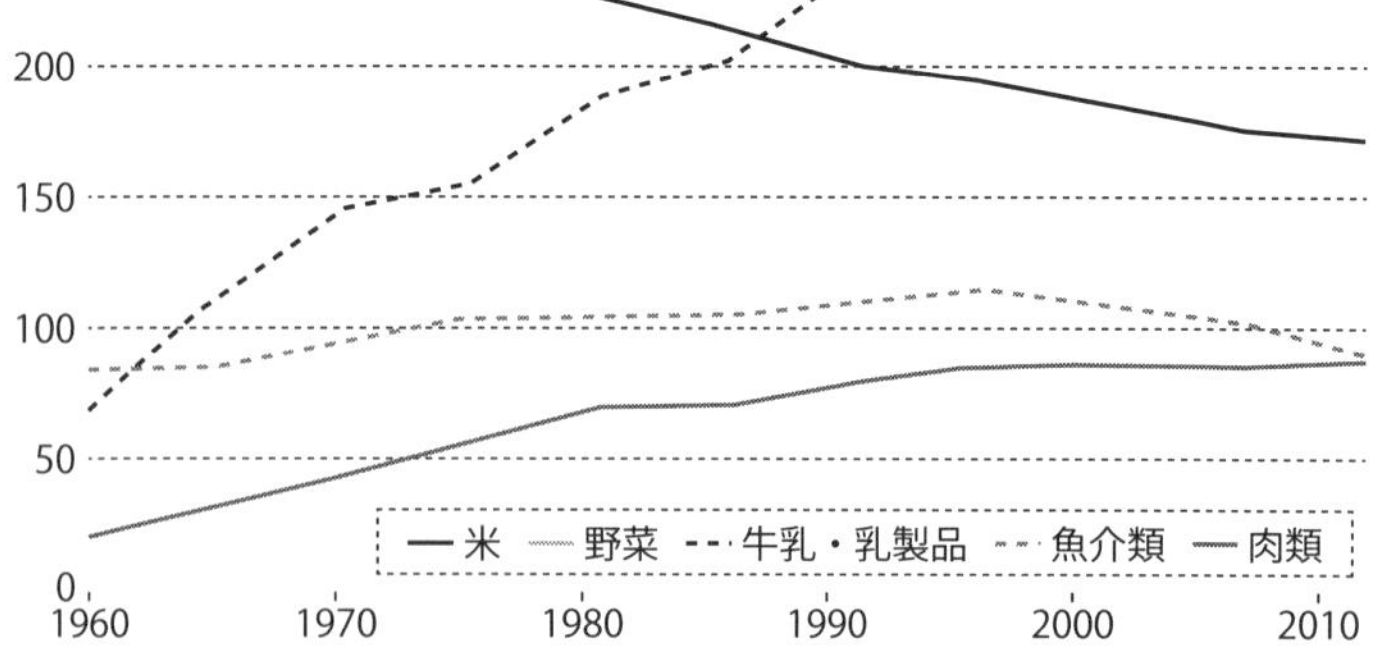

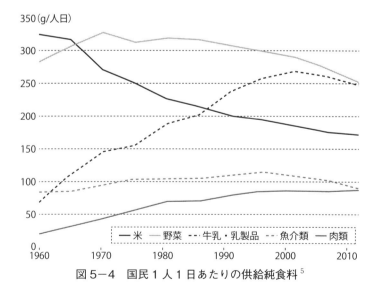

図5−4　国民1人1日あたりの供給純食料[5]

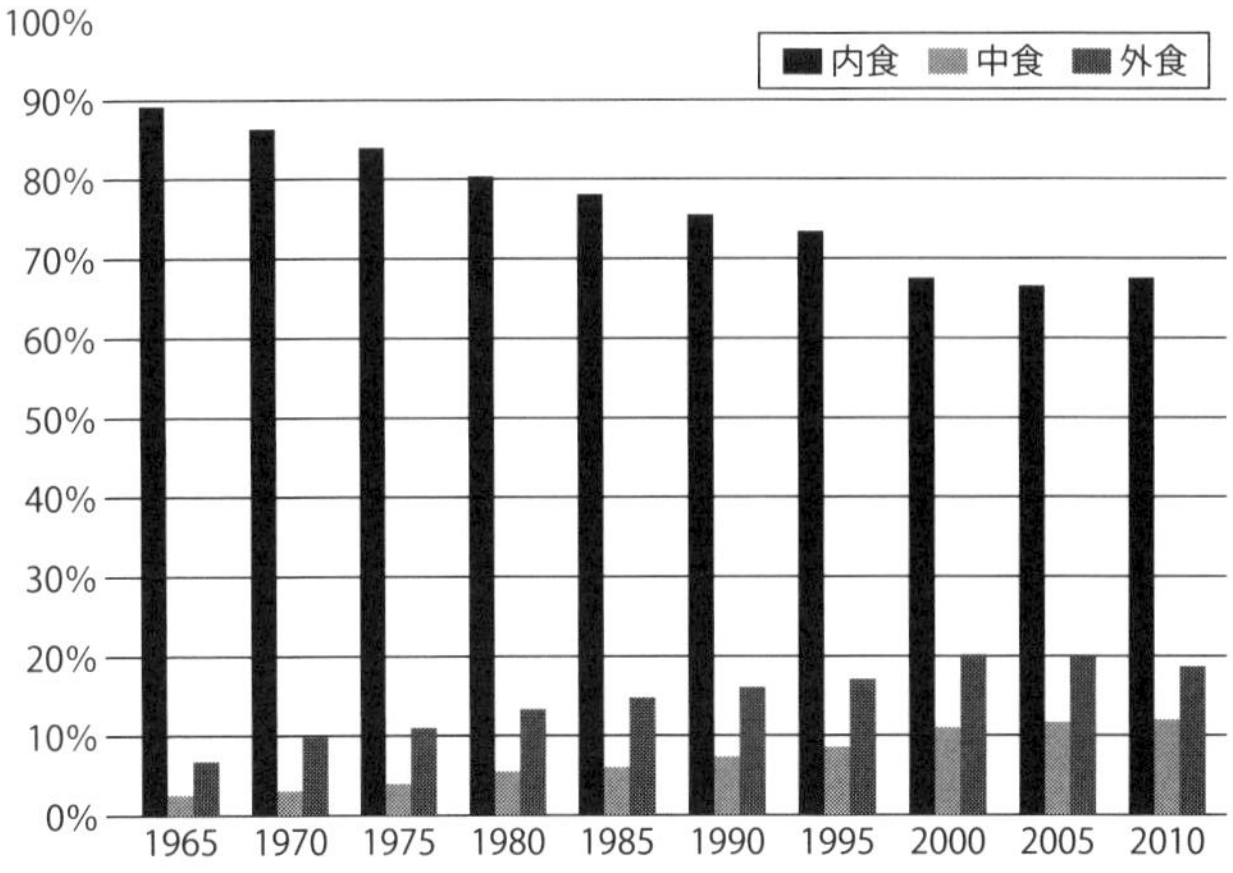

図５−５　食料費における外食と中食の割合の推移[6]

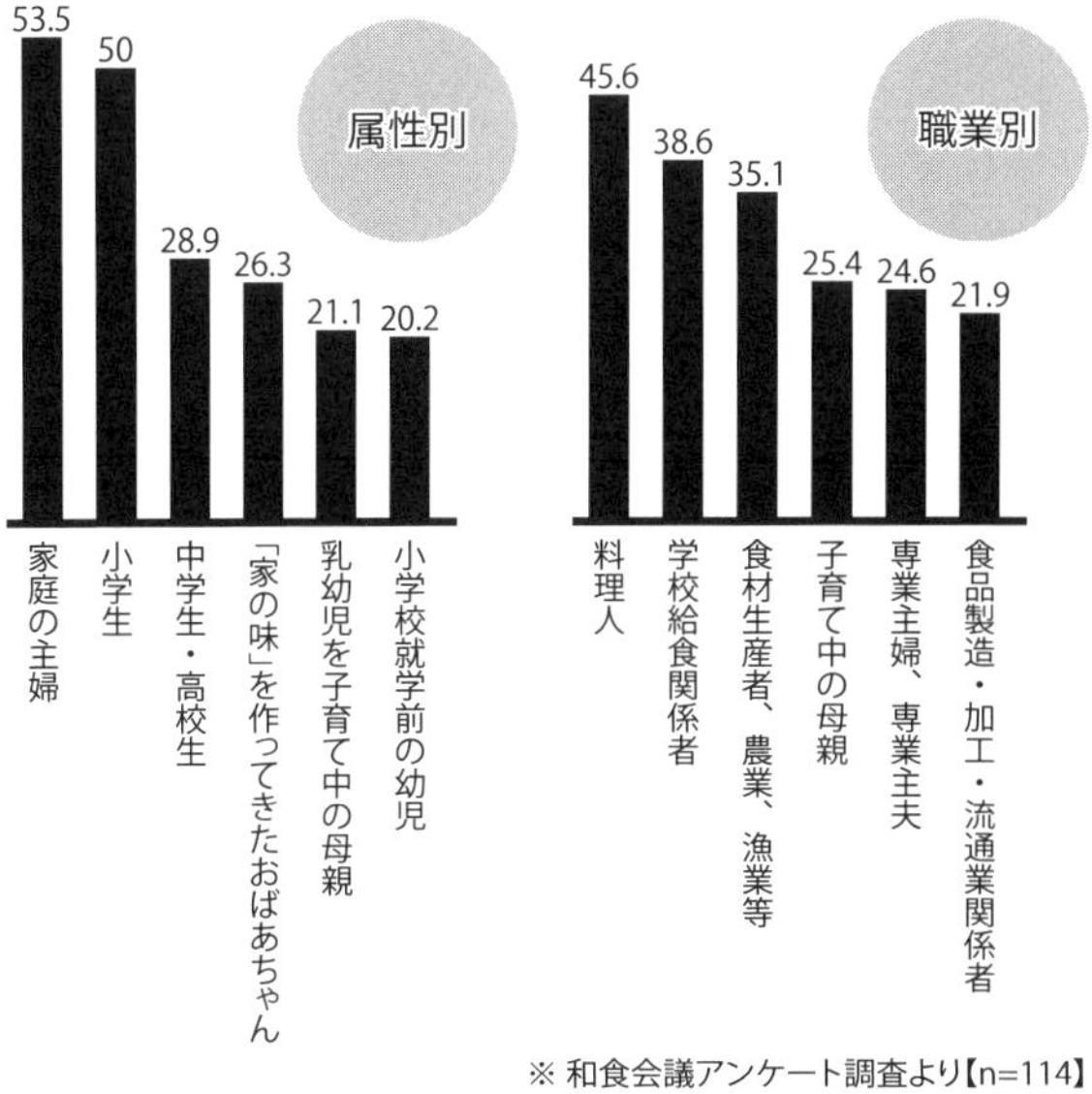

※ 和食会議アンケート調査より【n=114】

図５−６　和食文化を守りつないでいくうえで中心なのは？[7]

続くのは辛いですが、手づくりは飽きることがないことを経験してはいないでしょうか。

手づくりの料理は、「手軽さ」においてインスタント食品や冷凍食品よりも優位に立つことができません。そのため、「手軽さ」が喜ばれる現代社会のニーズにマッチしにくい面があります。簡単で素材の味が活きる和風料理で、「手抜き」ではない手づくり料理を定着させなければなりません。そのためには、和食の良さを手づくりで伝承していけるように、人任せにならず自覚して取り組みたいものです。そして、これからの食育活動が重要であると心から思います（図５－６）。

２　椀と箸

①椀

日本には「椀」「碗」と同じ「ワン」でもこだわりがあります。「椀」は木で作られているもの、「碗」は陶磁器と使い分けられています。このようなこだわりが和食を支えているわけですが、私たちも食にこだわることでＱＯＬ（生活の質）を上げることができます。食にこだわるといっても、高級食材などの意味ではありません。家族で会話のある食事、手づくりで家族が笑顔になれる食事など、家族が一緒に過ごす時間にこだわってみましょう。

②箸

少し前の広告に「お箸の国の人だから」というキャッチコピーがありましたが、箸を上手く使えることも食の一つのこだわりとして受け継いでいきたいものです。箸の使い方は、子どもが成長すれば自然にできるというものではありません。生活技術であるため反復練習が必要になります。３歳頃から箸を使うようにし、最初は大人の模倣から「型つけ」（持ち方を教える）をして、何度も何度も繰り返しながら獲得していくものです。保護者へのアンケートで「わが子の箸の使い方を正しくしてほしいか」、という質問には、１００％近くが「正しく使えるようになってほしい」と答えたという報告もあります。しかし、「正しい箸の使い方」にこだわり過ぎると矯正の場となり、楽しいはずの

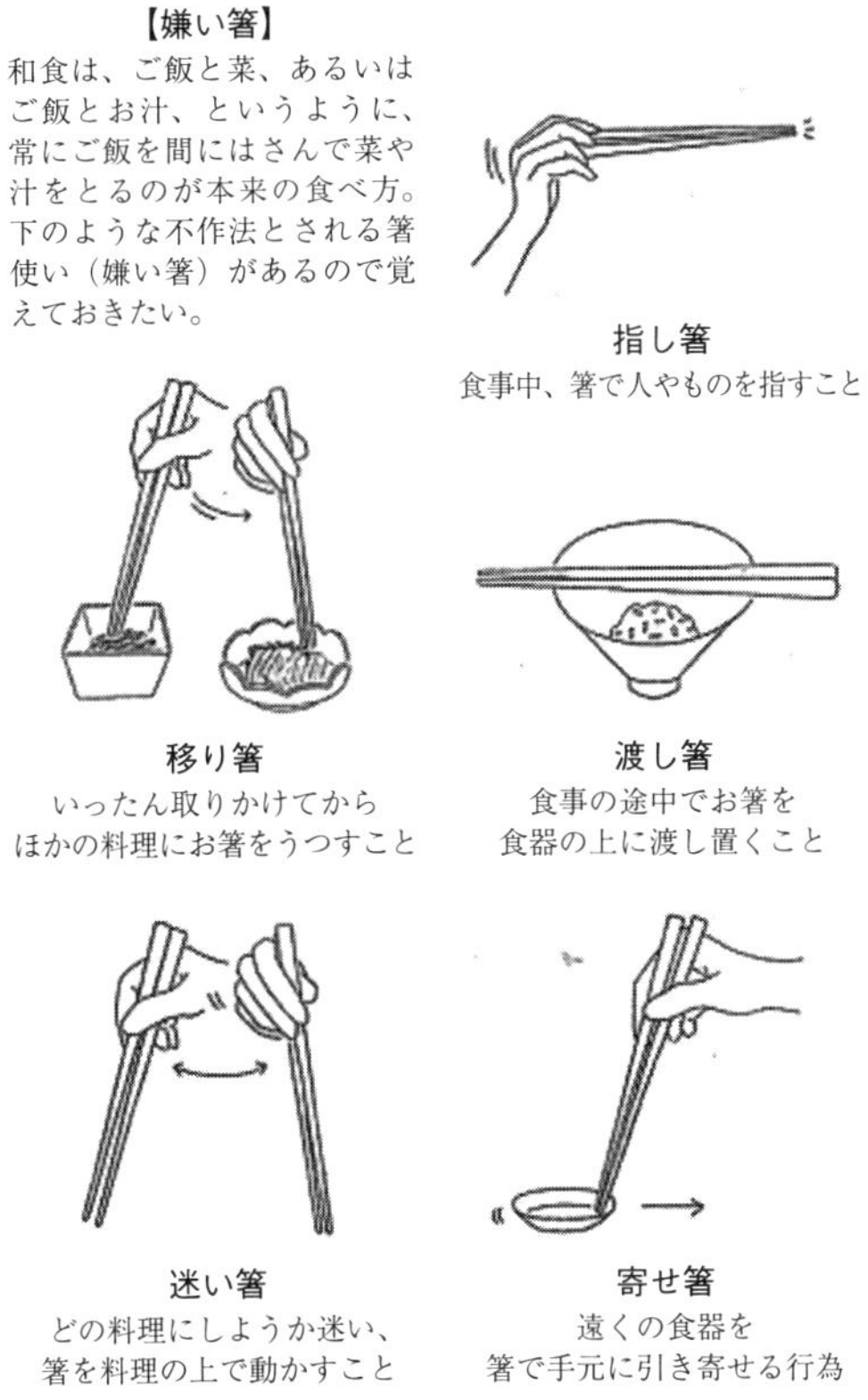
【嫌い箸】
和食は、ご飯と菜、あるいはご飯とお汁、というように、常にご飯を間にはさんで菜や汁をとるのが本来の食べ方。下のような不作法とされる箸使い（嫌い箸）があるので覚えておきたい。
指し箸
食事中、箸で人やものを指すこと
移り箸
いったん取りかけてから
ほかの料理にお箸をうつすこと
渡し箸
食事の途中でお箸を
食器の上に渡し置くこと
迷い箸
どの料理にしようか迷い、
箸を料理の上で動かすこと
寄せ箸
遠くの食器を
箸で手元に引き寄せる行為

図５−７　箸のマナー[8]

図5－8　家族みんなで[9]ちゃぶ台を囲み、食事する光景（昭和23年）

食卓が台無しなることもあります。正しく使えるような声掛けや、遊びのなかでじっくり時間をかけて練習するなど工夫が必要です。近頃の大人はせっかちで、すぐに結果を求めたがる傾向にありますが、もう少し見守りながら、時間をかけていきたいものです。そして、箸の使い方が正しくても、食事のマナーが守れていないと台無しです。箸のマナー（図5－7）だけではなく、食べているときの姿勢や茶碗の持ち方などを教える教育の場としても、食卓は重要な役割をもっています。大人はこれらの多くを短時間に教え込まないといけないため、食事の時間は大人も子どももクタクタです。しかし、1日3回の食事があるわけですから、焦らずにじっくりと子どもに付き合ってください。きっとその時間は、保護者にとっても宝物の時間となるでしょう。また、食事の時間を大切にされた子どもは、自分が親になったときに自分がしてもらったことを思い出し、わが子に接し、教えることができるはずです。この親子サイクルを伝承することは、子どもに生涯の宝物をプレゼントすることになるでしょう。

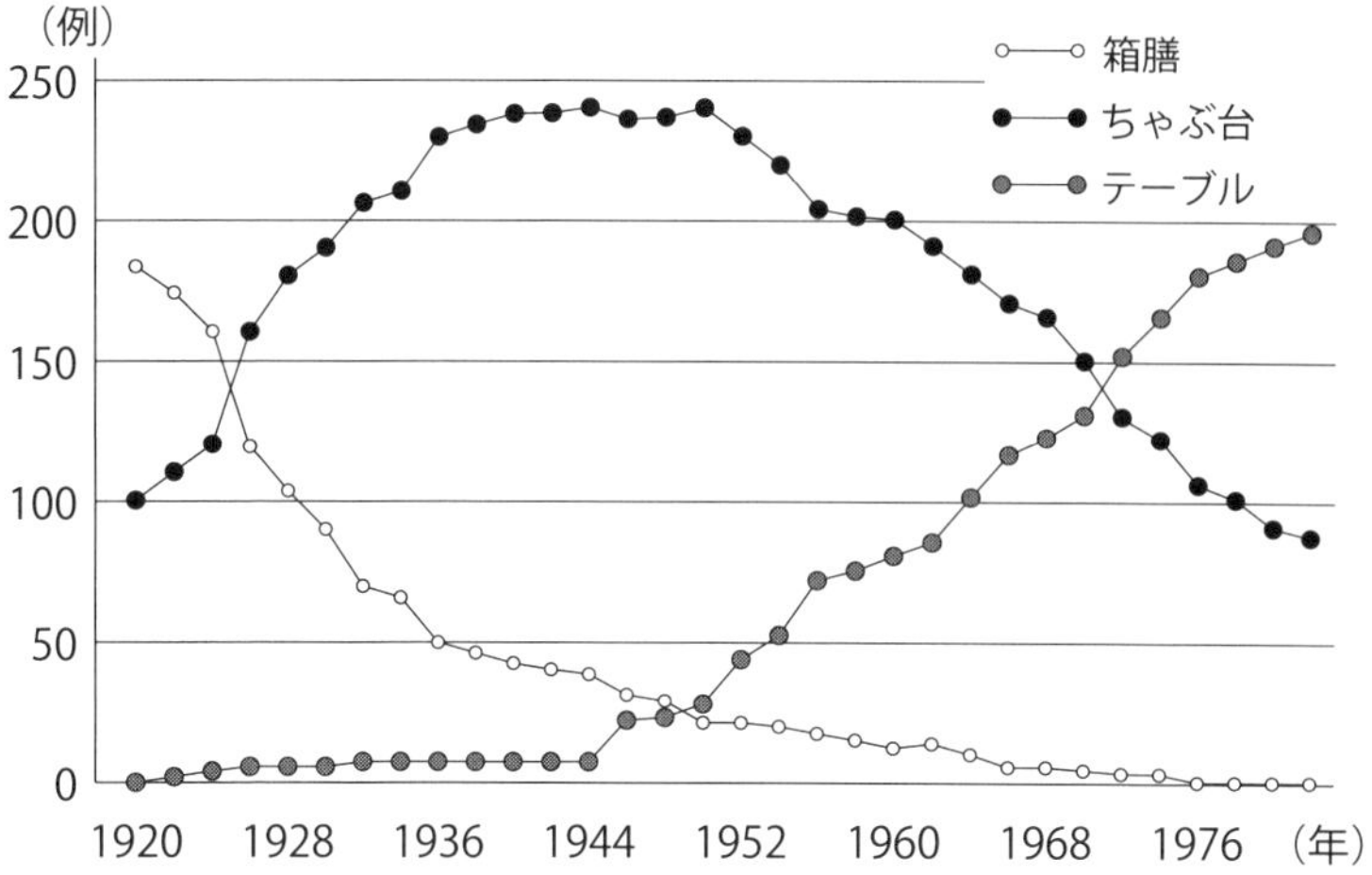

図5−9　食卓形式の移り変わり[10]

3　食卓

昭和の日本人の多くは、ちゃぶ台で家族一緒に食事をしていました。お父さんが食事の時間にちゃぶ台の前に座ることで、規則正しい食事時間を送り、教育の場ともなっていました（図5−8）。しかし、今ではテーブルとイスが主流となり、ちゃぶ台という言葉を見ることも聞くこともほとんどなくなりました。図5−9にあるようにテーブルの普及がちゃぶ台を追い越した頃から、ファストフードやファミリーレストランが登場し始めました。皮肉なものでその頃から、家族一緒での食事が少なくなってきています。ちゃぶ台がある家庭は少なくなりましたが、テーブルであっても食卓を囲むことはできるはずです。今からでも食卓の重要性に気づき、家族団欒の場を取り戻したいものです。

4　行事と食

①日本の主な年中行事と食

ここでは、月ごとの行事と食のかかわりを述べていきます（他にも多くの年中行事がありますが食とかかわりが深いものをひと月に一つ紹介します[11]）。
1月：七草がゆ（1月7日）……7種類の菜を入れた七草粥を7日の朝に食べます。七草粥を食べれば、病気をしないといわれています。
2月：節分（2月3日）……立春の前日を節分といいます。鬼を追い払う「追儺《ついな》」という行事と結びつき、豆まきなどが行われます。また、恵方巻き（恵方を向いて巻き寿司を無言で食べる）や、やいかがし（ひいらぎや大豆の枝に、炙ったイワシの頭を刺したものを魔よけとし、戸口に置く）、副茶（年齢、または年齢に一つ足した数の豆を食べます。お年寄りなどは豆を食べきれないので、豆に湯をさした副茶を飲むこともある）なども行われます。
3月：ひな祭り（3月3日）……女の子の節句で「桃の節句」ともいわれ、健やかな成長を祝います。ちらし寿司、蛤のお吸い物（蛤は、対の貝殻としか合わないことからよい結婚相手と結ばれるようにと願いが込められている）、菱餅（緑色は健康、赤色は魔よけ、白色は心が清らかになるといわれる）、ひなあられ、白酒（甘い濁り酒。昔は魔よけの力があるという桃花酒で祝った）がひな祭りで食されます。
4月：花見……桜を見ながら、外で食べたり飲んだりする行事です。桜の開花を農作業の始まりの合図にするところもあります。
5月：子どもの日（**5月5日**）……男の子の成長を祝う行事です。ちまきや柏餅を食べて成長を願います。
6月：氷の朔日《ついたち》（**6月1日**）……冬のうちから保存しておいた氷やもちを食べる習慣です。もう一度正月を迎えるという意味があります。
7月：土用の丑の日……夏の一番暑い時期で、立秋の前の18日間のことを土用といいます。うなぎを食べる習慣があります。
8月：地蔵盆（**8月23日〜24日**）……子どもたちが中心になって、地蔵をまつる行事です。地蔵の前に集まって、供え物を食べたりします。
9月：中秋の名月（**十五夜**）……旧暦8月15日（中秋）の夜のことです。すすきや月見団子を供え、米や畑の作物がよく実るように願いを込めて月見をします。
10月：神送り・神迎え……日本各地の神様が出雲大社（島根県）に集まるといわれています。神様が出発する1日頃や、帰ってくる31日頃には団子や赤飯などを供えます。
11月：七五三……3歳（男の子と女の子）、5歳（男の子）、7歳（女の子）の子どもの成長を祝う日です。晴れ着を着て、千歳飴をもって神社にお参りします。
12月：冬至（**12月22日頃**）……二十四節気の一つで、夜が最も長くなる日です。かぼちゃ（なんきん）を食べたり（「ん」のつくものを7種類食べると病気にかからないといわれている）、ゆず湯に入ると風邪をひかないといわれます。

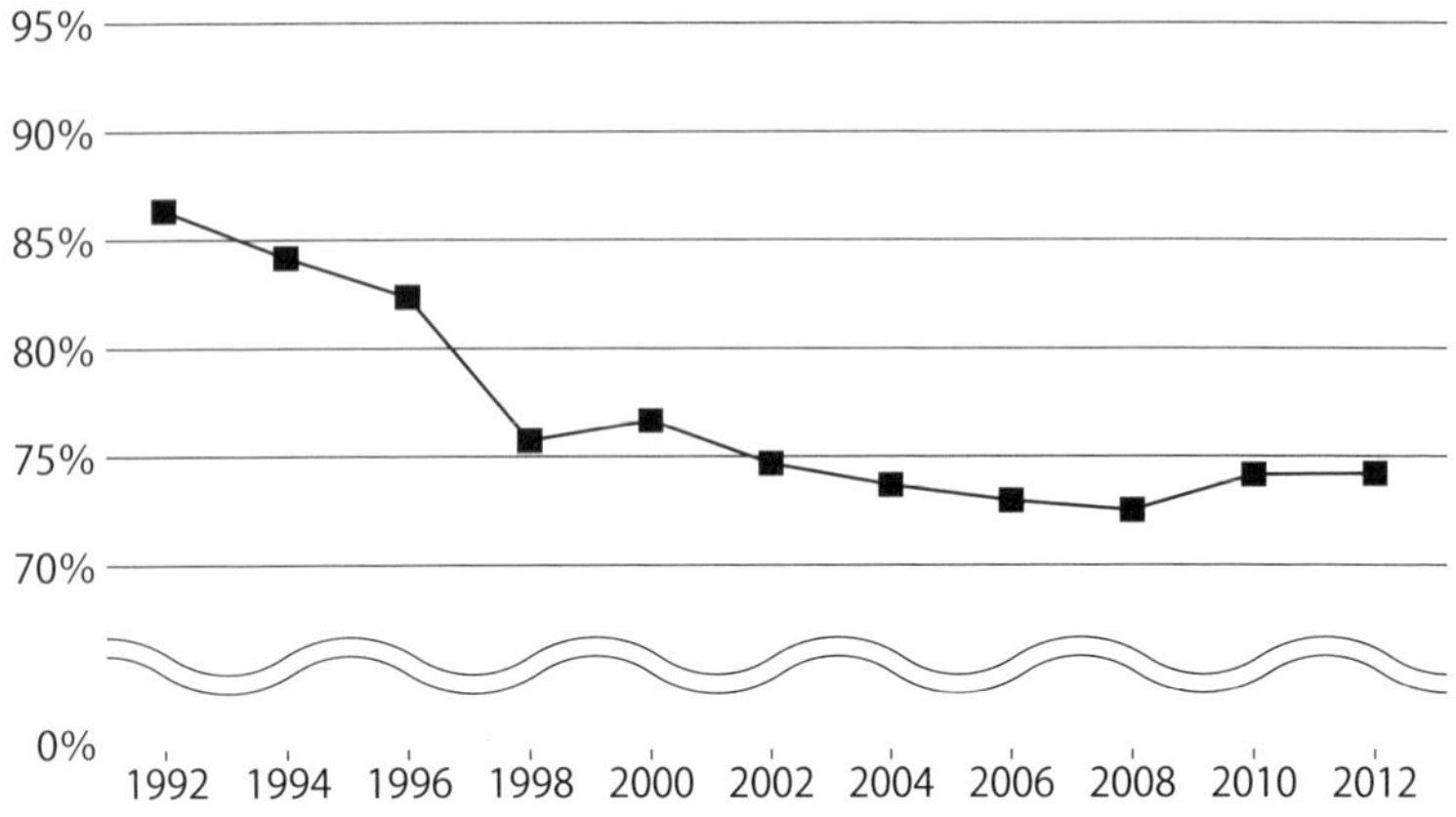

図5−10　お正月におせち料理を食べた人の割合[12]

これらの年中行事にはすべて食文化や伝統が関係し、そこには家族とのかかわりと手づくりの味があります。子どもから高齢者までが一緒になれる空間があり、子どもの成長・無病息災・作物の実りの願いが込められています。家族で年中行事を行うことは、家族の絆を深め、お互いに思いやる心を育む場として伝承されなければなりません。近頃では、若者たちは昔ながらの年中行事よりも、新しい行事を楽しむようになってきました。バレンタインデー、ハロウィン、クリスマスなど、年々大変な盛り上がりをみせています。新しい行事と同じように、家族とともに過ごす日本の伝統ある年中行事も大切にし、日本の美しい心と食文化を継承していきたいものです。

②ハレの日とケの日

日本では、特別な日のことを「ハレの日」、それに対して日常のことを「ケの日」ということがあります。ハレの日には、正月のように毎年同じ時期にめぐって来る年中行事や、誕生日や結婚式といった人生の節目にあたる日があります。近頃では、ハレの日、ケの日の食事の違いがなくなってきているように思われます。ハレの日は、豪華で滅多に食べられない特別な食事で祝います。いわゆる「ごちそう」です。しかし、日常のケの日でもレストランに行き、自分の好きな「ごちそう」を食べることが多くなりました。

また、ハレの日であるお正月に食べる「おせち料理」にも変化がみられます（図5－10）。おせち料理は一年の始まりを祝い、長寿や健康、作物の豊作の願いが込められた料理です。しかし、昔ながらのおせち料理では、ハレの日のごちそうになりにくいためか、子どもが食べないからか、ローストビーフやスモークサーモンなど豪華で子どもに好まれる料理が入ったおせち料理が売り出されています。

そのため、ハレの日の料理を食べる意味を伝える機会が減り、形骸化してしまっています。さらに残念なことに、おせち料理は手づくりするものではなく、購入するもの、祖父母の家に行って食べるものという認識が一般的になってしまいました。

昔ながらのおせち料理をはじめ、日本伝統の食文化は、代々受け継がれていくべき価値があるものばかりです。そして、伝承する意味があって今まで受け継がれてきたものです。何が、伝統を継承しづらい世の中にしてしまったのでしょうか。時代が変わり食べるものが変わっていくのは悪いことではありません。しかし、日本の食文化の伝統は、価値あるものとして、守っていくべきものとして、受け継いでいかなければならないと思うのは筆者だけでしょうか。

コラム2　算数苦手？ 家族団欒を通して算数好きな子どもに育てよう

子「ホットケーキつくれるよ」
親「作ってくれる？ でも、卵は割ってあげるわね」
子「じぶんで、わる！」
お腹にかわいいポケットのあるエプロンをつけた4歳児が、大好きなホットケーキを自分でつくろうと、最難関の卵割りに挑戦する家庭団欒のワンシーンです。
子「あれ？ たまごがきえた」
親「床に落ちたのかもしれないね？ 下を見てごらん」
子「あった！」
親「あら！ ポケットの中に入ったのね。何だか、手品みたいだね」
子「よかったぁ。こんどつくるときは、うまくわれるよ」
このように、料理好きな子どもに育てる場面はあったとしても、算数好きな子どもに育てる場面となると、難しく考えがちです。しかし、こんな場面はどうでしょうか。夕食の唐揚げの盛り付けを兄弟で比べたシーンです。
弟「お兄ちゃんより多いよ。あげようか？」
兄「いらないよ」
弟「なんでいらないの？」
兄「だって、唐揚げが小さいから」
弟「あっ！　そうか！」
弟には食べやすいよう小さな唐揚げを、兄には大きな唐揚げを盛り付けたため、「数」では弟が多かったのです。こうした家庭団欒の場面で、「量」で比べることを教えることができます。
このように、食に関する出来事のなかに、算数がたくさん潜んでいます。
たとえば、お菓子の箱。転がらない箱（角柱）と置き方によって転がる箱（円柱）を利用することで、立体の仲間分けが体験できます。また、10個入りの卵パックがあれば、6個残っているから4個使ったことがわかるなど、10の合成や分解が理解できます。さらに、スーパーマーケットの広告にある「きゅうり3本200円」を利用して、1本あたりを問うてみると、わり算や単位量あたりの学習になります。また、「冷凍食品全品4割引」ならば、一品ずつ4割引した値段をたし算するより、冷凍食品の合計金額の4割引で代金を求めることの効率のよさに気づきます。このように広告は、算数の宝の山なのです。唐揚げや広告が「もの」で終わるのか、「算数の教材」に変わるのかは、家庭団欒のもち方一つで変わるのです。

食事以外に目を向けるとさらに機会が広がります。たとえば、家庭団欒で楽しむゲームは、算数好きな子どもに育つチャンスにあふれています。トランプのブラックジャックでは、合わせた数が21を超えない範囲で21に近づけるルールよって、数の感覚を養えます。また、疑似紙幣を使ったゲームでは、80ドル受け取る場面で20ドル渡して１００ドル紙幣を受け取るなどの経験を通して、計算の技能が向上します。

学年が上がってくると、家族で何かの計画を立てる場面で、算数好きな子どもに育つチャンスに出会えます。たとえば、晩御飯のカレーをつくる計画を立てて買い物したり、旅行の計画を立てる際に時間や費用を見積ったりすることで数学的な考え方が培われます。

このように、「食」「ゲーム」「計画」などを利用した「算数団欒」に家庭でチャレンジすることで、子どもを算数好きに育てることができます。

「算数団欒」を設けるためのヒントやコツはどこから得ることができるのでしょうか。それには、まず、算数の教科書を家庭団欒の目線で見ることがポイントです。そのうえで、生活のなかで数量や図形をみれば、いろいろな場面に算数が潜んでいることがわかると思います。

ところで、ホットケーキづくりの話に戻すと、子どもの「やってみたい」「できなくてくやしい」「できるようになりたい」という気持ちと、親の「（安全に気をつけながら）任せてみる」「できなくても認める（手品みたい）」という気持ちが、行き交うことが重要です。つまり、算数好きな子どもに育つためには、親が家庭団欒を通して、「もの」を「算数の教材」に変えるだけでなく、子どもの面白さや可能性に気づくといった「子ども好きな親」に育つことも重要なのです。

第6章　宴としての家庭団欒——音楽のある家

音楽は、子守りうたやわらべうた、家族で楽しむアンサンブルなど、さまざまな形で家庭生活の中に存在します。音楽には、生活に潤いをもたらすと同時に、文化を伝えて子どもの発達を促し、人々をつなぐ働きがあるのです。

1節◆音楽のある家

1　暮らしをつくる音楽

「音楽のある家」と聞いて思い浮かべるのは、どんな家でしょうか。「リビングにピアノがある家」「誰かがいつも楽器を奏でている家」「開いた窓から歌が聞こえてくる家」……。さまざまなイメージが出てくるでしょうが、家族が個別に自室にこもり、一人で音楽を聴いているような光景は、おそらく浮かんでこないのではないかと思います。リコーダーやハーモニカなどを持ち寄り、学校で習った曲のアンサンブルを楽しんだり、ピアノを囲んで一緒に歌を歌ったりするなど、家族で音楽を楽しむことが生活の中に自然に位置付いているような家を思い浮かべるのではないでしょうか。
日本が高度経済成長期に入った１９５６年、当時人気の女性雑誌であった『それいゆ』には、「みんなで歌う夕べ」と題する次のような文章が載っています[1]。

夜ふけてからの団欒ではどうかと思いますが、日曜の夕方など一家揃っての楽しい団欒を「みんなで歌う夕べ」とするプランはいかがでしょう？　誰かが新しく習った歌や、お母さまの懐かしい想い出の曲を教え合ったり、お父さまがバス、お母さまがアルトで合唱をしたりするという夕べを。歌はその時のなごやかな空気をつくりますし、ピクニックなどのためにも。

この文章を書いたのは、『それいゆ』の創刊者・中原淳一です。戦前、雑誌『少女の友』の専属挿絵画家として絶大な人気を博した中原は、戦後の荒廃のなか、物はなくても本当の意味での美しい暮らしを伝えたいと考え、１９４６年に『それいゆ』を創刊しました。日常のささやかな気配りや工夫で美しく愉しい幸せな家庭が実現できると説いた中原のエッセイは、時代が変わった今日でも多くの人々の共感を呼んでいます。

2　子どもと楽しむ音楽

中原が団欒のための音楽としてあげたのは、「歌」でした。歌は、特別な楽器がなくても、どこでも気軽に楽しめる音楽であり、子守唄やわらべうた、唱歌などの形で、多くの人が幼い時から親しんできているものです。声を合わせて歌い、美しいメロディーやハーモニーに包まれることで家族の一体感を覚え、忙しい日々のストレスから解放されること、歌を教え合うことで文化を伝え、共有していくことなどを、中原は大切にしたいと考えているように思われます。特に、幼い子どもにとって、家族と一緒に歌った歌は、家族の想い出とともにいつまでも記憶に残っていくでしょう。

本章で考えたいのは、このような、家族のつながりをつくる音楽の働きです。まず、現代ハンガリーの家庭生活風景を取り上げ、さまざまな場面で歌われるわらべうたとその効果について分析します。次に、本や映画、ドラマなどでよく知られている二組の家族の物語を取り上げ、音楽が、生まれ育ちや価値観の違いを越えて家族を結びつける役割を果たすことについて考えます。最後に、家族をなくした者を癒し、より大きなつながりのなかに人々を包み込む音楽の働きについても触れたいと思います。

2節◆わらべうたと子育て

1　「わらべうた」とは

各家庭の音楽として、わらべうたは古くから存在しています。事典では、「わらべ歌（唄）、童歌（唄）などとも表記され、子どもたちが遊びなどの生活の中で口伝えに歌い継いできた歌をいう」[2]とありますが、本節では、赤ちゃんに歌って聴かせる子守唄や呼びかけの唄などもわらべうたに含めることとしたいと思います。

教育の領域においては、ドイツの作曲家カール・オルフ（Carl Orff）、ハンガリーの作曲家コダーイ・ゾルターン（Kodály Zoltán）、また日本では小泉文夫らがわらべうたの教育力に着目し、わらべうたを出発点とした音楽教育を提唱しています。日本でも、戦前までわらべうたによって子育てが行われていたという記録があり、[3]その種類には「子守り唄、遊び唄、はやし唄、呼びかけ唄」などがあります。[4]養育者が赤ちゃんに歌って聴かせる子育てのわらべうたも数多くあります。たとえば、おむつを替える時、あやす時、叱る時に歌うものなどです。各家庭で子どもにわらべうたを歌って聴かせ、時にはともに歌う姿は当たり前に見られていたのです。わらべうたでつながる養育者と子どもの関係は、「親密で楽しい会合」としての家庭団欒を成り立たせる一つの要因であり、「子どものいきいきとした生活」を支える役割を果たすといえるのではないでしょうか。

わらべうたは、〈言葉・動き・音楽〉[5]が一体となった遊び歌や生活や季節にかかわる歌などです。その教育力は音楽に関する能力の育成にとどまらず、社会性、道徳性のともなった人格形成を実現し、運動機能の発達にも寄与することが指摘されています。[6]現代社会ではわらべうたの伝承が衰退したといわれますが、多様な教育力をもつわらべうたを子育てや幼児教育に取り入れようとする取り組みが日本、また各国でなされつつあります。

次に取り上げる「プラネットベービーズ（ＮＨＫ ＢＳ）」は、２０１０年度に放送された世界各国の子育てを紹介したシリーズ番組です。その中の２０１０年11月18日に放送された同番組「ハンガ

リー　わらべ歌の子育て」編では、ハンガリーの首都、ブダペストに住むナジさん一家のわらべうたによる子育てが紹介されています。ハンガリーはコダーイ・システムに代表されるように、わらべうたや伝統的な民謡による音楽教育が家庭や学校教育において盛んな国です。コダーイは、ハンガリー人が特別な音楽性をもつ民族であるというわけではないと述べています。ただ小さい頃からわらべうたを家庭や保育の場で歌って聴かせたり、ハンガリーの言葉を話して育つ子どもたちがもっている音楽性を引き出しやすいわらべうたや民謡を学校でも扱い、自己表現させたりするような教育を大切にしているのです。ハンガリーの音楽教育は「人間教育の柱として豊かな人間を育てて、後の人生を音楽によって豊かに過ごせるようにという目的で行われているもの」であると、番組コメンテーターである、降矢美彌子宮城教育大学名誉教授は述べています。
ナジさん一家はいつも歌の絶えない家族です。お母さんのリタさん（当時32歳、赤ちゃん音楽教室の先生）、お父さんのアーコシュさん（当時35歳、高校の音楽教師）、長男のバーリントくん（当時7歳、小学校1年生）、長女のボルカちゃん（当時6歳）、次女のベロニカちゃん（当時2歳）の5人家族、さらにおばあちゃんのツェツィリアさん（当時57歳）も登場します。以下に示す内容、資料は、筆者がこの番組を文字化したものです。

2　子どもに寄り添う子育て――家庭で歌うわらべうた

朝、お父さん、バーリントくん、ボルカちゃんが出かけた後、2歳のベロニカちゃんと母親のリタさんの二人が家に残って絵本を読んだり、遊んだり、お昼寝をしたりしています。

ハンガリーでは、母親が自分の声で幼い子どもにわらべうたを聴かせることをとても大切にしています。着替える時、おやつを食べる時、遊ぶ時、食事の支度をする時、片付ける時など、生活の中のさまざまな場面で母親が子どもにわらべうたを歌って聴かせます（資料1～4）。それは「昔からあるわらべうたは言葉を正しく覚えたり、社会生活を営む力を与えると考えられている」からだといいます。

資料1（おやつの時間のわらべうた）

ナレーター：おやつの時間。ベロニカちゃんの大好きなチョコレートクッキー。
ベロニカ：（クッキーを美味しそうに食べる。服にはそのかけらが落ち、口のまわりにチョコレートがつく）
ナレーター：食べ終わると……。
リタ：（ベロニカちゃんの服にこぼれたクッキーのかけらをつまみながら歌う）
♪つまんで　つまんで　カラスちゃん
おめめの見えないカラスちゃん
隣のおばさんが馬車を返してほしい
まだ返せない　鳥がいっぱい乗っているから
飛んでけ　飛んでけ

《つまんでつまんで》　ハンガリー／わらべうた
ベロニカ：（くすぐったそうに笑いながらお母さんに取ってもらう）
リタ：（歌い終わりにベロニカちゃんをくすぐる。そして口のまわりをぬぐう）

2歳の子どもがチョコレートクッキーを食べれば、かけらが落ちたり、口にべったりチョコレートがついたりするでしょう。「きれいに食べなさい」と叱ったり、嫌がる子どもを引き寄せて口をぬぐったり、かけらをはらい落としたりするのではなく、リタさんはかけらをつまむ動作を遊びに見立て、「はやす」（からかう）ようにわらべうたを歌いながら服をきれいにしていきます。わざとではない失敗は、はやして子どもに気づかせていくといわれます。[7] ベロニカちゃんはこぼしたり、口にチョコレートがついたりしたことを失敗として叱られている感覚ではないでしょう。リタさんと遊びを楽しんでいますが、「よごれちゃった？」というように少し恥ずかしそうにもみてとれます。このような、スキンシップを交えたやわらかい雰囲気の中で、ベロニカちゃんは少しずつ生活習慣を身につけていくことができるのです。

《つまんでつまんで》のように、大人が子どもに触れながら歌うわらべうたは、子どもに「深い情緒的つながり」を感じさせ、音楽に興味をもたせるといわれています。一方、子どもの身の回りの世話や仕事をしながら歌う大人は「心の内的な調和、安定、平和」が必要とされ、歌う際の「体の動きがやわらかく、顔の表情がやさしく」なり、子どもとの結びつきもより緊密になるといいます。[8] このことから、わらべうたを歌って聴かせることは、養育者自身に子どもを受け入れる温かい態度をつくり出し、子どもには「受け入れられている」という安心感を与えると解釈できます。それは、ベロニカちゃんが、いずれ「こぼさないように気をつけて食べてみよう」という意識をもつための第一歩となるのです。

資料2（買い物遊びのわらべうた）

リタ：（おもちゃ箱からおもちゃを取り出し、動物の形の小さいおもちゃを持って）
　じゃあスタートできる？
ベロニカ：（同じく動物の形の小さいおもちゃを持って、笑顔）
リタ：（道に見立てた床でおもちゃを前に進ませながら歌う）
ベロニカ：（一緒におもちゃを進ませ、ところどころ一緒に歌う）
♪50フィレールを持って市場に行った
　鶏を50フィレールで買った
　鶏がコケコッコーと鳴いた
　私の愛しい鶏よ　それでもまだ50フィレールが残った
《買い物の歌》ハンガリー／わらべうた

リタさんが歌うと、ベロニカちゃんはところどころ一緒に歌いながら買い物遊びをしています。自分が歌いたいところ、歌えるところを歌っている様子です。他の部分も鼻歌で歌っています。初めは部分的に歌い、繰り返し歌を聴くうちに、次第に使える言葉が増えていくと考えられます。
この《買い物の歌》のように、買い物の遊び（動き）と歌（音楽と言葉）が一体化したわらべうたによって、遊び感覚で、たとえば「市場」「鶏」といった語彙《ごい》を増やしたり、買い物という活動を覚えたり、リタさんとコミュニケーションをとることで社会性を身につけていったりすることができると考えられます。それも教えようとするのではなく、家庭という場においてリタさんが楽しそうに先導して歌うことで、ベロニカちゃんの歌を引き出し、生活に必要な能力が自然に身についていくのです。

資料3（食事の時間のわらべうた）

リタ：（シチューを混ぜている）
ナレーター：今日の献立はハンガリーの伝統的な家庭料理、豆のシチューです。
リタ：（ベロニカちゃんを抱き、ベロニカちゃんにシチューを混ぜさせている）
♪グリーンピース料理を作ったの
たくさん塩を入れたのよ
それからパプリカも　チチンプイのプイ
《豆の歌》ハンガリー／わらべうた

資料4（お昼寝の時間のわらべうた）
ナレーター：ご飯が終わるとお昼寝の時間。
もちろん子守歌も昔からハンガリーに伝わる歌です。
リタ：（♪ハミングしながらベロニカちゃんの顔をなでる）
《風が遠くに吹く》ハンガリー／わらべうた
ベロニカ：（次第に眠気がさしたように目を閉じていく）

資料1～4から、ナジさん一家の家庭では、生活のあらゆる場面で母親のリタさんによってわらべうたが歌われ、子育てがなされていることがうかがえます。他には、ベロニカちゃんが《おかたづけのうた》を歌いながら一人で楽しそうにおもちゃを片付けている場面もありました。そこにはお母さんの姿はありません。遊び感覚で生活習慣が身についてきていることの現れでしょう。ハンガリーでは、妊娠がわかった頃（生まれる9か月前頃）から子どもの音楽教育が始まるといわれ、リタさんもベロニカちゃんがお腹にいる時からわらべうたを聴かせ始めたと語っています。それが子どもの情緒を育み、能力を高めると考えられているのです。

赤ちゃんの頃からわらべうたを聴いているうちに、2～3歳になると、子ども自身が「自分でも歌ってみよう」という気持ちになるようです。リタさんは、ベロニカちゃんの小さい頃を思い出してこう語っています。「ベロニカは歌い始める方がずっと早かったわ。彼女は聞いたメロディーをすぐに口ずさんだの。話すことはまだできなかったけど、遊びの最中によく鼻歌を歌っていたわ」。このように、言葉の意味はわからなくても、メロディーと一体化した言葉を聴き、それが蓄積され、次第にベロニカちゃん自身から発せられる言葉になっていくと考えられます。
また、大人が子どもの手や腕などを動かす遊びは、大人と子どもとの結びつきを強め、子どもが「音楽を受け入れるための柔軟性」を高め、「理想的な情緒的ふんいき」をかもし出すといいます[9]。それが、3歳を超えると、自分から集団の子どもたちとも遊んだり、歌ったりする社会性につながっていきます。つまり、養育者が子どもを遊ばせながら歌うことは、二人の関係を親密にするだけでなく、子ども自身が社会において他者とかかわりながらいきいきと生活していくための基盤となるのです。

3　子どもの感覚を生かす教育――わらべうた、民謡を教材として

長男のバーリントくんは、「コダーイ・ゾルターンハンガリー合唱学校」に通っています。ここは、小中高12年の一貫教育を行う公立学校です。合唱や音楽を取り入れた授業が特徴で、こういった学校はハンガリー各地に存在しています。ここではバーリントくんが受けている二つの授業風景が紹介されています。

資料5　バーリントくんの授業風景①〔即興で体を動かす〕

ナレーター：バーリントくんの教室をのぞいてみました。
子どもたち：（床に座り、音楽に合わせて両手を動かす）
ナレーター：いま行われているのは音楽に合わせて即興で体を動かす授業。女の子たちは思い思いに上手に体を動かしていますが、バーリントくん、何だか音楽に集中できません。
女の子：（立ち上がり、音楽に合わせて即興で踊る）
男の子：（戦いごっこで遊ぶ）
ナレーター：他の男の子たちも加わって悪ふざけがひどくなってきました。
先生：バーリント、何やっているの。
ナレーター：ついに先生に怒られてしまいました。
先生：バーリント、こっち見て、何やっているの。
バーリント：（返事はなく、笑いながらも一応聞いている様子）

資料6　バーリントくんの授業風景②〔発声練習・言葉当て〕

ナレーター：次は発声練習の授業。バーリントくん、ここでは授業に集中して取り組んでいます。
子どもたち：（二人ペアで手合わせしながら歌っている）
ナレーター：1年生が練習するのはハンガリーのわらべうたに使われている「ドレミソラ」の5

つの音階、自分たちの祖先が自然に使っていた音階で基礎を学べばしっかりした音感が身につくといいます。
子どもたち：（バーリントくんも他の子どもも集中して歌っている）
ナレーター：今度は声を出さずに何を言ったか当てるレッスン。
女の子：（声を出さずに何か言葉を言う）
バーリント：（「フルヤ（たて笛）」と当てる）
ナレーター：これは耳以外の感覚でも音楽を感じる訓練です。わらべうたや伝統の音楽を通して子どものあらゆる感覚を刺激し、感性を伸ばす教育がハンガリーでは広く行われているのです。

資料5・即興表現の授業で、バーリントくんはなぜ授業に集中できなかったのでしょうか。番組では、5の場面について、「ハンガリーの伝統的な音楽は『ドレミソラ』の5つの音階でできている。ところが今（即興表現の授業）流れているのはファやシの音も使った7つの音階の音楽。バーリントくんは耳慣れない音楽に戸惑ってしまったようである」と説明されています。資料6の発声練習の授業ではハンガリーのわらべうたに使われている「ドレミソラ」の5つの音階でできた音楽が用いられています。そのためか、バーリントくんは自然に授業に参加している様子がみてとれます。同じ音楽でも、音階の違いでこんなに子どもの反応が違ってくることがわかります。わらべうたや民謡はその国の伝統音楽の原則を表しているといわれますが、日本のわらべうたや民謡も、ハンガリーと同じく

「ドレミソラ」の5音音階で構成されています。[10]
わらべうたや民謡は、その国で普段使われている言葉の抑揚と音楽とが一体化しています。そのため、音楽教育に取り入れることで、のびのびと歌で自己表現させることが可能になります。これは音楽的発達を促すだけでなく、「話しことばの形成を促し、美しい発音に影響を与え、語彙をふやす助け」となる、つまり言語的発達をも促すのです。コダーイは、話し言葉に近い、音程の幅の狭い旋律から歌い始めることで、子どもたちは自然に音程をとることができ、言葉への興味をもつようになると述べています。[11]また、「メロディーそのものがハンガリー人としての心を育てる」とも考えられています。コダーイ・ゾルターンハンガリー合唱学校のシューマン・マリア先生は次のように語っています。「歌うことは人の性格にも影響を与えます。歌によって他人を理解できるようになりますし、適応能力もつきます。（中略）或る民謡の中で『尊敬し感謝する』という詩があるんですけど、彼らはそういう中からどう適応し感謝するべきか学ぶことができるのです。民謡やわらべうたから非常にたくさんのことを学んで豊かになると思います」。つまり、わらべうたや民謡で子育てや保育、教育を行うことで、社会で生きていくためにふさわしい振る舞いをも子ども自身が学び取っていくことができるのです。
バーリントくんは、3歳の時から週2回、ブダペスト市内にあるカルチャーセンターでハンガリーの民俗舞踊を習っています。伝統的な音楽を大切にするハンガリーでは全国にこうした民俗舞踊団体は5000以上あるそうです。バーリントくんは熱心に練習し、終わった後は満足そうに「男の踊りを思い切り踊れてよかった」と語っています。リタさんによると「バーリントは以前は怠け者で、歩くのも嫌がっていました。でもダンスを始めて、乳母車がなくても進んで歩くようになりました。もちろん（民俗舞踊は）ハンガリー人としての知識を広めるのにもいいわ。時間の使い方もうまくなるし同じ意識をもつことができるわ」。民俗舞踊も、ハンガリー人の感覚を生かした伝統的な文化の一つです。わらべうた、民謡といった伝統的な音楽による教育は、ハンガリー人ならではの感覚を生かし、発展させるとともに、参加するバーリントくんや大勢の子どもたちを、同じ意識をもつ、ハンガリーという一つの共同体の一員とする役割も果たしているのです。

4　伝統文化としてのわらべうた――おばあちゃんからお母さんへ

リタさんが仕事に行く日、ナジ家には近くに住むリタさんのお母さん、ツェツィリアおばあちゃんがやって来ます。リタさんに代わって子どもたちの面倒をみるためです。

資料7（子もりうたを歌って聴かせるおばあちゃん）

ナレーター：バーリントくんは寝る前におばあちゃんが歌ってくれる子守歌をいつも楽しみにしています。
ベロニカちゃん、ボルカちゃん：（おばあちゃんと楽譜をめくっている）
ツェツィリア：どれにしようか。いつもの子守歌を歌おうか。
ナレーター：科学技術者として働いていたツェツィリアさんですが、子どもの頃聴いたわらべうたはもちろん今でもよく覚えています。
♪金色のお庭　金色の木　金色のゆりかご
バーリントとボルカ、ベロニカはもう寝ちゃったね
かわいいいとしの赤ちゃん　みんなお星さまみたいだね
おやすみなさい　良い夢をみてね
金色のくるみ　金色のヘーゼルナッツ
《金色のお庭　金色の木》ハンガリー／民謡、子守歌
ナレーター：ツェツィリアさんが子どもの頃、聴かされたわらべうた。この歌でリタさんを育てました。今は孫たちに歌い聴かせています。
ツェツィリア：（布団をかけながら）みんなおやすみ。
♪神様　休まる寝床をお与えください
歩き回ることにうんざりしたのです
逃げ隠れすることに。見知らぬ土地をさすらうことに
神様　安らかな夜をお与えください
私に天使をお遣わしください
心の夢を勇気づけてください。神様　安らかな夜をお与えください
《夕べの歌》ハンガリー／わらべうた

ツェツィリアさんは、１９３６年出版のわらべうたの本を、孫のバーリントくん、ボルカちゃん、ベロニカちゃんたちと一緒にめくりながらわらべうたを歌って聴かせています。ツェツィリアさんは、そのわらべうたの本を父親と祖父にもらったといいます。

第二次大戦後、社会主義体制になったハンガリーでは、固有の文化や民族性の高い音楽が徹底的に否定された時代がありました。学校では、わらべうたをはじめとしたハンガリーの伝統を大切にすること、学ぶことが禁止されました。そのような中、家庭で歌われるわらべうたは、親から子へ伝えられる数少ない民族の文化でした。家族の中でだけわらべうたを聴くことができたのです。民族の音楽を数百年にわたって守ってきたのは、歌うことを愛するハンガリーの農民であったといわれますが、わらべうたは「親密な会合」という家庭的な役割だけでなく、民族の伝統文化を引き継ぐ役割をも担ってきたといえるでしょう。

子どもの発達を促し、伝統文化を引き継ぐハンガリーの子育てから、私たちは何を学ぶことができるでしょうか。その一つはわらべうたがつくり出す、子どもと養育者の親密な関係だと考えます。わらべうたを歌うことによって、お母さんのリタさんやおばあちゃんのツェツィリアさんと子どもとの間に親密な空間がつくり出されていました。それは、ツェツィリアさんからリタさんへ、そしてリタさんから子どもたちへ受け継がれてきた独特の空間といえるでしょう。その中での大人と子どもの関係は、生活習慣や言葉、音楽などを「教える」といった上下の関係ではありません。リタさんとベロニカちゃんの様子をみると、リタさんはベロニカちゃんに何かを「教える」ためにわらべうたを歌っているのではないことがわかります。リタさんからはまず、ベロニカちゃんへの愛情が伝わってきます。ベロニカちゃんは安心してそこに身をゆだねています。リタさんが歌う表情を見て安心してその歌を聴き、音楽に興味をもちます。そして自分も参加するようになるのです。「言葉の意味は何か？」「そのしぐさは何を表しているのか？」など、そこにある意味は後からだんだんにわかってくるのです。

母親や身近な養育者が自分の声で歌うことで、子どもに参加を促し、子どもの成長に「寄り添う」関係が生まれるといえるでしょう。ベロニカちゃんは、リタさんが「寄り添う」親密な空気の中でわらべうたを聴き、歌に参加します。その結果が、さまざまな成長につながるのです。たとえば、音程が正しくとれるようになったり、拍やリズムにのることができるようになったりします。片付けなどの生活習慣も身についていきます。「お買い物」「50フィレール」などの語彙を増やすこともできます。また、わらべうたの拍やリズムは、子どもの感受性を育て、さらには体を柔軟にするといわれます。[12] 乳児の頃に大人が抱いて揺すったり、子どもに触れたりしながら繰り返し歌うことで、子どものなかに感受性が育ち、身体的にも成長していくのです。

このように、わらべうたは、養育者と子どもとの親密な「寄り添う」関係をつくり出し、子どもの成長を促します。日本において子育てや保育にわらべうたを取り入れる試みは、１９６０年代から現在まで続いています。しかし、保育現場で歌われる歌の種類は、「ぞうさん」「1年生になったら」「まっかな秋」などの童謡、唱歌、テレビで流れる歌などであることが多く、わらべうたは衰退しつつあるという現状も報告されています。[13] このような現状に対し、わらべうたの特性や価値を正しく理解し、子育てや保育にもっと生かすことが必要なのではないでしょうか。母親のリタさんは、最後にこう語っています。「音楽家にしたいとかそういうことではありません。たとえば、わたしの子どもに人生におけるリュックサックがあるとして、そこに子どもたちが生きていくうえで必要なものを入れてあげられるとしたら、わたしはその中に音楽を入れてあげます」と。音楽、特にわらべうたには、子どもたちのこれからの人生に必要なものを与える場をつくり出す働きがあると考えられるのです。

3節　音楽は家族をつなぐ

1　「貴族」と「庶民」の違いを超えて――「サウンド・オブ・ミュージック」の世界

本節では、児童書や映画、テレビドラマなどでもよく知られた二つの家族、「サウンド・オブ・ミュージック」のトラップ一家と、「大草原の小さな家」のインガルス一家の物語を取り上げます。19～20世紀の激動の時代、家族が団結してさまざまな困難に立ち向かっていく姿を描いたこれらの物語は、どちらも実話がもとになっており、日本でも高い人気を博しています。しかし、家族の各成員の状況や内面に着目すると、「団結」が難しくなるような相違がお互いの間にあることがわかります。

そもそも、別々の環境で育った人間同士が新しく家庭をつくろうとすると、そこには必ずといっていいほど価値観の衝突が起こります。話し合いを繰り返し、共通して理解できる事柄を増やしながら、家族として新たな生活様式を築いていくことが必要となるのですが、ここで取り上げる二つの家族の場合、重要なコミュニケーション・ツールの役割を果たしていたのが、音楽でした。

第一次世界大戦後のオーストリアで、家族による聖歌隊として出発したトラップ・ファミリー合唱団は、ヒトラーによる侵攻を逃れてアメリカに移住し、世界各地で公演を行いました。その軌跡は、一家の二番目の母であり、合唱団を支えたマリア・フォン・トラップ（von Trapp, M.）によってまとめられ、『トラップ・ファミリー合唱団物語』として１９４９年にアメリカで出版されました。[14]評判を呼んだこの本は、56年にドイツで映画化された後、59年、アメリカにおいて、ブロードウェイ・ミュージカル「サウンド・オブ・ミュージック」となり、さらに65年、ジュリー・アンドリュース主演で映画化され、大ヒットします。ここから、「ドレミの歌」「エーデルワイス」など、今日の日本でも親しまれている歌がいくつも生まれました。舞台や映画の設定とマリアの実際の記述、また、２００２年に、一家の長女アガーテ（von Trapp, A.）が書いた回想記『わたしのサウンド・オブ・ミュージック』[15]にみられる記述には、異なる部分もたくさんあります。以下では、マリアとアガーテそれぞれの記述から、一家の実像を探ってみたいと思います。

アガーテの回想によれば、騎士の家の出であった一家の父ゲオルクも、実の母アガーテ（長女と同名）も、音楽的な家庭で育ったようです。父はバイオリン、ギター、マンドリンを弾き、母もピアノとバイオリンを弾きました。父母が知り合うきっかけとなったのは、母がパーティーでバイオリンを演奏したことであり、その時ともにピアノを弾いた祖母も貴族階級出身で、芸術を楽しむ環境で育った女性でした。結婚後、オーストリア海軍の潜水艦艦長として、父が第一次世界大戦のために出征してからは、母は幼い二人の子ども（アガーテと兄）を連れて、この祖母の家に避難しました。アガーテは、そこで母と叔母たちがフォークソングの二重唱をしたり、祖母や伯父と楽器を演奏したりするのを聴いて育ちます。大戦が終わり、父が戻ってくると、増えていく子どもに合わせて引っ越しを繰り返しながら、家庭教師に歌を習ったり、レコード鑑賞を楽しんだりしています。

母が病気で亡くなり、ザルツブルクに引っ越した後は、父がギターを弾きながら子どもたちに歌を聴かせ、アコーディオンやギター、バイオリンを教えました。子どもたちが演奏できるようになると、バイオリンとアコーディオン、ギターでのフォークソング・アンサンブルを家族で楽しむようになったと、アガーテは書いています。親戚でキャンプ旅行をし、「朝も夜も音楽を奏で」「忘れられない楽しい家族の時間を過ごし」たという記述もあります。このような音楽一家のもとに、映画のヒロインであり、後に二度目の母となるマリアがやってきたのです。

マリアは、教員養成大学を出たばかりの若い活発な修練女志願者でしたが、静かな修道院の生活になじめず、体調を崩していました。トラップ一家の次女が病弱で、家庭教師を必要としていることから、自身の静養もかねてしばらく修道院を離れ、一家に住み込みで働くことになったのです。アガーテの記述では、マリアは生まれてすぐ母を亡くし、預けられた親戚の家で辛い思いをしながら育っています。やがて家を出て寮制の学校に入り、教師をめざしますが、「社会の仕組みを変えること」を目的とする青年グループの活動にも加わって、フォークソングを収集しながら地方を回り、コンサートを行います。音楽が好きでしたが、コンサートを聴きに行けるだけのお金がなく、教会のミサに通って音楽を聴いたこと、カトリックに改宗後、山に登り、頂上からの美しい景色を見て心を打たれ、修道院に入る決心をしたことなどを、マリアは8歳年下のアガーテに語っています。トラップ家に来るとき、マリアは自分のギターを携えてきましたが、子どもたちが歌好きだとわかると一緒に歌い、担当の次女以外の子どもたちにも、自分が集めたたくさんのフォークソングを教えていったのです。

父方も母方も貴族階級につながるトラップ家の生活は、これまでのマリアの生活とかけ離れており、温かな家庭を得られずに育ってきたマリアには「さっぱりわけがわからない」ものに思えました。マリアの記述には、一家の生活に対する驚きや疑問がたくさん見られます。たとえば、トラップ家に来た日、父が笛を吹いて子どもたちを集めたことに、マリアは驚いています。子どもと大人の空間は区分され、子どもには年齢ごとに部屋があり、乳母や家庭教師がつき、父は家を空けることが多いうえに、家族は食事の時にしか顔を合わせません。広い芝生や庭があっても、服が汚れ、足がぬれて風邪をひくなどの理由で、子どもたちは散歩以外の遊びができません。その気になれば、家族揃ってもっと楽しい時を過ごせる環境にあるはずなのに、貴族のならわしに従い、規則ずくめの生活を送っている子どもたちは、マリアには「元気がなくてまじめすぎるように思え」ました。

「ばかばかしい」生活を楽しくするため、マリアはソファではなくじゅうたんの上に直接座り、子どもたちと輪になってギターを弾きながら歌を歌います。二部、三部で合唱をしたり、バイオリンを加えたりとさまざまな工夫をして音楽を楽しみ、父をも巻き込んでいきます。他にも、「お父さん、お母さん、子どもたちは、ほんとうはみんな同じ部屋で、仕事をしたり、読書したり、遊んだり、手紙を書いたりするのがいい」として、子ども部屋を家族の居間にすることや、子どもたちが服を気にせず思い切り外遊びができるよう、遊び着を用意することを提案するなど、自分がほしかったであろう普通の温かい生活の実現をめざして一家に働きかけていくのです。

一方、これまで疑問を抱くことなく生活を送ってきたアガーテからすれば、マリアは「貴族社会にかなりの偏見を抱いて」いる「今まで会ったことのないタイプ」の人に見えました。子どもの頃から苦労し、外の世界をよく知っていて、さまざまな新しい経験をさせてくれる魅力的な人でしたが、戸惑うところも多くありました。たとえば、父が子どもを呼ぶのに笛を使ったのは、家が広くて声が届かないからであり、一人ひとりにそれぞれの、全員を呼ぶときにはまた別の呼び音があることを「とても気に入って」いたと、アガーテは述べています。マリアが教えたバレーボールを、アガーテは好きになれませんでした。父と結婚したマリアが家族の中心になるにつれ、大好きな父が「影の存在になっていった」ことに不満も感じていたようです。しかし、「自分の過去の背景とはまったく違う大家族の母親」になったマリアが、新しい生活の中で自らもさまざまなことを学び、貴族への偏見をなくしていく様子も、アガーテは感じ取っていました。こうして、音楽をともに楽しむことで接近し、お互いを理解しようと努力していった一家は、やがて訪れる破産、ヒトラーの侵攻とアメリカへの移住という家族の危機を、その音楽を文字通り生活の糧とすることで乗り越えていったのです。

2　「開拓」と「文化」の狭間で――「大草原の小さな家」の世界

もう一つは、アメリカの開拓時代に生きた家族の物語です。ローラ・インガルス・ワイルダー（Wilder, L. I.）が書いた児童書「小さな家シリーズ」と、これをもとに作られたテレビドラマ「大草原の小さな家」やアニメ「草原の少女ローラ」に登場するインガルス一家は、今日の日本でもよく知られた開拓家族といえるでしょう。結婚し、ミズーリ州の農場の婦人として暮らしてきた一家の次女ローラは、60歳を超えてのち、自らの子ども時代の辺境開拓体験を「どうしても語り継ぎたい物語」として書き出します。その自伝的原稿は、著名な作家であった娘ローズ・ワイルダー・レイン（Lane, R. W.）の助力によって、１９３２年に児童書『大きな森の小さな家』として出版され、経済恐慌の時代であったにもかかわらずベストセラーとなります。以後、ローラはローズの協力のもとに次々と続編を書き、「小さな家シリーズ」となった一連の本は、開拓の歴史と精神を伝える物語として、日本やドイツなどさまざまな国でも読まれていくのです。

ローラは自らの本を学校で読まれる歴史物語として正確に書きたかったようですが、ローラに関する研究が進んだ現在、「小さな家シリーズ」の記述が一家の事実とは異なっていることがわかっています[16]。また、テレビドラマ等では、さらに多くの編集・脚色がなされています。ここでは、アンダーソン（Anderson, W.）によるローラの伝記を中心に、「小さな家シリーズ」の記述を用いながら、インガルス一家の生活を探っていきたいと思います。

一家の父チャールズはニューヨーク州に生まれ、家族とともにウィスコンシン州へ移住し、農場で働きながら開拓技術を身につけました。歌やダンスが得意であったチャールズは、10代の時にバイオリンを手に入れますが、それからは音楽を巧みに奏で、パーティーなどで家族や近所の人々を楽しませていたようです。母キャロラインの一家もウィスコンシンでチャールズの近くに暮らしており、やがて二人は結婚して、大きな森で暮らすようになります。

学校の先生だった母の影響で、キャロライン自身も結婚前は先生をしていました。教育の大切さを聞かされて育ったキャロラインは、チャールズの辺境開拓への熱意を理解し、自らも開拓生活に必要な技術を身につけていましたが、その一方で文化的環境に定住することを望んでいました。チャールズも読み書きは得意で、子どもに教育を受けさせる必要性をよく理解していたため、移住を繰り返しても、一家の子どもたちは学校に通うことができました。しかし、人の少ない自然豊かな環境を求めるチャールズと、学校などが整った町に定住することを望むキャロラインとの間には、生活をめぐる大きな価値観のずれがあったのです。「世の中へ出れば、嵐や吹雪が荒れくるっているというのに、だれが、わが家を離れてどこかへ行こうなんて、考えるでしょうか？」と、かつて作文に書いたキャロラインは、ウィスコンシン州の森からカンザスの大草原へ移動するときも、ミネソタ州からダコタ・テリトリーへ移動するときも、生活する農地を手に入れるための移動だとはわかっていても心から賛成はできなかったようで、ダコタ・テリトリーに落ち着いたら、もう旅する生活はしないという約束をチャールズにさせています。

一家の長女メアリーが母に似て文化的生活を好んだのに対し、次女ローラは父の開拓者精神を受け継ぎ、旅にあこがれる活発な少女でした。ローラの書いた『シルバー・レイクの岸辺で』では、12歳のローラが渡り鳥の群れを見て、「西部へ行きましょうよ」と言い出す場面が出てきます[17]。父は、子どもたちには必ず学問をさせると約束したからここにいると言いますが、ローラは、「でも、とうさんはやはり西部へ行きたいのにちがいない」と考えます。しかし、先生をめざしていたメアリーが病気で視力を失っているため、ローラは自分が代わりに先生になり、母の期待にこたえるしかないと思い、旅する生活をあきらめるのです。

このような価値観の違いを抱えながらも、原野を切り開き生活環境を自分たちの手でつくり出すことにともなうさまざまな困難を乗り越えるため、家族は団結せざるをえませんでした。一日の作業が終わり、家族で過ごす夕食後の団欒のひとときにチャールズが取り出すのが、バイオリンでした。「小さな家シリーズ」には、「とうさん」がバイオリンを弾く場面がたくさん出てきます。最初に出てくるのは、『大きな森の小さな家』で、とうさんが猟に使うわなに油をひく場面です[18]。わなの手入れをしながら、とうさんは幼いメアリーとローラにお話をし、そのあとでいつもバイオリンを弾いてくれます。「これが一日でいちばんたのしい時なのです」と、ローラは書いています。他にも、子どもたちがなかなか寝付けない時には子守唄代わりの歌を、日曜日には賛美歌を、ダンス・パーティーではダンスの音楽を奏でます。大きな森を去り、カンザスの大草原に移住した時には、星明りの下で草原いっぱいに響くバイオリンの音を聴いて、ローラは音楽が星からも聞こえてくるに違いないと思います。近隣に住む独身のエドワーズさんと協力して家を建てた時には、エドワーズさんを夕食とバイオリンでもてなします。エドワーズさんは、家庭の楽しさを味わえたことがとても嬉しかったと言い、帰る道々をバイオリンで送ってくれるように頼んでいます[19]。『シルバー・レイクの岸辺で』にも、冬の間、ボーストさん夫妻とともに、歌とバイオリンの夕食後のひとときを楽しむ様子が描かれています。カキの缶詰がもてなしのご馳走になる時代のこと、どんなささやかな食事であったとしても、みなで食卓を囲み、音楽を楽しむひとときは、「宴」といってよいものと思われます。

やがて結婚し、自らも開拓生活を始めたローラでしたが、災害などで農場経営に行き詰まり、ミズーリ州への移住を決心することになります。一家が揃ったお別れパーティーでは、父は年老いていましたが、想い出の歌をいくつもバイオリンで奏でてくれました。「わたしたちがうれしいとき、ヴァイオリンはいっしょに喜んでくれました。悲しいときは、同情してくれました。よいことをしたときや成功したときは、音楽はほめるように響き、悪いことをしたときは、懺悔をきいてくれるように、やさしく鳴りました。わたしの信仰心やロマンスや愛国心がどうであれ、このヴァイオリンと、夕暮れにそれを弾く父さんがいなかったら、今のわたしはなかっただろうと思うのです」と、ローラは述懐しています。父はローラに、自分がいなくなったらこのバイオリンを持っていてもらいたいと伝えたようですが、父の開拓者精神を最も良く受け継いだ娘ローラだからこその頼みであったかもしれません。また、父が奏でる音楽は、ローラにとっては、人生の師としての父そのものでもあったでしょう。音楽は、異なる価値観をもった人々をも響きの中に包み込み、心を寄り添わせ、奏でる人と不可分のものとしてさまざまなメッセージを伝えながら、厳しい生活に潤いと憩いをもたらし、困難に立ち向かう力を与えるということが、ここからいえるのではないでしょうか。

4節　音楽は家族を超えて

1　被災地の子どもたちとともに——行け！アンパンマン

音楽が暮らしに密着しているものであり、家族とのひとときを楽しいものにしながら、生きるうえで必要な事柄などを伝え、家族の心を結びつけていくことについて、これまで述べてきました。しかし、音楽が結びつけるのは、実際には、狭い範囲の家族だけではありません。ハンガリーのわらべうたが世代を超えて受け継がれる民族文化であること、トラップ・ファミリー合唱団の歌声に、世界各国の人々が感動したこと、インガルスの「とうさん」のバイオリンが近隣の人々をも楽しませ、家庭のないエドワーズさんのような人にも団欒の心地よさを感じさせたことなどを考えると、音楽は、それに触れるすべての人を、共同体として結びつけていく働きがあるといえるのではないでしょうか。
２０１１年3月11日に起こった東日本大震災の直後、全国各地のラジオ局にリクエストが殺到し、一躍有名になったアニメソングがあります。原作絵本およびアニメの作者である、やなせたかしが作詞した「アンパンマンのマーチ」です。

そうだ　うれしいんだ／生きる　よろこび／たとえ　胸の傷がいたんでも
なんのために　生まれて／なにをして　生きるのか／こたえられないなんて／そんなのは　いやだ！
今を生きる　ことで／熱い　こころ　燃える／だから　君は　いくんだ／ほほえんで
そうだ　うれしいんだ／生きる　よろこび／たとえ　胸の傷がいたんでも　ああ　アンパンマン／やさしい　君は／いけ！　みんなの夢　まもるため

当時92歳であったやなせ氏は、創作活動からの引退を考えていましたが、「こんな歌詞だったんだ。元気が出る。ありがとう！」などの声を聞いて活動続行を決意し、「ああ　アンパンマン　やさしい

君は　いけ　みんなの夢　まもるため」の文字を入れたアンパンマンのポスターを制作します。避難所や幼稚園、病院などに配られたポスターを見て、笑わなくなっていた子どもが笑顔を取り戻し、災害救助にあたる人々は、アンパンマンに自らの姿を重ね合わせて奮闘したと記録されています。[20] この歌詞には、特攻隊に志願して戦死した弟へのやなせ氏の思いが込められているといわれていますが、家族を通し、さらに家族を超えて人々がつながり、生きているということを改めて感じさせたからこそ、多くの人々に感銘を与えたのではないかと思われます。
　筆者の教え子である学生の一人は、この震災による津波で家をなくし、避難所に身を寄せました。避難所には、幼稚園や保育園から避難してきた幼児も多くおり、保育者を目指していた彼女は、子どもたちとともに手遊びをしたり歌を歌ったりと、できる限りの保育技術でもって、子どもたちの不安や恐怖を和らげようと努力したそうです。子どもたちと遊ぼうにも使える物が何もないなかで、役立ったのが、何もなくても楽しめる歌を用いた遊びでした。避難中、自分の辛さを二の次にして子どもたちのために尽くした彼女は、５月に２０１１年度の授業が始まった後、震災体験のフラッシュバックに悩まされるようになりましたが、周囲の理解と支えもあって無事卒業し、念願の保育現場に就職しました。海の見えないところに新しく家を得た彼女が、「私の部屋のテーブルに選びました」と言って筆者に見せてくれた写真は、アンパンマンの顔をかたどった色鮮やかなテーブルでした。「好きなの?」と聞くと、「はい、大好きです」と言って恥ずかしそうに微笑んだ彼女もまた、この歌を通して、支え合う人々のつながりを感じ、自らを励ましていたのではないかと思うのです。

2　大自然の音に包まれて――家族をなくした「クマ」が得たもの

家族をなくした者が、自然の音に気づくことを通して孤独を癒し、幸せな境地にいたるファンタジー作品があります。安房直子作「北風のわすれたハンカチ」[21]です。主人公であるクマの子は、半年前に家族を突然なくし、北風の吹く寒い山の中で、一人で暮らしています。寂しさのあまり、「どなたか音楽をおしえてください。お礼はたくさんします」という紙を家の戸口に張ったクマでしたが、やってきたのは「つめたいつめたい青い色」をした北風でした。なぜ張り紙をしたのかと聞かれ、クマは、「音楽をおぼえると、なにもかもわすれて、心がひとすじにとぎすまされるだろうって。ひとりぼっちのさびしさも、みんなわすれられるだろうって」思ったからだと答えます。しかし、北風は、クマが入れてくれた熱いお茶を当然のように飲み、持っていたトランペットを少し鳴らしただけで、クマには覚える見込みがないと言って去っていきます。次に現れた北風のおかみさんも、バイオリンを弾いてはくれましたが、クマには素質がないと言って去っていきます。しかも、北風夫妻は、クマのとっておきの食べ物を、「音楽のお礼」だと言って持っていってしまうのです。

孤独感をいっそう募らせたクマの子の家を三番目に訪れたのは、北風夫妻の子どもである少女でした。少女はクマに、「いっしょにホットケーキを焼きましょう」と言い、魔法のハンカチで材料をそろえます。二人分のホットケーキを前にして、クマはうれしくて胸がほかほかしてきます。食べながら、少女はクマに、「雪も、おちてくるときは音をたてるのよ」と伝えます。クマが耳をすませると、確かに「ほと、ほと、ほと、ほと」という、小さなやさしい、あたたかい音が聞こえてきます。

少女は、風や雨、木の葉や花にも歌があると言った後、クマと別れていきますが、クマは少女が忘れていったハンカチを耳の中にしまい、自然の音を聞きながら「しあわせな冬ごもり」に入るのです。

音楽ができるようになれば孤独を忘れられるだろうとクマの子は思っていますが、この時点での音楽は一人で演奏するものと考えられており、没頭することで気を紛らせるだけの効果しかありません。初めの客である北風夫妻も、自分たちが楽器を上手に鳴らしてみせるだけです。「北風」の冷たい属性そのままに、お茶も会話も音楽もクマの子とともに楽しむことをせず、食べ物を取り上げて去っていきます。ところが、北風の少女は、一緒にお菓子を作り、お茶を楽しみ、大自然の音に耳を傾けることを教えるのです。周囲に心を開いて聞こえてくる音に耳を傾ければ、自分がひとりぼっちではないことがわかると伝えているようです。冷たく厳しく見える大自然にも、あたたかさややさしさが見つけられること、自分はその自然に包まれており、自然のすべてとつながっていることがわかったからこそ、クマは幸せな気持ちで冬眠に入ることができたのではないでしょうか。

先に述べたように、トラップ一家のマリアは、好きだった音楽を通して宗教と出会った後、自然の美しさに打たれて修道院に入る決心をしています。また、幼いローラは、大草原に響く父のバイオリンを星からの音楽のように聴き、家族とともに自然に包まれる心地よさを感じています。自然は大きな災厄をもたらしますが、自然とかかわりなくして生きることはできません。音楽には、このような大きなつながりまでも気づかせる働きがあるのかもしれません。

第7章　障がい児によって育てられる家族
――不朽の価値を伝えるもの

理想の家庭って、どのような家庭をいうのでしょうか。両親が揃っていて仲睦まじく、心身ともに健康かつ意欲に満ちた子どもたち、いつも食卓には笑い声が満ちていて、手作りのお料理を囲んでの団欒の姿でしょうか？　でも、現実はどうでしょう。両親が揃っていても、両親ともに心が家庭になく冷たい空気が流れている家庭。あるいは、父子家庭、母子家庭、家族の中に障がい児のいる家庭、夫婦二人だけの家庭など、例を挙げるときりがないほど、家族にはそれぞれの形があります。どれをみても、同じ家族は存在しません。どの家族が「正」か「誤」ではないのです。大切なのでは、そこでともに過ごし、それぞれが役割を果たし、絆を強めながら、空間、時間、思いを共有し合う、そこにある家族の姿が真実といえるでしょう。

その時々に応じて、「家族」も人と同じように成長や変化があると思います。「障がい児とその家族」を思うと、「大変だ」という思いや何か特別なことのように思われがちです。しかし、障がい児を育てておられるご家族と接すると、決してそうではないことがよくわかります。また、表面的には何も問題のない家庭のように見えても、それぞれの家族には、大小の差こそあれ、悩みや悲しみがあり、みなそれを心に留めながら懸命に生きているのです。それぞれの家族が抱えている事柄や問題によって、悩んだり心配したり、多くのことを心に抱えて日常生活を送っています。それは時に厳しく、激しく揺れる心をおさめることが難しい日もあるものです。

さて、この章では、障がい児と家族、そしてそれにまつわる羊水診断や保育の営みについて考えていきましょう。障がいがあること、難病にかかること、それらは人生の苦しみや悲しみを引き起こすことです。でも、私たちは明日、そうしたことが自分の身に起こるかもしれないことを忘れてはなりません。これから紹介する事例をみていくと、障がい児とともに生きる家族が、いかに苦しみを克服していったのかがわかることでしょう。人生の不条理を受け入れ、障がい児とともに生きる家族に学ぶことはたくさんあります。そこには、あたりまえのできごとに感謝する心が満ちていることでしょう。

1節　わが子の障がいを受容するまで――ダウン症のWちゃん

1　音信不通になった友人との再会

学校を卒業してすぐに結婚したGさんは、ダウン症の女の子Wちゃんを出産しました。私たち友人はそのことを知りませんでした。出産の連絡がないので気になり、友人の中で家が一番近いJさんが

Gさんの家を訪ねると、お義母さんが応対してくださり、「母子ともに元気です。少し産後の調子が良くないので実家に戻っています」とのことでした。新しい命の誕生で喜び一杯のはずなのに、何となく重い雰囲気をJさんは感じたそうです。「調子が良くなったら自宅に戻ると思いますから、その時に連絡させますね」ということだったので、私たちはしばらく待つことにしました。

それから何年も経って、偶然、私は電車の中でGさんと子どもたちに出会いました。6～7歳くらいのダウン症の女の子と、よちよち歩きの男の子を連れていました。驚きのあまり、私は戸惑い、声をかけようかどうかためらいました。出産後、Gさんが体調を崩した原因が何となくわかったからでした。大きな荷物を持ち、ダウン症の女の子とよちよち歩きの男の子を連れて電車を降りようとするGさんを見て、危ないと感じた私は「大丈夫ですか？」と声をかけました。女の子の柔らかい手を取り、ゆっくりと電車を降りるのを手伝いました。「すみません」と頭を下げたGさんが顔を上げると、私に気づいて「あっ」と声をあげました。お互いに久し振りの再会を喜びました。少し時間があったため、駅前の静かな喫茶店に入り話し始めると、彼女は出産した当時の話を聞かせてくれました。

「生まれたわが子がダウン症だと聞かされたときは、『何かの間違いだ。ありえない』とショックを受けて、入院中、毎日毎日泣いて過ごしたの。障がいのある子を授かったことが、どうしても受け入れられなかったの。入院中、同室の人にお見舞いのお客さんが来て出産を喜び合う声や、障がい児を産んだ私に気遣いながら接する態度とか、すべてが嫌で嫌で、たまらなかった。どうして、こんなことが私に起こるのか、私の何が悪かったのか、最後には、本当は悲しいのか、悔しいのか、情けないのか、自分の気持ちすらよくわからなくなった。私たち両親でさえ、赤ちゃんだけをみれば喜ぶはずなのに、心が沈んでいたからか、この子を育てるという思いも生まれず、ただどうしよう、どうしたらいいの、どうなるの、嫌だ、何もかも嫌だと思ったの」

自分が産んだ子なのに、「顔も見たくないと思ったことすらある」と、苦しみの胸の内を話してくれました。今でも、ちょっとしたことで人の目が気になり、それが怖いと話していました。

「公園で他の同じくらいの子どもの姿を見て、ショックを受けてしまう。何よりお母さん同士の輪の中に入れなかったことが辛かった。同じダウン症の子どもたちと遊んでいるときも、よその子ができることがうちの子にはできないとき、公園で受けたショック以上に落ち込んだり、焦ったりしてしまう。そして、二人目の妊娠がわかったときは、嬉しいというよりも怖いと思ったのよ」

2　わが子の障がいの受容と第二子の出産

出産後、実家での生活が2～3年くらい過ぎ、Gさんの実父が他界し、実母も弟さん家族との同居が決まった頃、突然、心の変化が訪れたといいます。

「この子には私しかいない。この子を育てるのは私しかいないんだ」と覚悟ともいえる気持ちがわき上がったそうです。「環境にそう仕向けられたんだと思う」とGさんは話してくれました。自分がどうなるのか不安で仕方がなかったときは泣いてばかりいたけれど、やるしかないんだと追いつめられると、自分でも不思議なくらい動き出せたそうです。「なぜなら、生きていく以上、生活しなくてはならない」から。

そんな思いで動き始めると、少しずつ周りが変わってきた、というよりも少しずつ周りが見えてきたそうです。第二子の男の子を産み、ダウン症の子どもをもつお母さんたちとの良き出会い。そして、下の男の子を通して知り合いになったお母さんたちとの出会いも大きな支えだと話していました。

さらに、下の男の子を産んで、抱いて、育ててみて、初めてお姉ちゃんの体の特徴に気が付いたそうです。

「とても柔らかくてくねくねしてるの。何てかわいいんだろうって。何であのとき、もっといっぱい抱きしめてあげられなかったのだろうって思ったの。あの頃は自分のことだけで精一杯だったから……。母親じゃなかった気がする」

「子育てをしていると、落ち込んでる暇なんてないっていう人がいるけど、あれは嘘よ。落ち込む日もあるし、落ち込んで何も手につかず、夕ご飯も手抜きすることがあるのよ」と話してくれました。話をしている間Ｇさんは、子どもたちから目を離すことなく、あれこれと世話を焼きながら、何度も「ごめんね。手がかかるのよ」と言っていました。理想のお母さんとしての姿がそこにあると私は思いました。そんな姿を見ていると、子育てを拒否していた時期があったことなど想像もできませんでした。

一歩一歩行ったり来たりしながら、自分の気持ちと折り合いをつけながら、弱い自分と向き合いながら、気持ちが折れる日もあれば、笑える日もある。その積み重ねた毎日が、親を親らしく育て、親も子も育ちあい、家族みんなで家族を紡いでいくことになるのではないでしょうか。私たち大人は、子どもを産んだから親になるのではなく、子どもを産み育てる日々のなかで親になり、家族になっていくのでしょう。

2節◆障がい児の兄弟姉妹から学ぶ――「父、母、姉、弟の四人家族」

1 弟の障がいと向き合うお姉ちゃん

Fさんの家族は夫婦と子どもが二人、どこにでもある家族形態です。夫婦共働きで、とても忙しい日々を送っています。ご主人は、子煩悩でとても優しく穏やかな方です。Fさんは、幼稚園教諭という仕事柄もあってか子どもが大好きで、自然も大好きな朗らかで明るい方です。娘さんは頭も良く、しっかり者で、学生時代に大病で一年間休学をしましたがそれも乗り越え、今は自分の夢に向かって勉学に励む頑張り屋さん。息子さんは生まれつきの障がいとともに生きながらも、言われたことはきちんとやり遂げる、まじめな男の子です。足の裏の皮膚感覚がとても敏感で、子どもなら喜んでするような砂場遊びなどを幼い頃は特に嫌がり、足の裏に砂などの異物が付着するだけで大騒ぎになります。そのため、歩くこともとても困難で、なかなか歩き出すことができませんでした。ご主人もFさんも息子さんの不自由さを理解し、慌てず目の前の子どもの姿を見守りながら子育てをされていました。しかし、しっかり者の姉は両親の思いとは違ったかかわり方をしていました。幼かった娘さんは、弟に何とか歩いてほしい、歩かせたいという思いを強く持っていたようでした。どこで聞いてきたのか、「足の裏を刺激するといい」と教えてもらったと、ベランダなどに敷く人工芝のマットを家中の廊下に敷き詰めたといいます。その作業は、祖母と一緒に行ったそうです。

Ｆさん宅では各部屋への移動は必ず廊下を通らなければならず、特に、玄関からは長い廊下を通らないと、どこの部屋にも移動できません。Ｆさんいわく、「息子にしてみれば、『機能回復刺激住宅』に住まわされていたのよね。生活がアドベンチャーよ」と、笑いながら話してくれました。その人工芝が敷き詰められた廊下を、ときに父に抱かれながら、母に背負われながら、あるときは幼い姉に手を引かれ体を引きずるようにして移動していたそうです。家族がそれぞれに忙しく手が回らないときには、彼自身が声をあげて這いながらリビングにやってくるのです。懸命に家族のいる自分の場所に向かって進むのです。毎日、家族は何十回とその人工芝のマットの上を歩くわけですから、おのずと歩いたところだけが柔らかくなります。彼にとっては、ちょうどいい刺激になっていたようです。

両親は、あきらめていたわけではありませんが、無理やり彼を歩かせようと躍起になることはせず、歩けたらよし、歩けなくてもよし、と心に決めていたそうです。両親は、彼のすべてを受け入れる覚悟のもとで子育てをしていたのでした。母親として、「『来るなら来い！』の心境」だったそうです。ところが、あるとき、彼が立ち、歩くことができたのです。おぼつかない足取りでゆっくりと一歩ずつですが。Ｆさんは、あのとき、お姉ちゃんが祖母と一緒に人工芝のマットを敷いてくれたことが、彼の一歩に、歩くことにつながったのだろうといいます。

２　両親の甘い顔を許さないのはお姉ちゃんの愛情

その出来事以降、家族のなかでは、小さいお母さんとしてのお姉ちゃんが大活躍。しばらく経ち、彼ら姉弟が十代後半頃のことです。夕食前に両親も忙しくしていたある晩、お腹が空いた弟くんはイライラし始めました。その様子を見ていたお姉ちゃんはすかさず、「みんな、お腹が空いてるの！　お腹が空いてて、はやくご飯が食べたいなら、家族みんなのお箸を持ってきて並べて。自分ができることをするんだよ！」と言い放ったのです。すると、普段からお姉ちゃんには、一目置いている彼は、お箸をとり、ていねいに家族の食卓に並べ始めました。彼は、お父さんやお母さんには甘えられることをわかっているようで、イライラをぶつけたり、癇癪を起こしたりすることもありますが、お姉ちゃんの辛口な言葉には不思議と素直に従って行動に移すそうです。お姉ちゃんは、ちょっとでも両親が甘い顔をみせると、特にお父さんが弟ができることにも手助けをしてしまう姿を見つけると「あのさ、将来もお父さんがお墓から出てきて、そうやって手助けするの？　ずっとお墓から通って手助けし続けるなら、全部手を貸してあげて、やってあげて。それができないなら手出しは無用。時間をかけたらできるから。お父さんはいらんことせんと見といて。できることまで取り上げて、赤ちゃん扱いしてはダメ！」とたしなめるそうです。その話を聞いていたFさんは、「私はお墓に入ったら出たくないから手は出さないよ。お父さんはどうする？」と声をかけ、弟くんとの接し方を話し合ったそうです。

こうしたエピソードからもわかるように、お姉ちゃんは日頃から弟くんをよく見ているのです。弟くんの表情を見て、お腹が空いてイライラしていると感じた。でも、弟くんは時間をかければたいていのことが自力でできるのを知っているのです。こうしたことは、日々かかわっていないと気がつかないものです。お姉ちゃんが弟くんを「理解」しているそれは、頭だけで理解しているのではなく、ともに生活をするなかで、弟くんの様子を心で感じていることなのです。「お箸を並べて」の言葉に、弟くんにできる家族の役割を具体的に指示し、役割を果たすことで責任を果たせるよう導いているのです。役割を果たした弟くんも満足し、手伝ってもらった家族も彼に感謝します。これらの満足、感謝の気持ちが日々の生活で紡がれたことで、このたくましい家族の姿があるように感じるのです。もちろん、紡がれるもののなかには、感謝や満足ばかりではなく、失敗や不満もあることでしょう。しかし、それらを束ね、縦糸・横糸をていねいに一本ずつ組み合わせていくことで、世界に一つしかない、それぞれの家族という布が織り上げられていくように感じます。

3節　地域みんなで子育て――「地育教育」という形

1　わが子の障がいを周囲に知ってもらう

友人のKさんは、子育て支援がきっかけで知り合いました。物腰が柔らかく、いつも穏やかで聞き上手、誰からも親しまれるお母さんです。Kさんは二人目のお子さんを出産後すぐに、わが子の障がいを告げられると同時に、そのために長く生きられないと知ったそうです。彼女は、医師からの宣告のとき、自分の耳を疑ったといいます。

仕事でいつも帰宅が遅いご主人とも、それまでにないほどたくさん話し合いました。他の障がい児とともに暮らす親と同じように、眠れない夜、涙で枕を濡らす夜を何度も過ごしてきました。でも、Kさんには、まだこれから入園を控えた幼い子どももおり、いつまでもメソメソと泣いていることは許される環境ではなかったといいます。

Kさんにとって、入園を控えたお兄ちゃんの存在が大きな力になったことはいうまでもありませんでした。Kさんは「今、自分が泣いている場合ではない」ことを母親の直感で感じたのでした。そして、まず彼女が考えたことは、「生まれたばかりの障がいのあるわが子に、親としてできる限りのことをしてあげようという気持ちに切り替えること」でした。

Kさんは、何かあったときは自分ひとりだけの力で何とかしようとするのではなく、周りの友人のお母さんに積極的に相談したり、子どもを預けるようにしました。なぜなら、ご主人とKさんは、障がいのあるわが子がこれから生きていくなかで、きっと周囲の人たちにお世話になると考え、わが子のことを周囲の方に知ってもらうようにするべきだと考えたからです。この子に必要なのは、知育教育ではなく、地育教育と考えたのです。地域で育ててもらうための一歩として、ありのままのわが子を地域の方々に知ってもらうことを始めたのです。

2　障がいへの理解を深める地育教育

そうしたご両親の努力の影響を受け、周囲の大人たちも次第に協力体制を整えていったようでした。これまで保育現場で障がい児への支援のあり方を学んできた私も、より専門的に正しい支援のあり方を模索するため、あらためて図書館に通って本を読み、インターネットの情報にも目を通しました。

実際にKさんのお宅でいろいろ教えてもらいながら、みんなが交代で障がいのあるお子さんと過ごしました。そうすることで、親であるKさんが気づかないことに他のお母さんが気づくこともありました。子どもを中心に親のつながりも広がったように感じました。親がひとりで行う「孤育て」にならないように、親も子もともに育つようにと願いを込めたKさんご夫妻の行動によって、こうした望ましいかかわりが実現したといえるでしょう。

生まれたときには長く生きられないと宣告されたKさんの二番目のお子さんは、現在小学生になり、障がいがありながらも伸びやかに成長しています。近隣の人々のなかで育てられ、愛されてきた子どもらしく、柔らかな表情をしています。Kさん家族がわが子をみんなに知ってもらうことを願い、理解してもらう子育てを選択し取り組んできたからこそ、伸びやかな心、柔らかな心が育ってきたのだと感じています。

4節　羊水診断について――女子高校生との対話

1　「もしもお腹の赤ちゃんに……」

テレビ番組で、高齢出産をする女性が出産前検診の一つ、羊水検査を受けてそれによる命の産み分けの是非を取り上げているのを、ある女の子と一緒に観たことがありました。

そのとき、「産み分けるなんて、かわいそうやわ」といっていた彼女が高校生になりました。ある日、学校の授業で「あなたが結婚し、お腹に命が宿りました。検査を受けるとお腹の子は障がいがあるとわかりました。さて、あなたはどうしますか？」という問いかけがあったそうです。彼女は、あのテレビで観たときのようには、はっきりと答えられなかったとのことです。クラスメイトの中には、「かわいそうやから、私は絶対に産んで幸せにしてあげる」と即答した子もいたそうです。しかし彼女は、不自由な心と体とともに生まれてきて、その子が幸せを感じてくれるのか？　私が幸せを与えることができるのか……。もし仮に大きな手術が必要で、その子の命が救えなかったら？　自分には何ができるのか？　どこに自分の幸せの目盛りをあわせたらいいのか？　その子の幸せのなかに私はいるのだろうか……。産まないという答えは出したくない……、大切な命だから簡単に答えは出せない……、と考えていると自分の納得できる答えが出せなかったらしいのです。彼女は幼いときから、障がいのある子どもたちとも分け隔てなく遊んでいました。そうした経験をしていたこともあり、きれいごとでは答えられないとも話していました。

2　親子で話し合い、向き合うことの大切さ

彼女は母に、「お母さんは、もし私が心や体の不自由とともに生まれるとわかっていても産んでくれた？」と聞いたそうです。すると彼女の母親は、「どう思う？　産んだと思う？」と彼女に聞き返しました。彼女は「産んでくれたでしょう」と笑みを浮かべて答えたそうです。母は続けて彼女に問いかけました。

「五体満足で生まれてきた子どもなら幸せにできるの？」

「お母さんがどんどん年をとって寝たきりで動けなくなったら、幸せにはなれないの？」そして、

こう話を結びました。

「あなたが小学3年生の時、腫瘍切除の手術をしたけれど、そのときお医者さんに手術してみないと悪性か良性かわかりませんといわれたの。代われるものならば代わってあげたいと何回も思った。教会にも、お寺にも、神社にもあなたを助けてくださいって何度もお願いに行った。どうしてかわかる？　あなたと一緒に生きたいからよ。そのために、現実に負けそうになる弱い自分に向き合うことで前に進む決意を固めていったの」

それを聞いた彼女は、しばらく黙りこんだ後、ランニングに行くと出掛けていったそうです。母は彼女の後姿を見送りながら、「自分に与えられた環境を受け止められる強さをもってほしい。目先だけを見ないで本質をしっかり見るようになってほしい」と願いをこめていたそうです。

誰でも不安なこと、予期せぬことが自分に起こったときは、その現実を受け入れることはなかなか難しく、心が揺れ動くものです。人の心も家族や人と同じように、時間とともに成長・変化していきます。何かが起こったとき、転んでも、泣いても、喚いても、最後には目の前のことから目を逸らさず、向き合い、自分らしく生きることができるように、体の力とともに、心の力を鍛えておくことが大切だと感じます。

5節◆価値をきめるものは、命？ 形？——保育現場からの報告

1　他と違う一輪の花が子どもたちの心を動かす

毎年10月の運動会が終わると子どもたちと春を待ち望みながら、花壇の手入れをします。ある年の秋、5歳児の子どもたちとフラワーポットにクロッカス、チューリップ等の球根を植え、水栽培のヒヤシンスにも黒い画用紙をかぶせ、芽が出てくる日を楽しみに過ごしていました。

秋が過ぎ、寒さ厳しい日々を乗り越えた卒園前の2月の終わり。紫色と黄色のクロッカスが咲きました。子どもたちと開花を喜びましたが、一番端に植えた紫色のクロッカスだけが、植え方が良くなかったのか横を向いて傾いて花がついているのを見つけました。しっかり者のSちゃんが「先生、端っこの小さい横向いて咲いている紫のクロッカス、まっすぐにしてあげて、植え直そう」と言い出しました。その声に別の子が、「紫の端っこ、場所も小さいから、植木鉢に植えかえた方がいい」と言い始め、小さなクロッカスの花に子どもたちの心が動き始めました。

「一つだけみんなと違う、横向き・傾き・クロッカス」を、砂場のスコップを手にし、植えかえてやるとばかりに目を輝かせている子どもたちの心を汲みながら、私は「ちょっと、待って」とストップをかけました。球根を植えて育てるという活動の出発点に立ち返り、横向き・傾き・クロッカスについて、子どもたちと話し合ってみようと思ったのです。

生き物を育てる、動植物を育てる、命を育てるなかで、「命に決まった形があるのだろうか？ いいえ、みんな違っていいんだよ。みんな、大切な命なんだよ。そこで生きる意味があるんだよ」ということについて、子どもたちと考えてみたいと思いました。花は文句一つ言いません。「痛い」とも「狭い」とも、「水が多い、少ない」「日光に当ててほしい、日陰に入れてほしい」「土が硬い、柔らかい」「追肥がほしい」など、何も言いません。

様子を見て、変化に気づくことで花の気持ちを汲み取り、自分が何をすればいいかを考え、決断し実行する。そうして手塩にかけて育てられた植物は、物は言わないけれども形、姿で、私たちの思いに応えてくれるものです。心をかけたら必ず、かわいらしい花を咲かせ、私たちの心を和ませてくれます。

私は、あえて子どもたちに聞こえるか聞こえないかの小さな声で、「今、植えかえたら、根っこが切れたり、フカフカベッドの土が変わってクロッカスが枯れてしまうかもしれないわ」と、独り言を言いました。そして、その後、子どもたちに考える時間を与えることにしました。彼らは、クロッカスの命と形のどちらを選ぶのでしょうか。

「枯れるいうことはクロッカスが死ぬことやな」「ほんとに、枯れるの？」「枯れるのはかわいそう」「一人だけ別の植木鉢になったらさみしくなるな」「きっと、みんなと一緒のフラワーポットにいたいと思うわ」「植木鉢になったら、泣いて元気がなくなって枯れるかもしれんで」などなど、子どもたちは考えたこと、思ったことを話し始めました。

それを受けて、子どもたちに「先生、今日お家に帰るときにお花屋さんに寄って、クロッカスのお花が咲いているときに植えかえしてもいいですかって聞いてくるね」と言い、植えかえ作業は延期にしました。

翌日、子どもたちもお家の人から、植えかえをすると枯れてしまうと言われたことを話してくれました。私も、昨日、花屋さんで聞いた話を伝え、姿、形、命についてていねいに話をしました。子どもたちが議論している間、私は頭の中だけで結論を出さずに、頭で考えて、心で結論を出してほしいと祈るような気持ちでした。子どもたちの意見がまとまり、延期した植えかえは中止になりました。最終的に、子どもたちが出した結論は「植えかえはしないで、応援する」でした。その頃になると、この花には「横向きクロッカスのよっちゃん」という名前までついていました。

2 「ありのまま」を受け入れる心を育む

後日、傾いたクロッカスのよっちゃんに、割り箸で添え木をしようということになりました。数日するとYちゃんが、「先生、よっちゃん、しんどいみたい」と報告してくれました。それを受けてCくんが「それじゃ、添え木を取ろう」と言い、添え木が取られました。ありのままの傾いた姿に戻りました。子どもたちは「よっちゃん」と名付けたときから、ただ単に植物を育てるというのではなく、心を込めて世話をしてきました。よく観察することで、「土が湿っているから今日の水やり当番さんはお休み」と決めるなど、みんながよっちゃんの応援当番さんになりました。そして、よっちゃんに話しかける子も出てくるなど、次第にフラワーポットの中のクロッカスたちは、クラスの一員になりました。誰が言い始めたのかわかりませんが、一番大きく成長している花がお父さんクロッカス、そのそばに咲いているのがお母さん、次にお兄さん、お姉さん、妹と決められ、そこによっちゃんが加わり六人のクロッカス家族と子どもたちが呼ぶようになりました。
その頃私は、毎朝保育室に入たるたびに、よっちゃんにニッコリと微笑んでもらっているような優しい気持ちになったことを、今でも鮮明に覚えています。傾いて花をつけたよっちゃんは、まるで首をかしげてこちらを見ているようで、その愛らしさに思わず目が細くなったものです。

「ありのまま」を良しと受け入れることができる、心の柔らかさを子どもの心に育てることは、とても大切なことの一つです。大人になると、こうあるべき、こうしなくてはならないという目に見えない鎖に縛られるようになり、心はとても固くなります。完璧を求めないこと、完璧を求めなくても大丈夫、という気持ちのゆとりがあれば、大人も子どもも生きていきやすいのではないでしょうか。家族の中に一人でもそんな心の柔らかい人がいれば、家族みんなの顔に笑みがこぼれ、家族の心を柔らかくしてくれます。どんな家族であっても、そうした心の柔らかさは心地よいものなのです。

6節◆障がいの受容から家族の再構築へ

これまで挙げた例からもわかるように、心や体の不自由さをもった子どもと生きる家族はさまざまですが、共通点もみえてきました。子どもの発達には乳児期、幼児期、児童期……と発達段階があるように、家族にも、家族として変化・成長していく段階があるように感じられます。

健康で五体満足な子どもが生まれてくるだろう。子どもはずっと健康に育つであろう。そうした自然な感情を、親であれば誰でも持っていることでしょう。しかし、生まれた子どもに障がいがあったり、成長の途中で難病にかかったり、あるいは突然、心身のどこかに不自由な部分が生じるなど、人間の力ではどうしようもない苦しみや悲しみを味わう家族も現実には少なくないのです。そうした状況のなかでも、家族が変化・成長することで、こうした人生の不条理と向き合い、受容し、それを乗り越えていくことができるのです。

障がいのある子どもを育てる保護者は、泣いても喚いてもどうすることもできず、逃れられない事実と向き合う時期がある、といいます。そうした家族は、逃れられない苦しみをどのように乗り越えていっているのでしょうか。

どんな形にしろ、まずは「向き合って、折り合いをつけ、それをありのままに受け入れる」ところから始まるといいます。子どもの障がいという現実を受け入れるということは、それまでとは違う家族生活の構築を始めるということです。家族の再構築を家の改築に見立てるならば、設計からはじまるすべての工程を家族での話し合いを繰り返すことで行っていかなければならないのです。そのなかで、それまで名前も存在も知らなかった専門職の人や専門機関とつながり、アドバイスをもらいながら、みんなで「新生・わが家族」を創っていくのです。その過程では、さまざまな負担やストレスが増えたり、それまでの日常生活では感じなかった疲れや不安にさいなまれることもあると思います。しかし、その道を通らなければ、新たな家族を構築することはできません。

障がい受容の過程では、多くの専門機関に足を運び、専門家に相談したりするなかで、一貫性のない答えやアドバイスに戸惑うこともあります。場合によっては、懸命に行っている育児を完全否定されることもあり、家族の心も体も疲れ果ててしまうことがあるといいます。体験者によれば、こうした行き詰まった状態から抜け出す早道は、「自分の家族に合った専門家を見つけること」だそうです。なぜなら、専門家も人間であり、同じ専門家といえどもそれぞれに相性があるためです。相性のいい専門家と巡り合えることで、心や体の負担はかなり軽減され、家族再構築の基礎部分がつくりやすくなり、それによって日々の生活も障がいのある子どもとのかかわりも次第に落ち着きはじめるそうです。

また、大声を上げる、暴れるなど、子どもの様子によっては、周囲に気を遣い、外出する機会が減る場合があります。すると、家に閉じこもりがちになり、そのことが原因で「孤育て」に陥ることもあります。そうした場合には、地域や専門家の支援を得ながら、朝、昼、夜のお散歩など、数分でも外の空気を五感で感じる機会を大切にすることで、随分と心と体が楽になる、と体験者は語ってくれました。親にとって辛い時期＝わが子の障がいの受容の時期こそ、外との接触、地域社会とのつながりのなかで、家族も育っていくという視点が大切であるように感じます。

これまで、障がい児と家族、そしてそれにまつわる羊水診断や保育の営みについて考えてみました。ダウン症のＷちゃんのお母さんの心の変容、障がいのある弟を育てようと奮起する姉の姿、地育を目指して地域のみなさまに障がいのあるわが子を理解していただこうと努力する両親の知恵、羊水診断の是非に関する世論を機に母娘が話し合う事例、そして最後には、保育現場から何気ない日常のなかにある「ふぞろいでいること＝しぜんなこと」を学ぶ事例をもとに、障がい児と家族について考えてみました。

障がい児にとっての幸せ、それは自分のありのままを受け入れてもらうこと。その一言に尽きるのではないでしょうか。バリアフリーの社会は、健常者にとっても暮らしやすい社会といわれます。そうした観点を今一度見直すことはとても大切なことです。

それでは、最後に、はじめに書いた文章をもういちど繰り返してみたいと思います。

「障がいがあること、難病にかかること、それらは人生の苦しみや悲しみを引き起こすことです。でも、私たちは明日、そうしたことが自分の身に起こるかもしれないことを忘れてはなりません。これから紹介する事例をみていくと、障がい児とともに生きる家族がいかに苦しみを克服していったのかがわかることでしょう。人生の不条理を受け入れ、障がい児とともに生きる家族に学ぶことはたくさんあります。そこには、あたりまえのできごとに感謝する心が満ちていることでしょう」

コラム3　受験社会と子育て

日本という受験社会のなかにあって、親たちを悩ます問題は山積みになっています。このコラムでは、受験社会と子育てについて考えてみましょう。第一に、乳幼児のための施設である保育現場について、次いで、子どもにとっての遊びの大切さについて考えてみます。それでは最初に、保育現場とはどのような場所なのかについてみてみましょう。
①幼稚園や保育園は多様な価値観との最初の出会いの場
②異なる価値観をもつ仲間との出会いを通して社会性を養う場
③才能も能力も異なる友だちと遊んだり、分かち合ったりすることを通じて共生、協働の体験を積んでいく場
子どもにとって遊びは生活そのものです。遊ぶことを通じて友だちを知り、一緒にいることを喜び、分かち合うことによる感動を味わいます。大人は子ども時代の遊びを忘れてしまいがちですが、実際に大人の遊びと子どもの遊びとは異なります。子どもは遊びたいから遊ぶ。つまり、遊び自体が目的です。遊ぶことを通して人間になっていくといった方がよいかもしれません。遊びが子どもの生活であり、遊びが目的そのものであり、遊びを通して学んでいくのです。そうなると、遊びが子どもの権利であることがわかります。健全な成長発達のためには、子ども時代の

遊びはなくてはならないものなのです。

ところが現代は、家庭も保育現場も早期教育に忙しく、日本の子どもは幼い頃から「遊びよりも勉強」の毎日になりつつあります。幼児教育・初等教育・中等教育にかかわらず、それぞれの学校が「予備校化」しており、どうすれば偏差値のより高い大学への入学を保障できるのか、といった基準で学校が選ばれるようになってきています。

教育経済学領域における40年間の縦断研究[1]では、乳幼児期に質の高い教育を受けることで、人は質の高い人生を送ることができると明らかにされています。育つ間に認知能力（学力）だけではなく、誠実さ・忍耐強さ・社交性・好奇心の強さといった非認知能力も学ぶことが重要なのだそうです。こうした非認知能力は、人から学ぶものであり、人とのかかわりを通して習得していくものと分析されています。

人は一人では生きていけません。利他の心で自分の能力を喜んで他者のために使える大人になること、そうしたことが人生の質を高めていることは容易に想像できます。ましてや、国際化の進んだ現代、多様な価値観を受け入れられる柔軟な思考が不可欠だとわかります。幼児期や学童期に十分に遊んだ子どもほど、長じて周囲の人々と良好な人間関係をもてることでしょう。子どもは子どもから学び、子ども同士のかかわりを通して、豊かな人間関係の築き方を徐々に習得していく存在だからです。

さて、受験という社会文化的な構造のうちで翻弄されている現代の日本の親にとって、子どもにいますぐにしてあげられることは何なのでしょう。

①できるだけ子どもの遊びを保障してあげること、②子どもとよく話し合い、子どもの望みを発見すること、③親の希望を押し付けず、子どもの能力を引き出すこと、④これからの日本や世界の行方を親子で見据えること、などがあげられますが、これらの観点よりももっと大切なことがあります。
それは、⑤生きるために学ぶ、そして学びはいずれ他者のために役立たせるものであることを親子で確認する、⑥学校は子どもが豊かな人生を歩むためにあることを決して忘れないことです。

たとえば、英語を学ぶのは多様な人々と豊かなコミュニケーションをとるためです。コミュニケーションとは、かかわりそのものを指し示すもの。人間の自己実現が人間同士のかかわりの中でなされることを思い出すならば、自分の学びはいずれ、他者のために役立たせるものであるのが望ましいとわかります。学ぶこと、知ることは、人の心を自由にしてくれるものです。子どもから「何のために学ぶのか」と問われたとき、「それはあなたの人生を豊かにするためであり、あなたが身につけた学びは将来、きっと人の役に立つでしょう」と明快に答えらえる大人でありたいと思うのです。

第8章　価値を伝える場としての家庭団欒

家庭団欒を価値の伝達の場にするには、子どもが保護と安らぎの感覚をもつことが必要です。そもそも家庭団欒が成立するためには、時間、平静さ、排他性、父の献身などの条件が必要になります。これらの条件は、子どもが親から価値を学ぶための条件でもあります。

1節◆なぜ家庭は価値を伝える場なのか

本章では、価値を伝える場としての家庭団欒の本質を明らかにしていこうと思います。しかし、なぜ家庭が価値を伝える場になるのでしょうか。学校や地域社会ではなくて、家庭が価値を伝える場であるのはなぜでしょうか。まず、このことについて歴史的な視点から考察しておきましょう。

1 「教育する家族」の誕生

教育社会学者の広田照幸によれば、明治から昭和初期の庶民の意識にとって、子どもの教育に責任をもつのは親や家庭であるという考え方はそれほど当たり前ではありませんでした。庶民の家庭でしつけが行われていなかったわけではありません。しかし、行われていたのは「労働のしつけ」、すなわち家業＝生産に直結したしつけであり、現代のわたしたちが想定するような、基本的な生活習慣や行儀作法に関するしつけは、庶民の家庭では行われていなかったのです。そうした労働にかかわるもの以外のしつけは村で行われていたのです。[1]
それでは、労働にかかわるもの以外のしつけが家庭で行われるようになったのはなぜでしょうか。それは、大正時代に新中間層、すなわち賃金労働者が登場してきたことによります。都市の新中間層は、地域とのかかわりが薄く、夫婦と子どもという核家族の形態で暮らし、祖父母や親族の影響から逃れていました。[2]こうした新中間層の家庭にこそ、家庭こそが子どもの教育の責任を負うという意識の源流をみることができます。
現代の日本では、高度成長期を経て、こうした「教育する家族」というイメージがどのような地域や階層の家庭にも広がっていきました。現代では、家庭こそが子どもの教育の責任を負うのだという意識が強すぎて、学校に対して過度の要求をつきつける、いわゆる「モンスター・ペアレント」が登場しました。また、家庭内暴力を繰り返す長男を父親が金属バットで撲殺したという事件もありました。こうした事実をみると、現代では、家庭が子どもの教育に対して敏感になり過ぎているといえる現状もあります。しかし、ここで最低限確認しておきたいことは、子どもの教育に責任を負うのが家庭であるという考えを、誰も否定できなくなっているということです。価値を伝える場としての家庭団欒について考える際にも、この考えから出発せざるをえないと思います。

２　家庭ではどんな子育てをすべきか

今まで述べてきたように、現代では、子どもの教育に最終的な責任を負うのは家庭です。しかし、家庭ならばどんな家庭でもよいというわけではないでしょう。

教育哲学者のノディングス（Noddings, N.）は、子育てを「権威主義的（authoritarian）」「甘やかし（permissive）」「権威ある（authoritative）」の３つのスタイルに分けています。[3]「権威主義的」なスタイルは、親の手中でコントロールを保ち、若者が服従することを主張します。つまり、親が一方的に重要な決定をすべて下します。「甘やかし」のスタイルは、介入も手引きもほとんどすることなく、若者が好むままに行動することを許します。対照的に、「権威ある」スタイルは、手引きや、活動の共有や、話したり聞いたりする多くの実践を求めます。[4]そして、ノディングスは、リベラルな民主主義の社会にあっては、３つのうちで権威あるスタイルを奨励すべきだと主張しています。

ノディングスは、「権威のある親は、自分たちの子どもとともに話すのであって、彼らに一方的に話すのではない」[5]といいます。ここに、家庭団欒が価値の伝達の場となる理由があります。学校の道徳の授業が価値の伝達の場とならないというわけではありません。しかし、学級を単位とする学校にあって、一人ひとりの子どもと話し合うことのできる時間は限られています。それに対して、家庭は、子どもたち一人ひとりと話し合うことができます。このようなともに語り合う関係においてこそ、価値は伝達されるのです。

3 家庭団欒を価値の伝達の場とするために必要な保護と安らぎの感覚

しかし、家庭がともに語り合う場であるということは、親と子どもが完全に対等であるべきだとか、子どもの好きに任せなさいということではありません。そのことは、ノディングスが理想的な子育てのあり方をわざわざ「権威ある」スタイルと表現していることからも理解できます。家庭のなかでは、親と子の会話を通じて、多くの価値が無意図的に伝達されます。しかし、親は子どもに家訓といったものを通じて意図的に価値を伝えることができますし、伝えるべきなのです。この点について、教育人間学という学問の名とともに知られるランゲフェルト（Langeveld, M. J.）に従って、次のようにいうことができるでしょう。19世紀の末に、子ども中心主義はできる限り子どもの自然な育ちに任せるべきだと主張しました。しかし、現代では、子どもの自然な育ちに任せるべきだというのとは逆の警告を発しなければならない、と。[6]というのは、わたしたち大人、両親、教育者と子どもたちの周りには、権力と金銭と享楽が価値として追求される世界があるからです。権力と金銭と享楽ばかりを追求する世界は、子どもの教育にとって決して好都合な環境であるとはいえないでしょう。

しかし、だからといって、子どもの教育ということを意識し過ぎて構えてしまってはいけない、とランゲフェルトはいいます。親子関係を通じて手渡されるものは、悪いことばかりではなく、その逆であることを安心して信じてよいというのです。[7]なぜなら、家庭団欒が子どもにとって価値を伝える場となるためには、保護と安らぎの感覚が必要だからです。親がいつも身構えていて、緊張感のある家庭では、親子は心を打ちとけて語り合うことはできないでしょう。このように、家庭団欒が価値の伝達となるための条件として、保護と安らぎの感覚が挙げられるのです。

４　教育の本質とは何か

ところで、これまで本章では、家庭ではどんな価値を伝えるべきなのかということについては述べてきませんでした。つまり、家庭教育の目的は何かという問題については触れてきませんでした。しかし、おそらく、確固たる教育の目的といったものはこれまでも存在しませんでしたし、これからも存在しないでしょう。教育の目的というものは、常にある文化、ある社会、ある時代のなかでの目的に過ぎないのです。

それでは、教育にとって、どの社会でも、どの時代でも変わらないことはあるのでしょうか。教育にとって変わらないことは、①子どもが現実に存在すること、②子どもは生きた魂をもつ存在として自分を高めるべき存在であるということ、③子どもの生きた魂に対して他の誰かが責任を負うべきだということ、です。

生きた魂とは何かというのは非常に難しい問題です。しかし、少なくとも、人間は単なる身体的な存在ではなく、精神的な存在でもあります。また、その精神的存在のあるべき姿については時代や社会でいろいろな考え方があるにしても、子どもの精神は未成熟であり、子どもはこの精神を形作っていかなければならないことは共通しています。さらに、この精神の成長のために他の誰かが子どもに働きかける責任を負っているということも共通しています。なぜ他の誰かが子どもの教育に責任を負うのかというと、人間が生きていくためには「結びつき」が必要であり、教育というかかわりもまたこの結びつきの一つの表れだからです。

では、そもそも教育とは何でしょうか。子どもは、放っておいても、周りの世界とかかわることを通じて、いろいろなことを学んでいきます。親であれ学校の教師であれ、教育者は、子どもに対する世界の作用を意図的、あるいは無意図的に選択することによって、子どもが自己の存在を形づくっていくことを助けるのです。わたしたち大人も、日々他の人との会話から、あるいはテレビやインターネットを通じて多くのことを学んでいます。そして、人々が日々どういったことを学ぶかということは、偶然であり、前もって予測できないことです。しかし、教育とは、人々が生活のなかでたまたま学ぶことをわざわざ他の影響から切り離し、選択して与えることです。

その際、教育者は、子どもの魂が成長するために何を必要とし、何を必要としていないのかを完全に知ることはできないとしても、子どもが求めるものに気づこうとしなければなりません。これは食物などの場合であればわかりやすいでしょう。家庭で子どもに伝えるべき価値を考える場合にも同じことがいえます。親は、子どもが精神的な存在として成長するために、どんな価値を学ぶ必要があるのかを見抜こうと努めなければなりません。

とはいえ、子どもが将来どんな姿に成長するのかを予測することができない限り、子どもが何を必要としているのかを見極めることには困難がつきまといます。それゆえ、親の教育が独りよがりになってしまう危険性は常にあるのです。しかし、親の教育が独りよがりであってはならないというのは、子どもに親の価値観を押し付けてはならないという意味ではありません。親は、独りよがりになることを恐れるあまり、子どもに価値を伝達することを自制してしまうべきではありません。親の教育が独りよがりにならないために親がなすべきことは、自分が教えることを、教えられる子どもの側からも体験してみることです。ここに、教育という行為の不思議さがあります。子どもは自分が何を学んでいるかを知りません。しかし、教育者としての親は、自分が何を教えているかを知るとともに、子どもが何を学んでいるかも知るべきなのです。ユダヤ人哲学者のブーバー（Buber, M.）は、これを「向かい合う側の経験」と呼んでいます。[8]

2節◆家庭団欒の条件1――子ども側と親側の条件

これまで、家庭団欒がすでに成立していることを前提に、家庭団欒を価値の伝達の場とするためにはどうしたらよいのかを考えてきました。しかし、そもそも家庭団欒はどのようにして成立するのでしょうか。本節ではこの点について考えてみましょう。

家庭団欒を成立させる条件とは何でしょうか。家庭団欒を成立させる条件については、①子ども側の条件、②親側の条件、③親子関係に内在する条件の3つに分けて考えることができます。

1　子どもの側の条件

まず、子どもの側の条件としては、（a）年齢、（b）性別を挙げることができます。

年齢については、子どもの独立心が強くなる時期があります。独立心は特に反抗期という形で現れます。反抗期がいつであるかはおそらく国や社会によって異なります。日本では、13〜14歳の時期が「第2反抗期」といわれています。13歳は中学2年生であり、高校受験を意識し始める時期です。いずれにしても、この反抗期は、家庭団欒が成立するのを難しくする一つの要因です。おそらく、家庭団欒を成立させる一つの条件は、人に自分の話を聞いてほしいという一種の依存心です。そうだとすれば、親から独立したいという子どもの願望は、子どもを家庭団欒に向かわなくさせるでしょう。
ところで、子どもの独立心という点からすると、父子関係を良好にする方が母子関係の場合よりも難しいのです。この点について、社会学者の賀茂美則は次のように述べています。「第2反抗期における子どものテーマが『親の権威からの自立』だとするなら、母親よりも、親の権威を象徴している父親との関係が悪化することは理にかなっているからだ。」[9]
子どもの性別も重要な要因です。一般には、父と息子の関係が緊張を孕みやすいと思われています。しかし、賀茂によると、アメリカの研究では、母と娘の葛藤こそが最も一般的で強烈だとわかっています。というのは、子育てが父親よりも母親の役割になっている場合、母親は、宿題を終わらせることなど、子どもの行動をコントロールするという仕事をせざるをえません。[10]その結果、母子関係、特に母と娘の関係の質は悪くなりえるのです。

2　親の側の条件

次に、家庭団欒を成立させる親の側の条件としては、親子関係以外の領域での親の状況として、①

仕事に対する満足感、②結婚満足感、③肉体的・精神的健康に分けることができます。これらの要因は子どもとのコミュニケーションの質を高め、さらには親子関係の質を高めます[11]。

結婚満足感については、全国の家族に対する質問紙調査を分析した結果、興味深い事実がわかっています。母親の結婚満足感は母子関係に影響しないのに対して、父親の結婚満足感は父子関係に強い影響を与えるというのです[12]。つまり、父親は母親とうまくいっているほど、子どもとの関係もうまくいくということです。

３節◆家庭団欒の条件２——親子関係に内在する条件

３つ目に、親子関係に内在する条件です。しかし、これは家庭団欒を成立させる条件であるとともに、家庭団欒の結果として得られるものです。したがって、この条件は、Aが起きるからBが起きるという単純な因果関係を示してはいません。そうではなく、Aが起きるからBが起きるが、Bが起きることによってまたAが起きるというような循環的な関係を示しているのです。こうした親子関係に内在する条件とは、①時間、②平静さ、③排他性、④父の献身です。

１　時間

家庭団欒を成立させるには、親と子どもが時間を共有することが大前提です。この時間の問題を考えると、父親や母親の勤務時間が短ければ、それだけ子どもとともに団欒の時間を過ごすことができます。ただし、勤務時間の短さがそのまま団欒の時間に直結するわけではないことを指摘しておくべきでしょう。実証的な調査では、親の勤務時間は親子関係の質に直接影響しないことがわかっています。[13]というのは、勤務時間が短いからといって、余った時間を子どものために費やすとは限らないからです。現代の父親に関する分析の中では、父親は①「企業戦士」、②「自分勝手な父親」、③「子どもに関わる父親」に分類されています。[14]仕事と通勤時間の合計という点では、「自分勝手な父親」と「子どもに関わる父親」の間に違いがないとしても、子どもとともに過ごす時間という点で、両者は異なるのです。

2 平静さ

平静さは、親子関係に内在する条件というよりも親の側の問題であるともいえます。しかし、親が子どもと接するときに平静でいられるかどうかという基準で考えるとすれば、親子関係に内在する関係であると見なすことができるでしょう。ランゲフェルトによれば、子どもが親に対して求めるものは、自分たちの弱さの保護だけではありません。子どもが親に求めるもう一つのものは、「自明な庇護されているという安らかさの奇蹟、非合理ではあるが根拠のある、わたしたちの心の平安と、子どもの存在と、その庇護に対する単純な誠実さとのなかに基礎をもった安定の奇蹟である」。つまり、「『たとえこの世に何が起ころうとも、わが家のなかでは安全である』ということ」[15]を求めるのです。

家庭団欒との関係でいえば、平静さが家庭団欒の条件であるとはどういうことでしょうか。両親が常にケンカをしていたり、親の判断基準がいつも揺れ動いていたり、親が常に不機嫌であったりするならば、家庭団欒は成立しないでしょう。

また、家が安全な場所であると子どもが感じることは家庭団欒の成立にとって不可欠です。子どもにとって、家庭は絶対的に安全な場所でなければなりません。親が常に外で遊びほうけていたり、常に家庭に仕事で持ち込んでせわしく動き回っていたりすると、このような安全の感覚は得られにくいでしょう。

３　排他性

家庭団欒を成立させるための親子関係に内在する３つ目の条件は、排他性です。ユダヤ人哲学者のアーレント（Arendt, H.）は、政治体は平等を原則とし、社会は差別を原則とし、家族や私的な領域は排他性を原則とするといいます[16]。社会が差別を原則とし、家族が排他性を原則とするということをわかりやすい例で考えてみましょう。たとえば、私たちが高級レストランでディナーを食べようとするとき、一定のお金をもっている人でなければレストランに入ることはできません。このとき、一定のお金をもっているという客観的な基準によって人を差別しているのです。同じことは学校の入学試験についてもいえます。一定の基準を超えなければ学校に入学することができません。

それに対して、家族が排他性を原則とするとはどういうことでしょうか。たとえば、親は子どもが成績が良いからという理由で、その子どもを愛するのではありません。夫婦が互いに愛し合い、親が子どもを愛する理由は、もちろんそれ以外の理由もありますが、その人の特異性ゆえです。特異性とは、他のすべての人にはないその人らしさです。特異性は、言葉で説明しようとするとすぐに客観的な基準になってしまうので、言葉で説明することはできません。

子どもは、たとえ学校や社会でさまざまな基準で優劣を判断されようとも、家族にとっては特異な存在なのです。そのような意味で、子どもにとって、家庭は学校や社会の荒波から保護される避難所でなければなりません。家庭がこうした避難所であってこそ、家庭団欒が成立します。

とはいえ、家庭が排他性の領域であり、同時に価値の伝達の場であるということは、親に対して一つの難しい問題を提起します。それは、親が誤った価値判断を伝達してしまうという問題です。この問題には二つの側面があります。一つは、親自身が誤った価値判断をするという問題です。もう一つは、親が子どもの誤った価値判断を許容してしまうという問題です。子どもは親にとって特異な存在であり、家庭は子どもに安らぎを与えなければなりません。しかし、同時に、親は社会の一般的な価値観を教えなければなりません。親は子どもを絶対的に保護するという課題を子どもに対して負っています。しかし、同時に、親は社会に対しては、社会の正しい価値観を教えるという課題を負っているのです。

4　父の献身

父の献身が家庭団欒の条件であるというのは、少し奇妙に思われるかもしれません。子どもに献身すべきなのは、父親だけではなく、母親も同じだと考えることができるからです。

ここでは、人間の誕生にかかわる基本的な自然的条件について考えてみなければなりません。子どもを出産するのは母親です。父親はこの母子関係という直接的な親密性に勝つことはできません。しかし、だからこそ、かえって父親の役割は大きいともいえるのです。これについて、ランゲフェルトは、「父親が本質的に母親の『うしろに立たされている』ということは、『のちのために』あるということでもある」[17]と述べています。母親が、自然的な母子関係という直接的な絆で結ばれているとすれば、父親は、子どもがこれから出ていく世界を代表する存在として、子どもとはより距離をとった関係にあります。

父親は、母子関係とは異なり、子どもと直接的な絆で結ばれていないため、自らの意図的な献身によって、良い父子関係を築いていかなければなりません。父親が、子どもに対して温かい献身をしなければ、子どもは無視されていると感じるでしょう。このことは、子どもが第2反抗期の年齢であればなおさらです[18]。温かい献身をせず、単に権威的な姿をとろうとしても、父と子の悲劇的な葛藤しか生まれません。そうなると、もはや家庭団欒などは成立しないでしょう。父親は、子どもから信頼を勝ち取るためには、自分から献身する努力をしなければならないのです。

賀茂は、「日本の父親は、仕事から解放された自由時間を子どもと過ごさずに、同僚や仕事のつきあいのある人々と過ごすことが多い[19]」といっています。そうだとすれば、日本の多くの父親が子どもに献身するということは、まだまだこれからの課題であるといえます。

4節◆家庭団欒の結果

前節までは、家庭団欒を成立させる条件について考えてきました。それでは、家庭団欒の結果として得られるものはなんでしょうか。これについては、①受容感、②親が好きという気持ち、③困ったことを親に相談する、といったことが挙げられるでしょう。ただし、先述した親子関係に内在する条件がそうだったように、家庭団欒の結果として得られたものは、またその後の家庭団欒の条件になるというように、単純な因果関係ではなく、循環的な関係にあります。

子どもの受容感、親が好きという気持ち、困ったことを親に相談する、といったことは、それぞれ別々のものではなく、いずれも子どもが親から保護され、安らいでいると感じることの表れであるといえるでしょう。こうした保護と安らぎの感覚が、家庭を親子が価値について語り合う場とすることに寄与するということはすでに1節で述べた通りです。

1　子どもの4つのタイプと親子関係

心理学者の河村茂雄は、小学生と中学生の子どもの学習意欲と友人関係への意欲が、家族関係とどのように関係しているかを調査しています。河村は、学習意欲も友人関係への意欲も高い子どもを①「両立タイプ」、学習意欲は高いが友人関係への意欲が低い子どもを②「学習偏りタイプ」、学習意欲は低いが友人関係への意欲が高い子どもを③「友人関係偏りタイプ」、学習意欲も友人関係への意欲

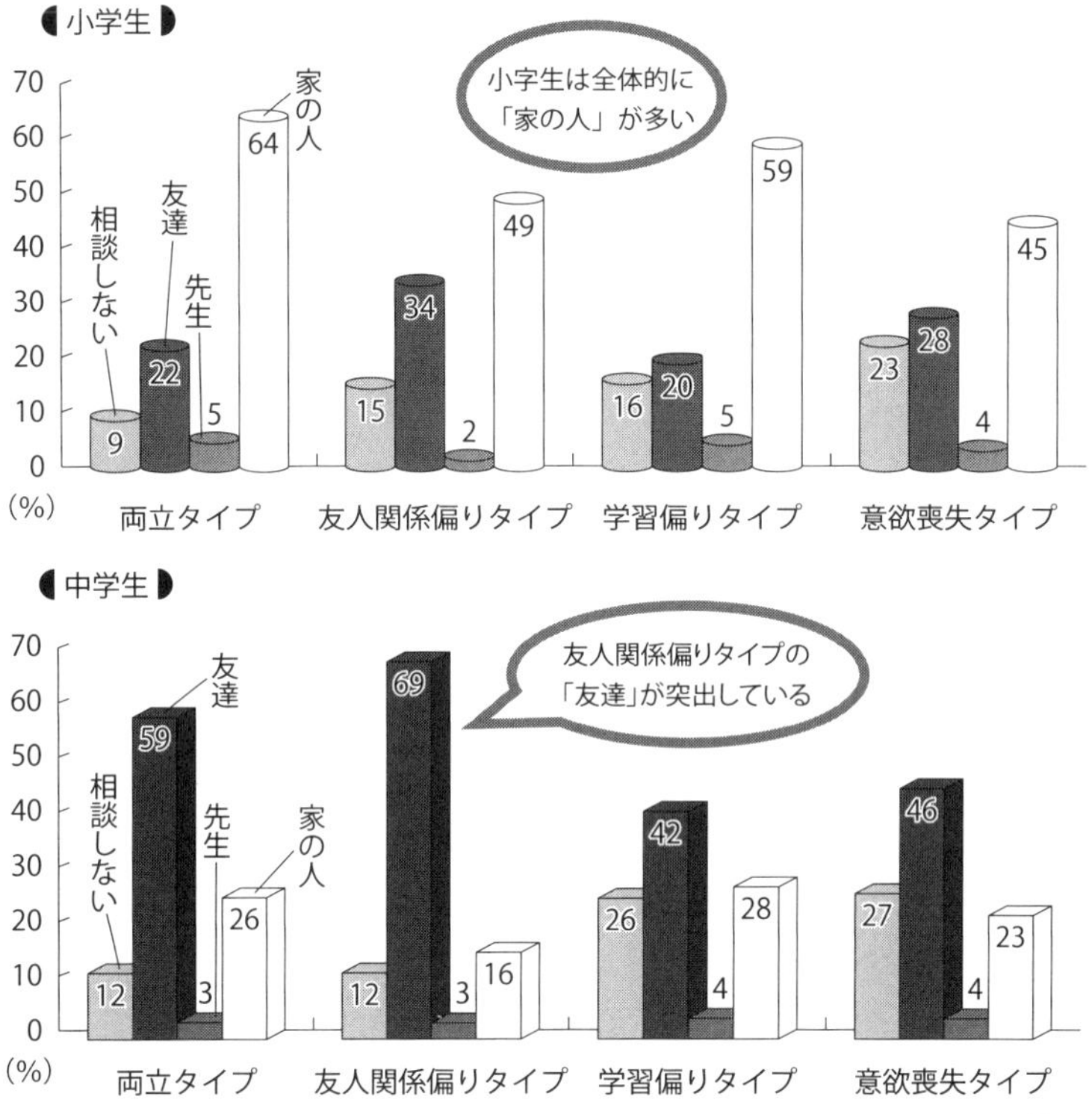

図８−１ もし困ったことが起きたらだれに相談したいと思いますか[20]

もともに低い子どもを④「意欲喪失タイプ」に分け、これらの子どもたちが家族関係についてどう考えているかを分析しています（図８－１）。

その結果によると、受容感、親が好きという気持ち、困ったことを親に相談する、といったことを聞く質問について肯定的に答えた子どもは、四つの子どものタイプの中で、いずれの質問でも両立タイプの子どもが一番多いのです。ただし、困ったことを親に相談するかどうかについては、中学生については、学習偏りタイプの子どもは、友人関係が苦手な分、親に相談する割合が両立タイプよりも高くなっています。それでも、両立タイプの子どもは、友人関係偏りタイプや意欲喪失タイプに比べると、家の人に相談する割合が高くなっています。しかし、両立タイプの子どもが、家の人と友人のどちらかを選べる状態で、どちらかと言えば友人を選ぶのと、学習偏りタイプの子どもが家の人にしか相談できないという状態で友人を選ぶというのは状況が異なります。実際、両立タイプの「相談しない」の割合は12％ですが、学習偏りタイプの「相談しない」の割合は26％と高いのです。

また、注目すべきなのは、困ったことを親に相談するかどうかについては、中学生になると、四つのすべてのタイプの子どもにおいて、家の人よりも友人に相談する割合の方が高くなっていることです。中学生という時期に、四つのすべてのタイプの子どもにおいて親よりも友人に相談する割合が高いということは、先述した第2反抗期という時期を考えれば納得できるでしょう。

2 「両立タイプ」は親子関係が良好

しかし、全体的にみると、両立タイプの子どもは、他の三つのタイプの子どもに比べて相対的に親子関係が良好であるということは確かです。

では、学習意欲と友人関係への意欲がともに高い、両立タイプの子どもは親子関係も良好であるということは、価値の伝達の場としての家庭団欒にとって何を意味するのでしょうか。両立タイプの子どもについて、親子関係が良好だから学習意欲や友人関係への意欲が高いのか、あるいはその逆なのかは厳密には判断できません。しかし、おそらく、親子関係が良好だから学習意欲や友人関係への意欲が高いという方が真実に近いように思われます。両立タイプの子どもが学習に対しても友人関係に対しても意欲が高いのは、生きるということそれ自体についても前向きだからでしょう。そして、そのような生への意欲は良好な親子関係から生ずるものでしょう。だとすれば、両立タイプの子どもは、家庭団欒の場でも、親の話に積極的に耳を傾け、親との会話から学ぼうとするでしょう。

３　子どもの自立を育む家庭団欒

ところで、子どもはまだ自分の力だけでは生きていけないとわかるとき、他者に依存せざるをえないことを知ります。子どもは、自分の力で生きようとしながら、それができないときには積極的に他者に依存します。おそらく、子どもが親からの教えを積極的に吸収しようとするのは、こうした依存を前提としています。それゆえ、家庭団欒が価値の伝達の場となるのは、子どもの親への依存があるからです。

だとすれば、子どもが自立するにつれて、子どもは親と会話しようとしなくなるかもしれません。しかし、このこと自体を特別問題視する必要はありません。というのは、子どもは、家庭団欒を通じて親への信頼と、さらには世界への信頼を育むからです。こうした信頼によって、子どもは親がいつも自分の側にいなくても、自信をもって行動できるようになります。このように、家庭団欒は、親への依存を通して子どもの自立を育むための媒介となるのです。

第9章　家庭団欒を維持するための知恵
――地縁に支えられ、新しい息吹（風）を家族に

1節◆家族の多様と団欒の変化

「家族」という言葉からどのような姿を想像するでしょうか。一般には、親子の関係を基盤にして兄弟姉妹や祖父母、それから親戚へと続いていく血縁関係の広がりをイメージすることが一番容易でしょう。最近では本来家族として定義付けられていた形のほかに、犬や猫などペットをその一員と考えて人生をともにする人も増えていますし、海外では同性婚や血縁関係のない人同士が家族となるステップファミリーの存在が広く認められるようになり、家族のあり方や捉え方が多様化しています。

しかし一方で、人々の意識の変化によって家族の形が多様化するということは、その姿が捉えにくくなっているということであり、家族とは？と聞かれて想像するイメージは人それぞれ異なりつつあるのが現状です。

1　家族の姿と考え方の多様化

芹沢俊介は、家族の形の変化について、「狭い室内に一人を消費単位とする商品をいっぱいならべるという企業戦力で店舗展開を図ってきたのはコンビニエンスストアである。東京に最初の店舗が出現したのが１９７４年、いまやコンビニは日本社会のいたるところに見ることができるようになった。（中略）消費場面をリードする主役がスーパーマーケットからコンビニエンスストアへと移ったのである。このような主役の移行は、家族を単位とする時代が終わり、個人を単位とする時代の到来を告げる象徴的な出来事であるとみなしていいだろう」[1]と述べています。確かに若い世代の人たちに限らず、自分のため『だけ』に自分の好きなもの『だけ』を選ぶことができるコンビニの商品は、自分のこと『だけ』を考えれば良いので、スーパーでパックの品物を買うとき家族の好みを考えたり、「家族みんなが食べてくれるかな」と迷ったりしながら選ぶ煩わしさと比べるとずいぶん楽なように思えます。このような『おひとり様』に対応した商品や媒体は巷にあふれ、人々はそれを便利だ、自分らしいと感じて、ますます受け入れようとしています。たとえ家族を形成していても、一人ひとりの生活形態や、嗜好の変化によって自己本位主義的な考え方に傾倒しているのが、現状における家族の姿のある一面といえるでしょう。

2　家族への思いと献身

親子という単位を基本にして家庭団欒の姿をみることにします。日常的な家族の姿を捉える一つの方法として、子どもの視点を用いることにしましょう。23年間小学校教諭を務めた鹿島和夫は、〈あのね帳〉という交換日記に書かれた1年生の子どもたちの詩の中に、いろいろな人生が示されていたと記しています。その一つに次の詩があります。

わたし
　　やました　みちこ

おかあさんがけっこんしてへんかったら
おなかのなかでねているとおもいます
おなかのなかは
ふねがいっぱいあります
おなかのなかは
ちいとかにくとかふねとかがあるんです
わたしはふねにのってでてくるんです
おとうさんがふねをこいでくれます[2]

子どもが自分の出生について興味をもつのはよくあることです。些細なことをきっかけに、「私は本当にお母さんとお父さんの子どもなのだろうか」と疑問を感じて、両親と一緒に写っている古い写真を探したり、祖父母や親戚の人に自分の出生について尋ねたりした経験をもっている人は少なくないでしょう。この詩を書いた女の子も、きっとこの詩を書く前に家族の方々からいろいろな話を聞いて自分なりに考え、お父さんとお母さんの間に生まれた「わたし」という存在を学んでいたのではないかと推測することができます。いわば家庭団欒の風景がこの詩をつくったといえるでしょう。

いま、このような家族の姿は次第に失われつつあるのでしょうか。ウィニコット（Winnicott, D. W.）は、「幼い子どもの場合、ある人物が子どもの頼みになれるのは、子どもに対する愛情によってのみであることを私たちはよく知っています。私たちが子どもを愛し、関係を断つことなく維持できれば、目的の半分は達成されたことになります。しかしもっと原初へつき進むとなると、もっと強い言葉が必要になってくるのです。つまり最初の数ヶ月という比較的短期間では、『献身』（devotion）という言葉が私たちを至るべき場所へ正確に案内してくれるように思います[3]」と述べ、家庭団欒を形成する家族の原点は親の献身であり、子どもにとって最も身近なものであるとしています。

家庭とは構成する人々がただ存在するだけでなく、何気ない日々の生活を共有しながら、そのなかで互いを大切にしている気持ちを伝え合うことによって形づくられるのです。

3　父親の存在と意識の変化

厚生労働省は、２０１０年6月から「イクメンプロジェクト[4]」を開始しました。これは働く男性が育児をより積極的に行うことや、職場で育児休業を取得しやすいように、社会全体で気運を高めていくことが目的とされています。イクメンとは、一般的に子育てを楽しみ、自分自身も成長しようとする男性のことをいいます。今ではイクメンという言葉が広く認知され、街を歩いていてもお父さんが育児にかかわる姿をよく目にするようになりました。こういったブームを通じて、男性が育児や家事に自ら積極的に参加するようになることは、「男性は仕事、女性は家庭」といったそれまでの価値観を変える良い機会になります。しかし現在、イクメンが流行しているのは、それまで家庭のなかで父親による育児が十分行われてこなかったことが背景にあるからともいえるでしょう。柏木惠子と平木典子は、育児における「父親不在」として、「日本の男性の家事・育児時間は極めて短く、幼少の子どもがいる父親が日常子どもと過ごす時間はごく限られており、『父親不在』は日本の顕著な特徴であることを、家庭教育に関する国際比較調査が一貫して明らかにしている」[5]と述べています。女性は子どもを育てる母親であり、家事を担当する主婦であり、仕事をもっていれば職業人であって、その比率はまんべんなく求められます。それに対して男性は、職業人であれば父親や夫といった立場の責任は、さほど重要ではないという考え方を強くもっているという主張です。また柏木は、「父親がいるのに育児せず、子どもの生活圏内にいない状況は、子どもの心理発達にマイナスに作用します」[6]と述べています。お父さんが夜遅く仕事から帰ってきて、子どもの寝顔を見て疲れを癒す場面は、家庭のつかの間の団欒をイメージさせますが、それは子どもの生活場面での父親不在を示しているともいえます。

父親が子育てに参加できない理由で、最も多いのは長時間労働による家庭での不在とされていました。

それでは、現在も労働時間が子育てにおける父親不在の原因なのでしょうか。日本の年間平均労

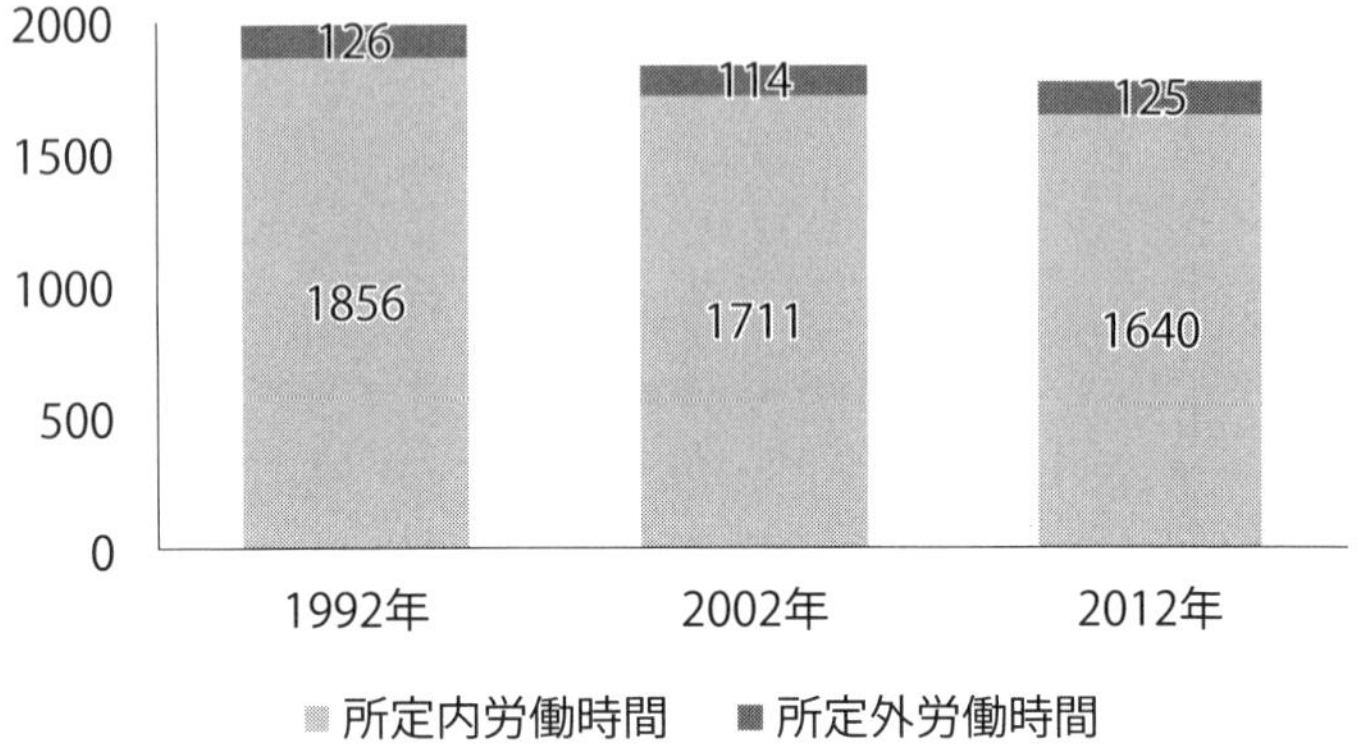

図９−１　父親の労働時間の推移　厚生労働省（2014）

働時間をみると（図９－１）、１９９２年度に１９８２時間であったのが、２０１２年度では１７６５時間となり、20年前と比較して労働時間は２１７時間減少して[7]います。欧米の労働時間と比較しても、アメリカ１７９８時間、カナダ１７１７時間、イギリス１６３７時間[8]と大差はなくなりつつあります。

労働時間や職場環境は改善されているのに、男性が育児休業を取得しない、あるいはできないのはなぜでしょうか。厚生労働省の調査[9]では、父親の職場に育児休業制度があるにもかかわらず、「取得しない」と答えた割合は、10年前より増加しており（図９－２）、その理由は、職場の雰囲気や仕事の状況などが増加しています（図９－３）。

育児休業制度があったとしても活用できない状況、たとえば周りが育児休暇を取っていないのに、自分が先に取得するわけにはいかないという思いや、昇進や出世に影響があるのでは、という不安感が理由として挙げられています。これらの結果は、できるだけ目立つことを避け、集団で行動しようとする日本人らしい心理の表れであるといえ

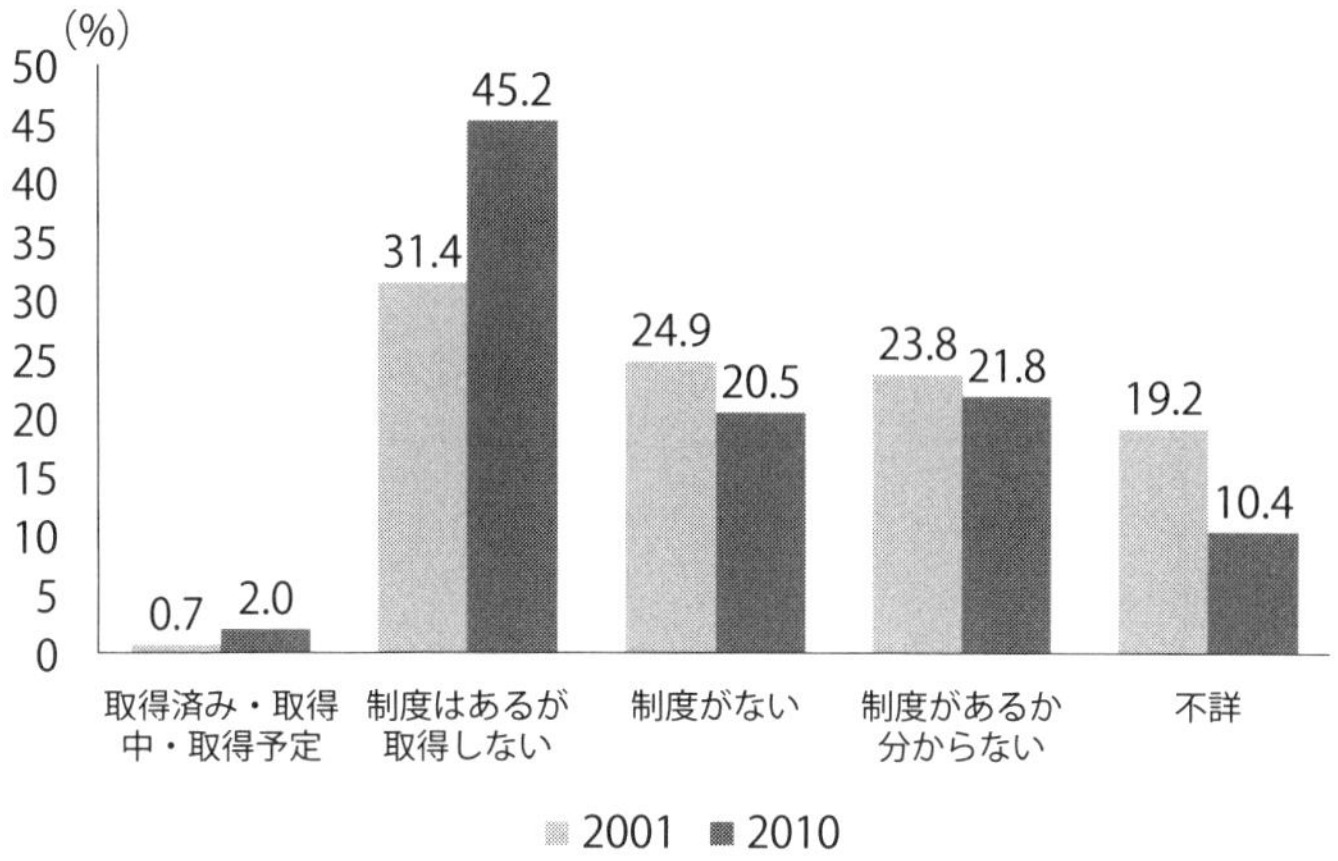

図９−２　父親の育児休業の取得状況　厚生労働省（2014）

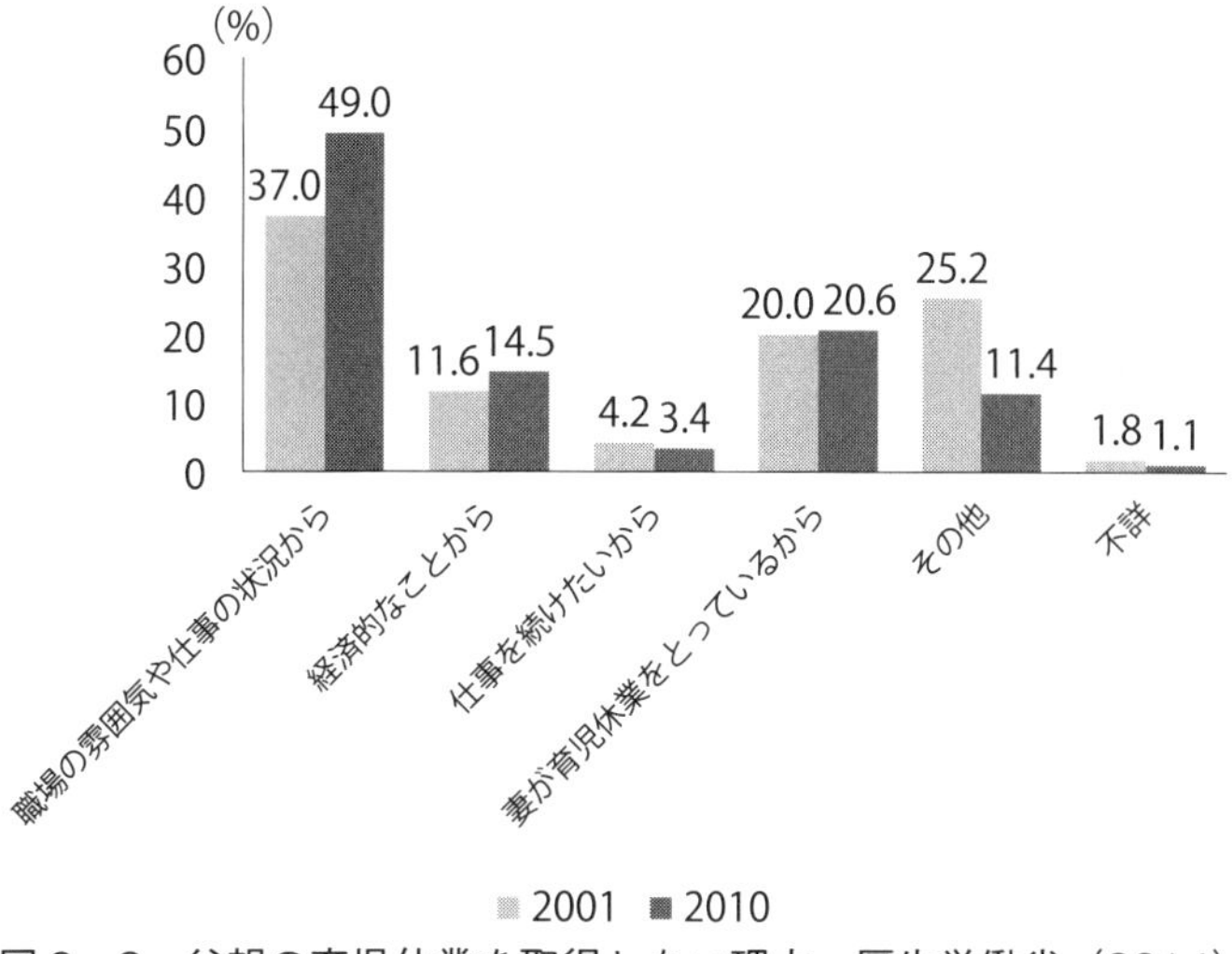

図９−３　父親の育児休業を取得しない理由　厚生労働省（2014）

ますが、男女雇用機会均等法が施行されて30年近くが経過した現在でも、このような状況が続いているのですから事態は深刻です。そして、法律に基づくこれらの権利を活用しない根本的な原因は、社会制度や職業環境の変化が実現しても、結局は男性の父親としての自覚、意識であり、それが変わらなければ、制度が家族の子育てを助ける本来の機能を発揮することは難しいといえるでしょう。

2節　地域と家族の新しい関係へ

みなさんが住んでいる地域には町内会と呼ばれているものがありますか。町内会という組織は通常、住民が主体となって維持運営されています。この団体は以前、町会あるいは自治会、農村部では部落会などと呼ばれていて、いまは町内会や自治会という名称が一般的になっている地域の自主組織です。このような組織は時代の中で必要と考えられて発足、維持されてきましたが、最近では人々の働き方や家族の多様化によって必ずしも必要としなかったり、住民が存続させたいと思っても、過疎化や高齢化によって維持できなかったりする地域が増えています。

1　自治会・町内会と家族のかかわり

倉沢進と秋元律雄によれば、この組織は日本全国のほぼ全域に存在していて、おもに次のような特徴があります。①加入単位が個人ではなく世帯である、②全戸の自動または半強制的な加入である、③活動目的が多岐にわたり包括的な機能をもつ、④行政の末端補完機能を果たす[10]などの目的をもっています。町内会や自治会で行うおもな行事や活動は、自治体の委託を受けた施設の維持管理のほかに、盆踊りやお祭り、運動会などの年中行事、各年代に分かれた旅行やレクリエーションなどの親睦活動、募金や献血の協力、街路灯や防犯灯の設置、防災・防犯活動、文化・スポーツ活動などがあります。そして、これらはどの地域もほぼ変わらないようです。また行政との連携による要望のとりまとめなど、多岐にわたる活動によって地域住民と深く結びついています。

町内会組織に加入するきっかけの一つは転居です。ある地域に引っ越してきた家族があるとしましょう。家族は転居した町内の人から「引っ越してきた人はこの地域の町内会に入ることになっていますから会費を払って下さい」と告げられます。家族は加入することに多少の疑問を感じながら、「そんなものか」と納得して加入の手続きをすると同時に、この地域での細かな情報、たとえば町内行事の予定やゴミ出しの方法を教えてもらったり、簡単な近隣の人たちの名前などを教えてもらったりします。それ以降、町内会組織の運営に少なからずかかわっていくことになり、そのための情報を提供してもらうことになります。また、町内会が管理する名簿に住所や電話番号、家族一人ひとりの氏名などを記入します。これは防災避難など災害時行動を目的に町内会で家族の状況を把握するときや、地域の行事など当番活動に代表者が参加できない場合、家族の誰かが代理参加して補う責任が生じたときに活用されたりします。つまり町内会に加入するということは、個人ではなく家族全員が加入することになるのです。それら一連のことは地域で生活していくうえで必要なことだと感じる人もいれば、そんな情報は教えてもらわなくてもよいと感じる人もいるでしょう。最近では町内会組織に加入することで発生する隣人との人間関係をわずらわしいと感じたり、会費が何のために使われているのかわからないので払いたくないという理由により、町内会組織に加入しない人が増えています。自治会・町内会に加入する割合は、若い世代ほど減少しています[11]。自己本位な志向が優先される社会では、昔ながらの町内会や自治会は保守的で閉鎖的な印象をもつ人が多いのかもしれませんし、事実そのような側面がみられることも事実です。総務省はコミュニティ団体としての運営の手引きを作り、指針の一つとして示しています[12]。今後、町内会や自治会活動は、そのあり方が問われ、地域に住む人々に広く受け入れられる開かれた組織となる必要があるでしょう。一方で、若い人が中心となって積極的に町内会を活用し、地域に住む人々の意見を発信することによって世代間の交流が図られたり、自助・共助の意識が高まったりしています。今後、自分たちが暮らす地域に関心をもち、地域生活をともにするということはどういうことか、また相互に何が求められているのかを積極的に考えることが今まで以上に必要となるでしょう。

2　地域の子ども会とその移り変わり

自治会や町内会には、年齢や性別ごとのグループに分けられていて、人々は各々のグループに所属しています。その一つに子ども会があります。子ども会はさまざまな形で存続していますが、形骸化している地域も多く、会自体に加入しない子どもも増えています。その理由は先に述べた町内会に加入しない理由と同じようです。民俗学者の柳田國男は、子ども会について、「正月小屋の中では、おかしいほどまじめなこどもの自治が行われていた。あるいは年長者のすることを模倣したのかもしれぬが、その年十五になった者を親玉または大将と呼び、以下順つぎに名と役目とがある。去年の親玉は尊敬せられる実力はなく、これを中老だの隠居だのといっている。指揮と分配とはいっさいが親玉の権能で、これに楯つく者には制裁があるらしい。七つ八つの家ではわがままな子でも、ここへ来ると欣々然として親玉の節度に服している」[13]と述べています。この文章が書かれたのは70年以上前で、このような風景を現代の子どもにあてはめるのは少し無理がありますが、かつて子ども組と呼ばれていた子ども集団が社会規範や秩序を学ぶ場として存在し、地域の子ども組織を形成するうえで重要な役割を担っていたことを窺い知ることができます。この組織に所属する子どもは、やがて年齢を重ねれば青年会という組織に自動的に所属することになり、形成された人間関係は地域のなかでより確固としたものになります。

生まれ育った地域に大人になっても住み続け、家族をもつという人は少なくなりつつあり、進学や就職、結婚などを節目にしてふるさとを離れる人が増えています。倉沢と秋元は、地域集団を支える基盤の変化[14]として、①経済の高度成長期における急激な産業化と都市化にともなう人口移動の増大、②都市部における昼夜間人口の格差の増大による地域社会の空洞化、③核家族化の進行、④地域内における住居形態（集合住宅、一戸建て、商店等）の多様化および事業所の混在による地域生活形態の分断化、⑤地域連帯性の希薄化、⑥住民と行政との距離の拡大などを挙げています。そのような流れは今後も続くことが予想され、都市部への人口集中と地方の過疎化とも深く関係しています。地域に生まれ育った子どもたちが成長するにしたがって人間関係に悩み、孤立を深め、互いに傷つけあう現代の子ども社会の問題は、地域コミュニティと子ども達とを分断してきた社会のあり方や、人々のライフスタイルの変化と深く結びついているといえるでしょう。

また、柳田は東京帝国大学の講演のなかで[*1]、「諸君は小学校を出た十三、四の年から[*2]、いよいよ世の中に打って出る二十四、五歳の時まで、中には家庭から通っている人があっても、明けても暮れても学校の生活しかしていない。全く通俗社会とは利害を絶縁した、同輩の中でばかり生きているのである。そうして一方に争うべからざる一事は、親から子へ、祖父母から孫へ、郷党の長者から若い者へ、古来日本に持ち伝えた物心両面の生活様式を、受け継ぎ覚え込むのも、実はこの十年あまりの青年時代だったのである[15]」と述べています。この記述について服部比呂美は、「柳田は、子ども組の特性として、地域内に年齢の上下による世代間の交流があること、子どもの集団には自治が存在すること、そしてこの集団は村内では若者組に続く集団であること、を指摘している。こうした背後には、この時代、新たな子ども集団の枠組みとして全国的に広がりつつあった学校による『学齢集団』に対する柳田の危惧があったと思われる。地域の子ども集団である子ども組が失われることは、古い日本の遊戯法の伝承が途絶えることになる。戦後、小学校と中学校ではほとんど交流することなく、クラスメートを遊び仲間とする傾向が加速化し、伝統的な遊びは消えて行った[16]」と述べています。子どもたちは、学校でほとんど同学年の友達との関係しか経験していませんし、そもそも学校以外の場で異年齢の子どもとかかわれる機会はほとんどないのがいまの子ども社会の現状です。これは戦前からすでに地域と子どもの関係が断たれつつあることが指摘され、今日においても同様に語ることができる古くて新しい問題といえるでしょう。学校制度や教育の方向性が変化するなか、地域と家族とのつながりによって、学校だけでなく『地域に生きる子ども』をともに育て、見守る意識が今後ますます重要になっています。

3節　地域の祭りと家庭団欒

日本では、昔からさまざまな地域で伝統的な祭りが行われています。祭りは地域の風習や文化を継承することと同時に、家族や地域との結びつきを深めるものとして受け継がれてきました。地域の人々とともに祭りの衣装を身にまとったり、かいがいしく準備に立ち振る舞ったりしながら、家族が祭りに参加する姿を子どもの頃の記憶としてもっている人もいるでしょう。そして、かつては子ども自身も祭りの主体者としての役割をもち、大人から認められる存在でした。ここにも地域と結びつく家族の姿をみることができます。

1　地域の祭りと子どもの役割

服部は、子どもの能力や社会性についてさまざまな視点で捉えています。そのなかで、柳田國男の文章を引用しながら、子どもが祭りに参加する様の一つに司祭者としての側面があることを紹介しています[17]。その理由の一つとして「七歳までは神のうち」といわれる考え方があります。昔の人々は霊的な「祟り」を恐れ、供え物や使者としての役割を子どもに求めました。これは子どもが霊的なものと近い存在であるために祟りを恐れず、霊的なものを拒絶しない「子どもは俗界の塵に汚れぬもの」という考えからきているといわれています。また、子どもは神仏の化身であるという考え方から霊的なものと交渉する能力があり、神と村人をつなぐ伝達者としての役割を果たすことができる、とも考えられていました。つまり祭りにおける子どもは、かつて霊的なものに近い存在とされ、大人に代わって伝達や交渉を行う重要な役割を担っていたのです。
地方で古くから続く子どもが行う祭りのなかで、「塞の神（さいのかみ）」や「鳥追い」と呼ばれるものがあります。これはおもに小正月の時期に行われていて、ある地方では子どもたちが小屋を作って集まり、そこから地区の家々をまわります。訪ねた家の入口で、子どもたちは唱えごとを言ったり、家に上がって儀礼を行ったりします。やってきた子どもは神の使いとして迎え入れられ、家の人からもてなしを受けたりお餅をもらったりします。以前は、小屋は子どもたちだけで作ることがならわしでしたが、子どもが少なくなった地域では大人が手伝ったり、小屋を焼き払う慣習をあらためたりしています。[18]他の地方では塞の神とは道祖神という銘をもつ石像のことで、子どもたちは石像を曳き車に乗せて地区の家々を回ります。そのときに「サイノカミサン泊めとくれ」など唱えごとを言って道祖神を泊めてもらい、接待を受けたり賽銭を集めたりしました。最後に、どんどん焼きと呼ばれるならわしによって、家々に飾られた正月のしめ縄などと一緒に石像を焼いて付着した災厄を浄化し、もとの祠（ほこら）に戻すところもあります。[19]
このような祭りは、最初から最後まで子どもが取り仕切ります。子どもだけで大変なときは年長者が手伝ってもよいのですが、大人が手を出すと縁起が悪いといわれているところもあります。また、以前はこれらの祭りで子どもたちが最も喜んだのは仲間同士でつくった小屋に寝泊まりできたことで、その日のおもしろさは白髪になるまで忘れずにいる者が多い[20]といわれていたほどです。これは子どもたちが「おこもり」するといわれ、地区の厄払いをする役割を担うために必要な儀式の一つ[21]でした。ここでも、神に近い存在としての子どもが祭りを行う意味とその役割があります。しかし、いまではこのような風習もなくなりつつあります。民俗学者の宮田登は、「小正月の道祖神祭りで、約七日間、小屋のなかで行われた合宿生活が、子供たちの使う火が危ないうえ、小学生が深夜まで親もとを離れて騒いでいるのはよろしくないとの判断で全国的に禁じられてしまったことなども、子供文化の伝承性を弱めることになった[22]」と述べ、祭りを通じて子どもが行う人間の基礎的な学習が失われつつあることを示唆しています。

2　大阪南部地方の行事と風習

大阪府南部の泉州地方では、岸和田を中心に町内を曳き車で回る伝統的な祭りが秋に行われています。以前は地方の行事らしい、のどかな雰囲気が残っていて、農業が人々のおもな産業だった頃は、その年の稲の出来によって祭りを行うかどうか、地域の人々に尋ねてから決定する風習がありました。祭りは地域の神社で行われる五穀豊穣の儀式であり、地域の人々がその年に健康で過ごせたことへの感謝の気持ちを表すものでした。また、曳き車は神様が宿る神聖なものとして大切に扱われていて、その年に亡くなった人がいる家の前を通るときは、現在でも弔いの意味を込めて鐘や太鼓などの鳴りものを止めるそうです。この祭りは地域ごとに親から子どもへと、しきたりや伝統が受け継がれてきた歴史がありますが、最近は子ども数の減少や価値観の多様化によって、曳く時に大人数が必要な祭りの存続が心配されています。

また以前、この地方では「春ごと」と呼ばれる風習がありました。この行事は田植えなど農業の繁忙期の前に行われることが多く、地域の大人や子どもが集まってごちそうを食べたり遊んだりして親睦を深め、農作業の協働と地域の絆を確かめ合いました。岸和田市の山手地区の人に話しを聞くと[*3]、子どもの頃、「あか山」と呼ばれる小高い丘にたくさんの人々が集まって、各家庭でつくったごちそうを食べたり一緒に遊んだりして本当に楽しかったそうです。また、この地方には、現在まで子どもたちに受け継がれている地域の行事に、「団子突き」という風習があります。旧暦の8月15日である十五夜に、子どもたちが地域の家々を回り、「お団子つかせて」といって、家の人からお菓子をもらいます。地域の方々によると、昔は家の軒先に置いてあるお団子を、子どもが静かにやってきて長い竹や棒を使って突いて取っていました。家の人々は子どもたちの様子を笑いながら見守っていたり、声をかけたりしてくれたそうです。民俗学者の柳田國男は、「大阪郊外の村里などにも、八月十五夜の団子突きがつい近ごろまであったが、あれは全国的といってよいほど、各地のこどもに知られているいたずらであった。細い長い竹竿の先に、縫針や釘などを付けたものさえ関東にはあった。それを垣根の隙からそっとさし入れて、縁端のお月見団子を取ってゆくのである。中には家の人たちがいる前で、さして来てやったと自慢する子がある。取られた家でも笑いながら代わりを補充したり、または十五夜団子は盗まれるほどよいといったり、その盗んできたものをもらって食べると、何かのまじないになるという人さえあったのだから、おもしろくてたまらなかったわけである[23]」と述べていて、この手のいたずらが以前は全国的なものであったことがわかります。そして、このような風習が形を変えながらも現在まで残り、子どもたちの季節の楽しみになっていることは驚きです。

日本を含め世界中にはさまざまな祭りや数多くの風習があり、昔から地域の人々に根ざし、大切に守られてきました。家族はそのコミュニティで生まれ育ち、生活し、やがて受け継いだものを次の世代に託していきますが、日本では個人主義やさまざまな考え方によって、「地縁」と呼ばれる地域の絆が薄くなり、消滅しているところもあります。同じように家族を形成する数も減少し、一人暮らしの人や子どもを持たない家族が増えつつあります。[24] コミュニティとかかわることは個人の時間や活動を制約する場合が多々あって、それを疎ましく感じる人は多いといいます。しかし、家族の団欒は家族だけでつくられるものではなく、家族が生きている地域や、その人々との結びつきによって大切さが確かめられ育まれていくものです。つまり家族のコミュニティと地域のコミュニティは、深く関連し合っているといえるでしょう。

4節　世代を超えた子育てと相互理解への取り組み

１９８９年、わが国の合計特殊出生率が１・57まで減少して、少子化が社会問題として大きく取り上げられるようになりました。それ以降、法律が改正されたり、さまざまな施策が実施されたりしていますが、合計特殊出生率は上昇しているものの、出生数は２０１４年度もわずかながら減少しています。少子化の原因は、夫婦の考え方や仕事のあり方、また子どもに対する認識などさまざまです。そのなかで、現在、少子化対策として取り組まれている子育て支援事業はさまざまな資源を活用して行われています。子育て支援事業はおもに保育所や幼稚園など、これまで地域に根ざし、継続して子どもに直接かかわることができる専門機関が中心となって進められてきました。さらに、現在では地域子育て支援拠点事業を行う子育て支援センターなどと連携しながら子育て家庭のきめ細かいニーズに応えています。

1　子育て支援と家族への取り組み

このような公的な支援のほかにも、地域における子育て支援として、子育てサロンがあります。子育てサロンは社会福祉協議会が中心となって市町村地域の各小中学校区に設けられていることが多く、地域の人的資源が積極的に活用されています。この支援事業の特徴の一つは、地域の住民が支援の中心となって子育て家庭が直面するさまざまなニーズの受け皿になっている点です。子育てサロンのスタッフは民生委員や主任児童委員をはじめとするボランティアなどで、子育てしている家庭と同じ地域に住む人々であり、ここでの出会いが相互の関係をつくるきっかけになることも期待されています。

大阪府南部にある岸和田市は、人口約20万人規模の自治体です。この市では、２０１４年度現在23ヵ所の子育てサロンがあります。サロンの実施場所は公民館や保育所のほかに、小学校の体育館で行われているところもあります。サロンのスタッフは比較的高齢の人が多く、筆者が12年に行った調査[25]では約7割が60歳以上で、約8割が女性でした。サロンを利用する母親は20～30歳代の人が多く、スタッフとの平均の年齢差は一世代以上になることがわかりました。この世代間の意識に注目して、13年にインタビュー調査[26]を行いました。その項目の一つとして、「今の子育てや母親についてどう思われますか」という質問をしたところ、以下のような回答がありました。

「あらためて問われると……、自分も母親やってきましたが、最近はどうなのかと思いますね」（50歳代女性）
「ミニスカートはいたりね……。いや、それがいけないかといわれたらアレなんですけど」（50歳代女性）
「今は特に、子育て文化っていうのを継承していくのは難しいですね」（60歳代女性）
「サロンもお母さんらにとったら逃げ道かもしれない」（70歳代女性）
「悪いことしても気にしないお母さんが多いような気がします」（70歳代男性）
「お母さんも孤独なんだろうと思います。子どもと二人っきりの時間が多いから」（40歳代女性）
「おじいちゃんやおばあちゃんの話を信じずに、テレビやインターネットとかの情報ばっかり信じている」（60歳代男性）
「こういう育て方をしたら、子どものために良くないなぁって思う親はよく見ます。だからって、何も言えませんが」（70歳代女性）
「今は（地域と）疎遠になっているから、隣りの家にも気軽に立ち寄れない」（60歳代女性）
「核家族が多くなっているせいか、お母さんの思い通りに育てるという風潮になってきているように思います」（70歳代女性）
この質問の回答にはさまざまな意見も反映されていますが、回答の内容を八つのカテゴリに分類し（①社会の環境の変化、②親（おもに母親）としての義務・責任、③子どもへの愛着形成、④親・子育ての気持ちの安定、⑤周囲からの影響・周囲への気づき、⑥現状との比較・認識のずれ、⑦家族の存在と影響、⑧

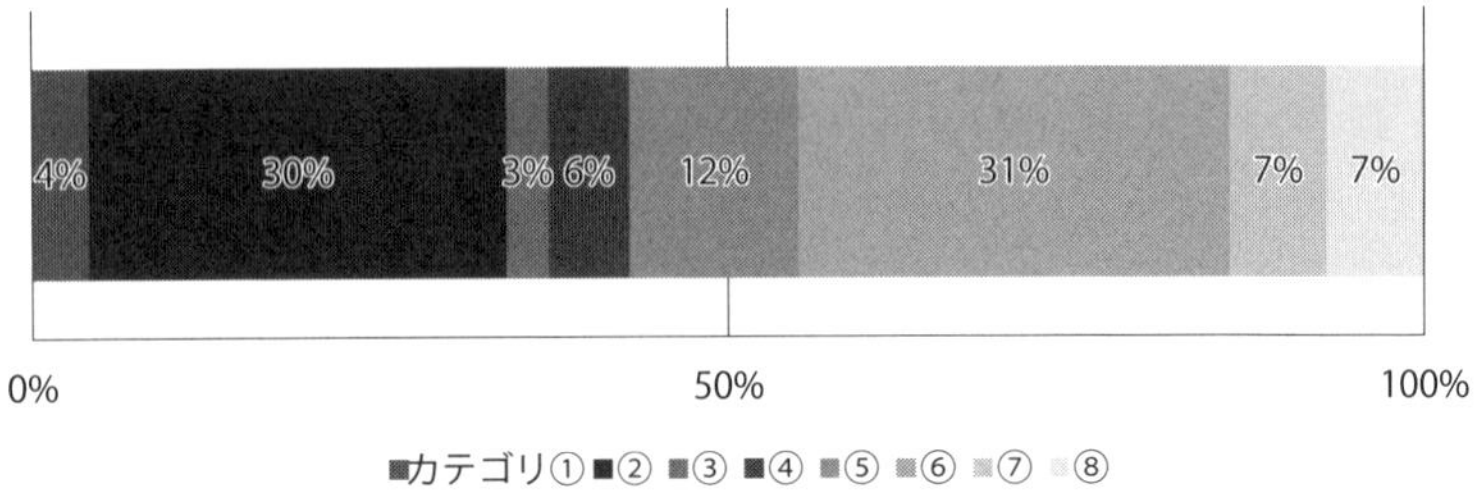

図９−４　今の子育てや母親についてどう思いますか

子どもへの期待・将来の姿）、各カテゴリの割合を以下のグラフに示しました。

この調査結果では、カテゴリ②「親としての義務・責任」（30％）と、カテゴリ⑥「現状との比較・認識のずれ」（31％）の項目が特に多く、子育てサロンを運営している人たちは、子育てをしている家族や母親に対して、自分たちの世代ではあまり経験することがなかった子育ての方法や認識の違いなどについて、複雑な思いをもっていることがわかりました。

２　世代間の子育てと意識への働きかけ

「サザエさん」は、今ではテレビアニメが有名ですが、実は４コマ漫画が最初で、１９４６（昭和21）年４月に夕刊フクニチ（49年から朝日新聞に掲載）で連載が始まりましたから、今から70年くらい前の漫画です。そこには、今では見かけなくなった家族の習慣や、人々の様子などがたくさん出てきます。そのなかで、育児についての次のようなエピソードがあります。[27]
ノリスケさんとタイ子さん夫婦に子どもが誕生し、ノリスケさんのお母さんが産後のお手伝いのために九州から上京してきます。しかし、育児の本から情報を得ているタイ子さんと、育児経験をもつお母さんで育児観が食い違い、お互いが意見を主張しています。その様子をみながらノリスケさんは少し困り顔で赤ちゃんのおむつを替えています。

このエピソードの「育児の本」を「インターネット」に置き換えると、現代でも通用するエピソードになりませんか？

岸和田市の風習について、末原登美子は、当時81歳の人に聞き取り調査を行っています[28]。そこでは、妊娠や妊産婦が使用する帯について、「たくさん産むし、姑がうるさいので妊娠してもかくす風があった。『こしらえ病気だからつつしんで歩け』といわれ、歩くにも前掛けや袖でかくして歩いた。目立つようになったらとらげばあさん（注：素人で経験の多い人）に頼みにゆき、岩田帯などしないひとが多かった。少ない人で三人、ふつう五〜六人、多い人で十二、三人位。死ぬ率が多かったのでたくさん産まなければいけない」と記されています。また、出産について「坐って産む。ヤグラゴタツを前においてもたれかかって力とする。（中略）古い布団や古い布きれなどを敷いて後に布団をつみもたれる。だいたいお産は軽く、よほどのことがないと医者は呼ばなかった。（中略）従ってつわりなどは知らぬ人が多く大抵のことは辛抱した。三日間は寝ていなければいけないが、丈夫な人では一日で起きる人もいた」と記され、聞き取りした人が妊娠適齢期と考えられる大正期から昭和初期は、妊娠の考え方や出産の方法などが過酷で、今とはずいぶん違うことがわかります。そしてこの頃と比較すると、子育てサロンのスタッフの人たちの多くは戦後生まれで、病院で出産し、偏った風習から脱却し、育児の方法や考え方が多様化するなど、むしろ現在と共通していることが多いといえます。つまり、互いに思っているほど、子育ての経験や考え方に差異はないのかもしれません。

昔から子育てする親は、子どもを育てるなかで、ささいな悩み事や心配事などを親近者や近所の人たちに相談して解決することが多かったですし、それはいまも変わらないようです[29]。子育てサロンが地域の人たちに定着し、子育て家庭に対する役割と支援の重要度が増す一方で、子育てサロンのスタッフが地域資源としてみずからを位置付け、子育て家庭の現状の理解と基本的な相談支援の方法等について、支援者の視点を取り入れながら、世代を超えた共通のものとして認識することが求められています。

5節　まとめ

家族にとって子どもを産み育てるという行為は、親の考え方や生き方が大きく影響するプライベートなものであり、一方で、子どもの成長にともなう集団生活や地域のさまざまな人たちとの社会的なかかわりが非常に重要な、時間と手間がかかるものです。筆者の経験ですが、私の娘が幼稚園や小学校に通うようになってから地域の人々と交流することが増えたり、地域の人たちにあいさつする姿をみて、その人のことを逆に彼女から教わったりしました。娘は私よりもずっと地域で生きているのだと感心することがたくさんありました。子どもは家族の保護のもとで愛情を受けて育てられ、自己肯定感をもつことが、その後の育ちのなかで重要であるといわれています。一方で、子どもの成長とともに必要となる社会性や、他者を思いやる気持ちの育ちは、親の保護の外での経験によって学ぶことが多く、家族以外の人々とのかかわりが大切になります。成長するための経験を積み重ねるなかで、子どもの育ちにとって家庭の愛情はもちろん、自分だけでは解決できない問題に直面したとき、家族以外の人々の存在が大きな役割を果たしていることを、家族が認識しておくことが必要でしょう。子どもが成長するにつれて、家庭が地域のなかで生活していることを実感する経験は増えていきます。家族が子育てという行為を通じて、地域との関係を構築できる限られた時期を大切にしたいものです。

＊1　柳田が1941（昭和16）年、東京帝国大学全学教養部の教養特殊講義の中で行った講演の内容を元にしている。
＊2　1907（明治40）年発布の小学校令により小学校は尋常小学校6年、高等小学校2年制となり14歳で卒業する。
＊3　大阪府岸和田市在住の岸本茂氏をはじめ、地域の方々に貴重なお話を伺った。

第10章　日本の伝統や文化の伝承者としての保育者

子育てとそれにまつわる文化は、長きにわたって家を中心に脈々と引き継がれてきました。しかし、今やその伝承は途絶えつつあり、「保育現場」においてなんとか残存し、「保育者」によって引き継がれているという一面があります。「子育て文化の伝承者とその場」という視点で保育者と保育現場について考えてみましょう。

1節　子育ては「文化」

1　子育ては受け継いできた文化

子育ては、文字通り子どもを養護し育てていく行為にほかなりませんが、一方でそれは人が代々先祖から受け継いできた「文化」であるといえます。

文化の定義にはさまざまなものがあります。タイラー（Tylor, E. B.）は、「知識・信仰・芸術・法律・習俗・その他、社会の一員としての人の得る能力と習慣とを含む複雑な全体」[1]と定義付けています。また、ギアーツ（Geertz, C.）は「文化は象徴に表現される意味のパターンで、歴史的に伝承されるものであり、人間が生活に関する知識と態度を伝承し、永続させ、発展させるために用いる、象徴的な形式に表現され伝承される概念の体系とを表している」[2]と述べています。タイラーもギアーツも文化人類学の学者で、その定義は文化人類学の文脈によるものですが、「人間が生活に関する知識と態度を伝承」することが文化であるとすれば、親が子どもを育て、その子どもが成長して親となり、また次の世代の子どもを育てるという子育ての営みは、まさしく「文化」と呼ぶにふさわしいものです。

2　子育ての文化には何があるか

では、その受け継いできた「子育ての文化」にはどういったものがあるでしょうか。

まず、子どもを育てるためのさまざまな方法やスキルが受け継がれてきました。産まれたばかりの新生児は一人では何もできない存在です。自分の心身を自らの力で維持することができません。そのため、その命と安全を保障しながら、人として「自立」していけるように衣・食・住にかかわる基本的な生活習慣や生活スキルを子どもに教えていく養育者の存在を必要とします。養育者は、いわゆるこうした「しつけ」をすることによって、生きるために必要な「生きる術（すべ）」を伝えていきます。このしつけをするためのさまざまな方法が家庭を中心に、あるいはその地域も含めて養育者から次の養育者へ伝えられ、そして子どもは育てられてきました。

もっとも、子育ての方法は世界共通ではありません。民族によって国によって地域によってさまざまです。陳は「子育てには文化が関与する[3]」と述べています。その例として、たとえば乳児に離乳食を与える時期について「現在の日本社会では普通の健常の乳児なら、生後4、5ヵ月から養育者が離乳食を導入し始めるのが普通である」ことを挙げています。新たな命を授かるための性行為や分娩は、動物と同じように、たとえ文化の関与がなくても強い生物学的・生理学的な道筋によって可能ですが、離乳食を導入する時期やタイミングといった具体的な子育ての方法やそのあり方は、人類普遍的なものではなく社会によって異なり、その社会の子育て文化の一部分であると説明しています。

あるいは、この日本においては「三つ子の魂百まで」という諺があったり、「三歳児神話」と呼ばれる子育てに関する考え方があります。「三歳児神話」とは「子どもは三歳までは、常時家庭において母親の手で育てないと、子どものその後の成長に悪影響を及ぼす[4]」という考え方です。「三歳児神話」については、さまざまな議論があり、肯定的にも否定的にも多くの研究がなされています。『平成10年版厚生白書』では、「少なくとも合理的な根拠は認められない[5]」と記載されているものの、一般的には根強く信じられている一面があります。これは「三つ子の魂百まで」という諺もしかりです。三歳児神話については、必ずしも日本固有のものではなく同じ考え方が海外にもありますが、子育てにはこうした科学的根拠がないとされる考え方であっても、信じるに足りると理解され、脈々と伝承されているものがあります。

また、子どもにまつわる日本固有のあるいは地域特有の文化も、子育てを通して伝えられてきました。一般的なものとしては「お宮参り」「七五三」「お食い初め」「初節句」などが挙げられます。いずれも子どもの健やかな成長を願って行われるお祝いの行事です。あるいは、一歳前後の子どもの泣き声を土俵上で競わせる「泣き相撲」といった風習が引き継がれている地域もあります。これも子どもの成長を願って行われるもので、神社で執り行われるものになれば「神事」になります。まさにその地域に根付いた「伝統文化」といえるものです。たとえば、有名な秋田地方の「なまはげ」も、地域で伝統的に行われてきた子育てにまつわるそうした文化の一つとして挙げることができるでしょう。

3　子育ての文化はどう伝えられてきたか

ところで、こうした子どもを育てていくための方法や技術、しつけの仕方などは具体的にどのように伝えられてきたのでしょうか。たとえば、他の芸能のような文化であれば、芸事に関してなにがしか体系化された指南書のようなものがあったり、図絵やあるいは「型」のようなもの受け継がれていて、それをもとに伝承されていくということがあるでしょう。あるいは舞踊のような芸事になると、「師」と「弟子」という関係において「稽古」を通して師がその動きや表現方法を伝え、弟子が引き継いでいきます。ところが同じ「文化」というくくりで解釈したとして、およそ子育てはこうした芸事のような体系的な伝承方法をとったり、師弟関係のなかで厳しい習練を通して引き継がれてきたというものではありません。

吉岡は「ただ口から耳へ、子育ての方法としてではなく生活文化の伝達として、意識せず伝えられていた[6]」と説明しています。つまり「家庭」を基本にして、そこで子育てを担う母親が祖母などから口承でその方法や技術を教わり、子育てやしつけのイロハを学んでいたということです。子どもの養育に関する知識については、江戸時代の17世紀の半ば頃から書物として現れ始め、18世紀には多様な文献がみられるようになったといわれています。[7] ただそれは現代の「子育て書」とは趣を異にしており、著者の多くは学者や役人といった男性で、地域の風俗としての子育ての実態記録であったり、時の為政者が自らが治める領民の安寧を願って家族生活と子育てのあり方を啓蒙するための書物でした。つまり子育ては日常の生活を成り立たせるための「家の経営」の理論と実際という文脈のなかで理解されていたようです。[8] そうなると現実的な子育ての技術や方法の継承は、家のなかで実際に子育てにかかわっていた多くの女性同士の口承や、お互いの子育ての具体的な実践を通して行われたものがそのすべてであったことは想像に難くありません。

わたしたちは、子育てを通して次の世代を育んでいくための情報とスキルを伝承し、「家」「家族」「家庭」を成り立たせてきました。はるか昔の先祖からそうした子育て文化の伝授と生命のバトンを受け継いで、いまここに存在しているのです。

2節　文化の伝承が途絶えてしまった「家庭」

前節では、「家」を中心に引き継がれてきた子育ての文化のなかで、私たちが今に至っているということを述べました。しかし、残念ながら現代では、子育て文化は「家」のなかから消滅しつつあるようにみえます。今日的な言い方をすれば「家庭の教育力の低下」「子育て能力と機能の低下」といえるでしょう。子育て文化を受け継いでいくことと、家庭の教育力は必ずしも同義ではありませんが、本節では、この問題を「核家族化の進行」と「家庭生活の外注化」という二つの視点で考えてみます。

1　核家族化の進行と家庭の教育力の低下

すでに語り尽くされていることですが、現代の日本が抱えている家族の問題、あるいは家庭の教育力低下の問題については、その背景の一つとして「核家族化の進行」があるといわれています。内閣府の『平成26年版子ども・若者白書』では、「少子化や核家族化の進行、地域のつながりの希薄化など、社会環境が変化する中で、身近な地域に相談できる相手がいないなど、子育てが孤立化することにより、その負担感が増大している」[9]と説明されています。直接的に核家族であることが家庭の教育力の低下の原因としているわけではありませんが、子育てをする女性が苦しい状況のなかで孤軍奮闘している現状を指摘しています。

しかし一方で、核家族化の進行と家庭の教育機能の低下とは、直接的な因果関係はないとする分析があります。一般的には、高度経済成長期に核家族化は進行したと理解されていますが、大正9年に実施された第1回の国勢調査によれば、すでに当時の核家族率は58・8%という結果が出ています。『平成7年度版国民生活白書』では、「戦後核家族化が進行したといわれているが、１９２０年においても核家族の割合は54・０%であり、世帯数そのものは増加したものの、割合は長期的にみても増えておらず、単独世帯の増加によりむしろ最近はわずかずつであるが減少傾向にある」と説明し、「核家族化は頭打ち」と表現しています[10]。つまりこれは、核家族化は近年になって急速に進行していたのではなく、すでに日本人は戦前から三代あるいは四代にわたって核家族という家族構成のなかで子育てをし、子育て文化を引き継いできたということを示しています。広井は、核家族化の進行と家庭の教育機能の低下について、広く一般的に、核家族化によって「祖父母から知識や経験が伝達されず、子どものしつけが十分でなくなった。こうしたストーリーができ上がっているのである[11]」としたうえで、家庭の教育機能の低下と核家族化との相関関係は明確ではないと述べています。こうなると、家庭の教育力低下の原因を「核家族化の進行」という要因だけでは説明できません。

２００４（平成16）年度に実施された厚生労働省による「第4回21世紀出生児縦断調査」では、「子育てについての相談相手」について調査しています。それによると、子育ての不安や悩みの相談相手として上位にくるのが、配偶者80・9％、自分の両親64・6％、配偶者の両親24・1％となっています。つまり、家族構成が核家族で、祖父母とは物理的に別の場所で暮らしているとしても、何らかの方法で祖父母世代に子育てについてさまざまな教えや助言をもらい頼りにしながら子育てをしている状況が浮かび上がってきます。広井も「今の親にとっても、祖父母は最も重要な相談相手であり、協力者である。核家族だから祖父母との交流がなく、孤立しているという現代家族のイメージは、現実を見ない机上のイメージにすぎない[12]」と述べています。これは今も子育ての文化が世代間で受け継がれている状況が確かにあると理解することができます。

しかし、子育てに不安をもち悩む親は増えています。２００６年に国立教育政策研究所が行った「家庭の教育力再生に関する調査研究」によれば、子どもをもつ親たちに「最近家庭の教育力が低下しているのではないか」と尋ねたところ、「全くそのとおりだと思う」と答えた人が37%、「ある程度そう思う」と答えた人が45%という結果が出ており、8割を超える親が「家庭の教育力が低下している」と受け止めていることが明らかになっています。祖父母から子育てについてさまざまな支援・サポートを受けている実態がありながら、そのことが実際の子育てにうまく反映しきれていないという様子が想像されます。子育ての文化自体は受け継いでいるような状態がありながら、どこかうまく伝承されていないということでしょうか。結果に結びついていないようです。

2　家庭生活の外注化

ここで、現代の家族と子育てについて「子育ての外注化」という別の視点で考えてみます。これは家庭生活の外注化、あるいは家庭機能の分散・拡散といういい方もできます。

戦後の日本はひたすら物質的な豊かさを求め続けてきました。そしてその豊かさは、家庭生活を着実に変貌させていくことになりました。たとえば、家事を短時間で簡単に済ますことができるように工夫された家電製品や、自由な移動を可能にする自動車などが必需品として生活のなかに入っていきました。そのピークがバブル経済期で、日本の経済自体はそこから頭打ちとなるのですが、バブル崩壊後も成長を続け、家庭生活の基盤を大きく変えていったものがあります。それは「コンビニエンスストア」と「高速インターネット回線」「携帯電話・スマートフォン」です。

今やコンビニエンスストア（以下：コンビニ）の存在は生活に欠かせないサービスとなっています。そこには生活に必要なあらゆる商品が揃えられ、銀行ＡＴＭやコピーといったサービスを24時間いつでも利用できます。また、携帯電話は個々人が好きなときに誰かとコミュニケーションをとることを可能にしました。スマートフォンに至っては手のひらに入るパソコンです。ここに高速インターネット回線をバックボーンに、文字情報に限らず、音声、動画などあらゆる情報をいつでも好きなときに収集することが可能となりました。

１９８０年代初頭までは、コンビニの出店数は現在ほどではなく、買い物をするにしても、近くのスーパーマーケットや商店は19～20時には閉店でした。家族と連絡をとるにしても、家には黒電話が一台です。外から公衆電話で連絡をとることはできても、外にいる家族に連絡をとる手段はありませんでした。その時代は「家」と「家庭」に求心力があり、家と家庭を中心に家族と協力して生活を成り立たせていくことが普通であり、当然でした。ところが現在はその必要がありません。コンビニは、いわば「外にある自宅の冷蔵庫」です。それまで家庭のなかでやりくりをしていた「食」の機能は、24時間いつでも代替可能となりました。また、コインランドリー、24時間営業のファミリーレストランやファストフード店、ネットカフェなど、それまで「家」「家庭」が担ってきた生活の「衣・食・住」の機能を代替するサービスを外でまかなうことができるようになりました。「家」「家庭」の求心力が低下し、家庭機能が外に分散・拡散しているということになります。[13,14]

3　子育て文化の拡散

さて、これを「子育て」に限定して考えてみましょう。たとえば、およそ子育てに関する「食」の問題は、お金さえあればその「商品」を買うことで解決できるようになりました。また、そうした便利な商品が爆発的に増えました。都市部やその近郊には深夜まで営業しているドラッグストアや量販店も増えています。そこに行けば、粉ミルクをはじめ紙おむつ、離乳食など、子育てに必要な物は全部揃っています。布のオムツを洗濯し、離乳食を台所で手作りする必要はありません。また、マイカーがあれば、家から遠くても24時間営業の店であれば深夜でも問題はありません。何を買ってどう利用すればいいかは、スマホで検索すれば情報が出てきます。いざとなれば、その場で祖父母に電話をすればすぐに教えてもらえます。加えて現在の祖父母世代は、運転免許証を持ち、マイカーを利用している人が少なくありません。サポートを求めれば、祖父母の方から来てくれて子育てを助けてくれます。現代の子育ては「調べる（検索する）」「買う」「依頼する」という方法を駆使すれば、たとえそれが自分にできなくてもどうにかなる時代といえます。つまり「子育ての外注」です。

前述の調査では、子育てについて相談するなど、依然祖父母を頼りにしている状況が明らかになっていましたが、どんな相談なのか、また相談した親は実際に子育てを自分自身でしているのかなど、その具体的な様子まではわかりません。相談しつつも、現実的には腰が軽く元気いっぱいの祖父母に育児を代替してもらっているような現状も多いかもしれません。これは子育ての委託と分業です。もっとも、保育所に子どもを預けたくても預けられないという待機児童が多い現状においては、元気な祖父母に子育ての代替をしてもらうよりほかに方法がないという一面もあります。しかし、長い目でみたときに、現代の親世代が祖父母になり、自分たちの子どもであるその時の親世代に対して、自分たちがかつてそうしてもらったように子育てのサポートができるほどに子育てのイロハを学んでいるのか実践できるのかと考えると、いささかの不安を禁じえません。

4　実践なき情報のみの子育て文化の伝承

文化は、修正と発展、熟成を繰り返しながら、何代にもわたって過去から引き継いできた知的財産であり、膨大な情報です。この情報を純粋に情報として伝達することで受け継ぐことができる文化もあるでしょう。しかし、子育ての文化は「子育ての実践」がともなってこそ、そしてその結果として子どもの育ちが保証されてこそ、文化としての価値があります。単に、子育て情報が伝達されるだけで子どもを育てられるのであればこんな簡単なことはありません。自らの手で苦労しながら子どもに向き合い育てていく実践をせずに、お金でその代替となる商品を購入、有効利用し、外部委託で子育てをすることが主流になるのであれば、これはもう子育て文化伝承の断絶と終焉です。

各種調査で明らかになっている親世代の子育てに対する不安感の強さや家庭の教育力の低下を感じている自信のなさは、こうした子育て文化の伝承が、実際の子育ての実践としてうまく結果につなげられていないという自覚の表れかもしれません。スマートフォンという文明の利器を手にしたものの、もはや人間の能力では処理できない量とスピードで情報が流入してきます。一つひとつの情報を丁寧に吟味している余裕はありません。目の前を流れている大量の情報のなかから、自分の生活と人生に関係ありそうなものだけを直感的に、かつ瞬間的にすくい上げるのが精一杯です。そのなかには、次世代を育むという大切な子育ての情報も含まれているにもかかわらず、それを地に足をつけて日々試行錯誤をする子育ての実践に結びつけることができない現代の子育て事情が浮かび上がってきます。子育て情報は氾濫していても、それを「子育て文化」のレベルで引き継ぐことができていないといえるでしょう。

もちろん、そうした文化を受け継ぎ、目の前の子どもと向き合い地道に子育てを実践している家庭や親も数多く存在します。しかし一方で、そうではない家庭が着々と増えているのは事実です。全体として現在の日本の各家庭の子育て文化が危機的状況にあることは疑うべくもありません。

3節 子育て文化が残存している「保育現場」と伝承者としての「保育者」

前節では、家庭における子育ての文化伝承が危機的状況にあることを述べました。とはいえ、日本からその文化が完全に消滅しているわけでも、消滅が決定しているわけではありません。希望はあります。家庭以外でこの文化を頑なに守り引き継いでいるところがあります。それが保育現場です。ここでいう保育現場は、保育所はもちろん幼稚園、認定こども園など、未就学児を預かる保育施設すべてを指します。本節では保育現場と保育者が本来家庭で引き継いでいる子育ての文化をプロの仕事として、同じく伝承し守っているということについて述べていきます。

1 子育て文化を伝承する保育者の育成

「保育現場」には特徴があります。まず保育者が未婚の女性で占められている割合が大きいということです。次に職場への定着率が低いということが挙げられます。長く仕事を続ける保育者が少ないということになります。またそれは、保育者の交替サイクルが早いということでもあります。子どもの命を預かり、保護者に代わって子どもを育む保育者の仕事は大変責任の重いものです。もちろん保育者は、保育士資格なり幼稚園教諭免許状なりの相応の資格を有していますので、プロとしての専門性とスキルをもってこの仕事に就いています。ただ、現実的には、資格取得までの養成段階で学ぶことはあくまでも保育のベーシックな段階の学びであり、保育者として「一人前」の仕事ができるようになるには、やはり数年間の実務経験を要するものです。つまり、保育現場は、多くの若い保育者が自分自身に出産と子育ての経験がないながらも、一生懸命に同僚保育者と力を合わせて保育と子育てに腐心している職場であるといえます。

また、職場の側からみたときに、多くの子どもを受け入れている以上は、そこで働く保育者にはできる限り早く一人前になって仕事をしてもらわなければ、保育現場として責任が果たせません。これが出産・子育て経験のない若い保育者が多いのであればなおのことです。加えて保育者の交替サイクルが早いとなると、保育現場のなかに、日々の保育を安定的に行いながらも平行して若い保育者が保育や子育てにかかわる現実的なスキルやコツ、「保育のイロハ」を学び引き継いでいけるような、いわば「保育者育成システム」が必要となってきます。

ここで重要な役割を果たすのが、現場で長く働いているベテラン保育者の存在です。ベテラン保育者がもつ子育ての技術やスキル、しつけの方法などは、家庭における子育てと共通するものがいくつもあります。とりわけ乳児から受け入れる保育所で働く保育者がもつそのノウハウには相当のものがあります。言葉を発することができない乳児であっても、顔色や表情、しぐさ、食事の量、排泄の様子や排泄物の状態、あるいは寝姿からもその乳児の状態や情緒の具合を的確に捉えます。ベテラン保育者は、育んできた見守ってきた子どもの人数が違います。そうした保育者が複数人いる保育現場の実践知と保育文化、子育て文化の総量と情報量は推して知るべしです。もちろんこれは幼稚園であっても同様です。

保育現場は、こうして職場内部の保育者育成のシステムとして子育ての文化を脈々と受け継いできました。『保育所保育指針解説書』によれば、平成20年の『保育所保育指針』の改定の背景として「地域における子育て支援の活動が活発になる中で、保育所はもとより多様な支援の担い手など地域の保育・子育て支援の資源が蓄積されつつあること」[15]を挙げています。保育現場に子育ての文化が残存し脈々と引き継がれていることを示すものです。地域の教育力、家庭の教育力が低下し、家庭と家族の役割が外に拡散していきつつある現代において、子育ての文化を組織的に残存させ伝承することができている唯一かもしれません。

2　子どもの生活文化の伝承

さて、保育現場と保育者は、具体的にどのような保育の文化や子育ての文化を守り引き継いでいるでしょうか。まず「子どもの生活文化の伝承」です。これは、家庭での子育ての文化に最も近いものといえます。いわゆる、生活のしつけと呼ばれるものになるでしょう。特に保育所や認定こども園の3歳未満児の保育においては重要です。子どもの生活の自立を目指し、生活のリズムを整えることから、簡単な着替えや身辺整理、食事、排泄、睡眠、衛生管理など、最もベーシックな生活スキルを身につけるための保育だからです。

一つひとつの生活習慣とそれに必要なスキルを子どもたちに伝え、そして自分の力でできるように導いていくことは本当に骨が折れる仕事です。たとえば箸の使い方にしても、少しずつ毎日使っていく経験を積み重ねることではじめて「できる」ようになります。また、闇雲に練習させればよいというものではなく、スモールステップともいうべき「段階」を踏んでいくような指導が必要な場合もあります。当然、何もできない段階においては、保育者が全面的に援助の手を差し伸べることから始めます。そしてそれは、個々の子どもの月齢や発達段階、あるいはその子の性格といったことも勘案しながら個別に導いていく配慮が必要です。

こうした生活のしつけにかかわる保育において、ベテラン保育者に共通している保育のコツがあります。生活のしつけは子どもが自らの力で自立していくことを目指しますが、初期の段階ではどうしても保育者の手助けを必要とします。そうこうするうちに、やがて「あともう少しで自分の力でできるようになりそうだ」という段階がやってきます。ベテラン保育者はこの状態を見極めるのに長けています。そこからは、できる限り自分の力でやっていくように、その背中をそっと押していくような「励まし」と「見守り」へ援助の姿勢を変えていきます。もちろん無理強いはしません。そこで失敗してもたしなめることはありません。適度にサポートしつつ、「自分でできる」その瞬間を辛抱強く待ちます。そして、自分で「できる」瞬間が訪れたとき、ベテラン保育者はその瞬間を見逃しません。その場面を捉えて自分のことのように喜び「できたね！」と十分に認めていきます。こうした保育者のかかわりによって、着実に子どもは自分の生活にかかわるスキルを会得し、自立に向かいます。なんでもないようなことですが、この子どもの様子の「見極め」と、タイミングを見て援助の手を引いていく引き際は、そうそう簡単にできるものではありません。実習生や新任保育者は「その見極めのポイントがわからない」といいます。保育現場には、そうしたベテラン保育者の配慮や具体的な指導ノウハウの蓄積があります。ただ、それはテキストとして言語化された記録ではなく、多分に保育者個々の保育の「名人芸」ともいうべき保育実践の経験知、実践知としてストックされているものです。新任保育者は、そうしたベテラン保育者の名人芸的保育を間近に見て聞いてそれをお手本としつつ、助言を受けつつ、自分なりに試行錯誤を繰り返していくことによってその実践知を受け継いでいきます。

3　子どもの遊び文化の伝承

次に「子どもの遊び文化伝承」について考えてみます。世の中には子ども向けのおもちゃが数多くあります。昨今多いのは、アニメや漫画、子どもに人気のテレビ番組と連動したいわゆるメディアミックスのなかから企画・開発されたおもちゃです。また、テレビモニターやスマートフォン、タブレットで遊ぶゲームアプリも隆盛を極めています。家庭では、子どもはこうしたおもちゃやゲームに囲まれていることが想像されます。しかし、保育現場にはそうした遊びやおもちゃはほぼありません。保育現場では、あえて昔から子ども文化のなかで遊びこまれてきたものを大切にしています。なぜなら、こうした文化を残し、受け継いでいるのはおそらく保育現場しかないからです。また、そうした遊びを通して、子どもがさまざまな学びをうることができることを知っているからです。

たとえば、コマ、竹馬、けん玉、折り紙、あやとり、かるた、双六などがあります。あるいは、こうした遊具を使わない遊びとして、簡単なものでは、「鬼ごっこ」「高鬼」「色鬼」「こおり鬼」などの鬼ごっこ系の遊び。「かくれんぼ」「だるまさんが転んだ」など、仲間を捕まえたり見つけたりする遊び。お約束の歌や決まった動きがある「あぶくたった」「むっくりくまさん」「花いちもんめ」「かごめかごめ」などの伝承的な遊びなどがあります。ちょっとした時間に保育者と子どもが楽しむ手遊び、歌遊びなども数多くあります。何もなくてもその場でできて楽しめるということもあり、保育のなかでは大切にされています。

昔の遊びには、コマや竹馬といった遊具・道具を使って、それを使いこなす技を向上させていく遊びもたくさんありますが、基本的にどれもシンプルです。シンプルゆえに練習や遊び込むことによって楽しみの幅が広がっていきます。つまり、遊びの自由度の幅が大きいのです。個々の知恵や工夫を入れ込む余地もあります。鬼ごっこなどの体を使う遊びは、一緒に遊ぶ仲間と遊ぶだけのスペースがあれば成立しますが、遊ぶ環境や人数、遊び仲間の年齢などによって、ルールや約束を変更したりアレンジすることができる自由度があります。

こうした昔からある子どもの「遊び」には、少しでも巧くなる、高度な技ができるようになる、美しく作れるようになるといった、向上心をかき立てる要素や、仲間と話し合ったり、競い合ったり、協調したりといった人と人とをつなげていく要素が含まれているものです。そうした「間」や、いまどきの表現ならば「ゆるさ」が遊びそのものの魅力として内包されています。

たとえば、保育現場ではこの10年前くらいから「泥団子作り」が再び人気となっています（図10－1）。泥団子作りについては、京都教育大学の加用文男教授の研究によるものが有名で、これも、と

図10－1　泥団子を作る子どもたち

ある保育所でピカピカに磨かれた泥団子を加用教授が目撃したことがきっかけといわれています。泥団子作りや泥団子遊びは取りたてて目新しい遊びでもなく昔ながらの遊びといえます。その保育所では当たり前のように子ども達が遊んでいたのでしょう。メディアで紹介されたことがきっかけで、瞬く間に全国の保育現場でその遊びの楽しさと奥深さが再認識されることになりました。

　どのような土質の泥にどのくらいの水分を混合するとよく固まるのか、その表面にどのくらい乾燥して目が細かい砂をかけていくと団子の表面が磨かれてくるのか、ちょっとしたことで泥団子の堅さや表面の磨き具合が変わります。泥団子に夢中になっている子どもたちは、大人よりも「ベストな泥団子の作り方」を知っています。またそれを一緒に泥団子作りを楽しむ仲間と情報共有し伝え合っているものです。そうしたコミュニケーションが自然発生的にでき上がるのも泥団子遊びのあなどれないところです。たかが泥団子、されど泥団子です。

　昔であれば、近所の空き地や公園で子どもたちがこうした遊びを楽しんでいました。高度経済成

図10－2　親子で竹馬を作り、一緒に練習

長期のニュータウンであっても、団地内の公園や建物の階段の入口などで子どもたちが集まり、そうした遊びを楽しんでいた光景がありました。しかし、現代はそうした遊びの環境が保証できなくなっています。残されているのは保育現場や学校しかありません。保育現場がこうした昔からの遊びを伝承しているのは、昔を懐かしむ懐古的な意味が優先されているわけではなく、前述のような遊びそのものが内包している楽しさのなかに、子ども自身と周りの子どもたちが育っていく大事な学びがあると理解しているからです。

また、こうした昔ながらの遊びを単に子どもの遊びとして楽しむだけでなく、その遊びの場に保護者を巻き込み、親世代にもそうした遊びの魅力を伝え再認識してもらう工夫をしている例もあります。

写真（図10－2）は、親子で「竹馬作り」に取り組んでいるところです。この幼稚園では、親子で協力して自分だけの竹馬を作るという親子行事を年に一回実施しています。カラービニールテープやビニールひもを駆使して、それぞれに少しでもオリジナリティを出そうと親子が夢中になって竹馬を作るのだそうです。でき上がったら、保護者に竹馬を支えてもらってさっそく竹馬乗りの練習です。今の親世代であれば、竹馬を作ったこともなければ乗ったこともないという人が珍

図10−3　運動会の閉会式でわらべうたに合わせて

しくないのですが、幼稚園がこうした遊びに触れる機会を設けることで、日本の伝統的な遊びの楽しさを親子で実感する場になっています。

あるいは、敬老の日と連携させて祖父母世代を園に招き入れ、お手玉、あやとり、折り紙などの遊びを一緒に楽しみ伝え合う行事を恒例にしている園もあります。

上の写真（図10－3）は、ある幼稚園の運動会の閉会式の一場面です。親子が向き合っていますが、これは親子で「♪だいこんつけ」というわらべ歌の触れ合い遊びを楽しんでいる様子です。保育現場では、こうした伝承的なわらべ歌や触れ合い歌を大切にしています。特に0～2歳の3歳未満児の保育においては、日々こうした遊びを取り入れて保育者とスキンシップを取りつつ信頼関係を強くしていくことに丁寧に取り組んでいます。ところが家庭の中ではこうしたわらべ歌を歌いながら子どもと触れあうという場面は少なくなっているのでしょう。親が歌そのものを知らない、聞いたことがない、歌ったことがない、という状況があります。この園では、子どもはもちろん親も祖父母も多く集まる運動会のプログラムの中に意図的にこうした演出を組み込むことで、古くから伝わる子ども文化を紹介をし、その良さを再認識してもらう努力をしています。

こうした取り組みは、その遊びの面白さと魅力を伝えてきている保育現場だからこそできることです。私たち自身がそうした遊びを通して、楽しさを享受すると同時にさまざまなことを学んできました。遊びであるため、その時代、その時々で流行するものもありますが、不易なるものも次世代に残しておくべき価値であり文化です。その価値と文化をある意味頑固に受け継いでいる場所こそが保育現場なのです。

4　子どもにまつわる日本の伝統文化の伝承

最後に「子どもにまつわる日本の伝統文化の伝承」ということを考えてみます。これは四季折々の日本の伝統行事や季節の風物とも関連します。たとえば桃の節句、端午の節句といった子どもの成長を願う行事や、七夕や餅つき、節分といった季節の行事があります。また、地域の夏祭りや秋祭りに積極的に参加している保育現場もあります。あるいは、一歳児を対象に給食の献立を工夫して「お食い初め」を実施している保育所もあります。保育現場は、そうした子どもにまつわる伝統的な行事や地域の伝統文化にかかわる行事に積極的に取り組んでいます。

もちろん各家庭においても、こうした行事をいわゆる「ハレの日」として執り行っているところは多いでしょう。お宮参りや七五三といった行事のなどは、それにまつわる商品やサービスが一定の市場を形成しています。ただ、どうしても特別な楽しいイベントで終始している感もあり、本来の行事の意味がどのくらい子どもに伝えられているかはわかりません。

保育現場ではむしろこの「ハレの日」であるこうした行事や伝統文化が、「何を意図しているものか」「何を願っているものなのか」を子どもたちに伝えることを大切にしています。また、たとえば桃の節句であれば何段もの雛人形、端午の節句であれば大きな鯉のぼりなど、その行事の「縁起物」というべき物が欠かせない場合があります。地方にもよりますが、総じて現代の住宅事情ではこうした昔ながらの大きく豪華な縁起物を自宅に飾る、あるいは設置することは難しくなっています。そこを保育現場に飾ることで、その行事本来の伝統的な光景を子どもたちに見せて記憶にとどめておくという意図もあるでしょう。

あるいは日本の食文化を伝えていくということも、ここに含まれるかもしれません。特に、保育所においては「食育」を大切な保育内容として取り組んでいます。保育所の厨房で調理を担当する栄養士や調理師との連携が必須となりますが、昼食の献立には、魚料理や野菜料理、手間と時間のかかる煮物などのメニューをあえて多く入れ込み、日本の伝統的な調理と味付けにこだわって子どもたちに提供しているところが少なくありません。カレーライスやハンバーグなど子どもに人気のあるメニューならおそらく家庭でも口にすることは多いでしょう。そこを見越して、あえて旬の食材にこだわり、本来日本人の舌に合う和食の調理と味付けを幼児期にこそ口にする回数を多くしてほしい。豊かな日本の食文化を味とともに記憶にとどめてほしいという願いからきています。

知識としては知っている。テレビ番組や本でみたことがある。ネットで検索すればもっと詳しい情報も手に入る。しかし「実際に体験したことはない」ということが多くなってきています。時代の流れに棹さすようなことを保育現場は取り組んでいるのかもしれません。しかし、せめて幼児期に体験して、それを文化の原体験としてとどめておいてほしい。子育て文化伝承の場としての保育現場はそういう願いをもっています。

5　子育て文化担い手の誇り

前述の通り、保育現場は、そこで働く保育者の入れ替わりが激しい職場です。しかし見方を変えれば、それは、保育現場において子育てのスキルを学び、それを実践し、そしてなにがしかの子育ての文化を引き継いだ人を数多く輩出しているという捉え方もできます。保育の仕事をプロの専門職としてだけみれば、その力を発揮する場所は保育現場しかありませんが、これを広く「子育ての文化を支える力」と捉えれば、その力を発揮する場面と場所は保育現場に限りません。家庭でも、地域でも、母や父として、祖母として祖父として、地域のおばちゃん、おじちゃんとして、そこに子どもと子どもを育てている人がいる限り、その力を生かすステージはどこにでもあります。また、それは年齢に制限されることはなく定年もありません。

いま現在保育現場で働いている保育者はもちろん、これから保育者を目指す人は、「子育て」という文化の立派な伝承者になるのです。そこで身につけた力は一生ものです。一生涯生かすことができます。そして次の世代に引き継ぐことができます。またそれは、子育ての文化とともに自分自身が存在したことを語り継いでもらえることでもあります。「わたしのお母さんに教わった」「あのおじいさんからそう聞いた」と。子育てを通して、その人の思い出も一緒に引き継がれていくのです。

保育現場は、そうした文化を確実に残存させているという認識とその文化伝承の責務を自覚するべきでしょう。また保育者は、はるか昔から伝えられてきた子育て文化伝承の担い手であるという「誇り」をもって、目の前の子どもや保護者に向き合ってほしいと思います。

終　章　ゆるしの場としての家庭――イタリアの家族の事例から

「ゆるす」ということは、すべてを無条件で受け入れることです。人間にとってそれが非常に難しいことであるからこそ、わが子をゆるし、受け入れようと努める親の心は尊いのだと私は思います。

1節◆家族殺しのエリカ

本書の終章においては、ある痛ましい事件とその後の経緯をたどりながら、「家庭の使命」というものを考えてみたいと思います。妻と息子を娘に殺害された父親、そして愛する娘を最愛の孫に殺された祖母の生き方にも注目していきます。

マスメディアを通して得られた、この殺人事件の概要は以下のとおりです。

この事件は、2001年2月21日、北イタリアのノヴィ・リグレ（Novi Ligure）という町で起きました。16歳の高校生であったエリカ・デ・ナルド（Erika De Nardo）は、ボーイフレンドのオマル（Omar）とともに実母と弟を殺しました。殺害のきっかけは、ボーイフレンドとの交際を禁止されたこと、そして、母が偏愛する弟への憎しみであったといわれています。普段は虫一匹殺せないほどの娘であったエリカ。ところが事件当日、覚せい剤を服用していたエリカは、母を数十回も刺し続けました。ボーイフレンドのオマルは、エリカの母が息絶える直前に、「『エリカ、私はあなたをゆるします。どうか、お願いだから、弟は殺さないで』といった」と証言しています。しかしながら、母の願いも空しく、弟も殺害されました。家族大好き、家族が一番大事なイタリアの人々にとって、この事件はあまりにも衝撃的であったといいます。

2節◆受刑者エリカの学位

エリカはトリノの裁判所で16年間の服役を言い渡され、2001年12月にはミラノの少年院（Beccaria）に入所しました。彼女は少年院内で勉学に励み、05年にマトゥリタ（maturità・高校卒業認定試験[1]）に合格しました。その後、ブレッシャ（Brescia）の刑務所へ移動し、刑務所にありながら大学に進学しました。ブレッシャ・カトリック大学で哲学を学び始めたのです。その後、ブレッシャの刑務所で服役していた5年の間に彼女は学位（Laurea）を取得します。学位論文の題目は、プラトンの著作におけるソクラテスの思想『Socrate e la ricerca della verità negli scritti platonici』。彼女の論文の公開審査は刑務所で行われました。エリカの学位論文・公開審査の成績は、クム・ラウデ（CUM LAUDE・最高点プラス加点10点＝優等点）。期待された以上の高得点であり、すべての質問に対してほぼ完璧に解答し、素晴らしい公開審査であったとされています。エリカはそれまでの自分の学びを家族に捧げ、論文には「家族に捧ぐ」と記したそうです。学位取得後の二年間、エリカは、ボランティア活動に励み、当初の予定よりも早く12年に出所することができました。

母親と弟を殺すという重い罪を犯したエリカが、学問に励み、率先してボランティア活動を頑張り、勤勉かつ真面目な態度で服役期間を過ごせたのには理由があるのです。それは、残されたエリカの家族の強い絆、愛に満ちた支えがあったからです。

エリカの父親は、毎週必ず、刑務所にいるエリカを訪問し続けたそうです。そして、彼女をゆるし、支え、労り続けたといいます。学位論文の公開審査には、エリカの祖母、叔父、そして父親が同席したと報道されました。妻と息子を同時に失った父親。それも愛する娘が妻も息子も殺してしまったという苦しみ。そして、娘を最愛の孫娘によって殺された祖母の苦しみ。

この事件が起きて以来、その結末、そしてその後の報道を継続的に注目してきた私はいま、これこそ家族のあるべき姿ではないかと感じています。エリカの家族をみるとき、「家庭の使命とは、それがゆるしの場であること」ではないかと教えてくれているように思うのです。あってはならないことがあったときも、それをゆるし、受け入れ、一緒に乗り越えていく共同体。誰も責めない場。力をもらえる場。愛される場。そして、救いの場であること。

子どもに「ゆるされたという体験」をたくさんさせてあげることは、その子の心に、勇気と希望の種を蒔くことなのです。ゆるされた体験をたくさんもつ子どもは、人をゆるすことができる大人になることでしょう。ゆるしの種をたくさん、子どもの心に蒔いてあげましょう。

さて、本書の最後に、一つの映画を紹介します。それは、1995年のアメリカ映画、『デッドマン・ウォーキング（Dead man walking)』。死刑制度の是非を問うた名作であり、主演のスーザン・サランドンは、この映画でアカデミー主演女優賞に輝き、一躍有名になりました。

3節　人生は家族とともに

いまから5年ほど前のことです。勤務していた短期大学で教育原理という授業をもっていました。その授業の一環として「いのち」について考えるために、死刑制度や自殺について研究する時間を用意していました。ある一人の学生が、研究テーマに死刑制度を選びました。彼女は、日本人の7割が死刑制度の容認派であることを知りました。その後、人権を守る活動をする「アムネスティ」を知りました。そして、死刑執行をする刑務官の苦しみについての本を読んだり、先進諸国内で日本は数少ない死刑容認国であることを調べたり、と積極的にリサーチをしたのです。そして、研究発表の日に、『デッドマン・ウォーキング』の映画の一部をクラスメイトに観せました。彼女の言葉を今でもよく覚えています。

「死刑制度について、いろいろな意見があっていいと思います。でも、私はこの映画を観て、当たり前なことだけれど、人を殺した犯罪者にも家族があることに気づきました。自分の子どもが人を殺して、その罪を償うために今度は殺されるという事実。一つの出来事をいろいろな方面から眺めて、一面的な見方はやめようと思います」

この映画は、実話に基づいています。死刑囚の精神アドバイザーを務める修道女ヘレン・プレジャン（Heren Prejean）の本を読んで感動した女優スーザン・サランドンが映画化を熱望し、修道女ヘレンの役に扮したといいます。派手な演出はない映画ですが、死刑囚マシューとシスター・ヘレンの心の通い合いには、本当に感動しました。とりわけ、シスター・ヘレンの感情を表に出さない落ち着いた表情が、観るものの心を揺さぶるように感じます。それでは、以下に映画のあらすじを紹介します。

ルイジアナ州ニューオリンズの希望の家で働くシスター・ヘレンは、死刑囚であるマシューという男性から会いたいという手紙を受け取ります。マシューは若いカップルを射殺し、刑務所に入っています。共犯者は無期懲役になっているのに、なぜ自分は死刑なのかとマシューは憤り、シスターは特赦を求めるために行動を起こします。しかし、そうした行動は被害者の保護者たちから批判されることになりました。そうした中でも、毎日、毎日、マシューに会いに行くシスター・ヘレン。少しずつ二人の心が通い合うようになります。結局、マシューに死刑が執行されることになり、その死刑執行の日、刑務官の「デッドマン・ウォーキング」という言葉（死刑にされる人が歩きはじめるときに放たれる言葉）とともに、シスター・ヘレンは死刑囚マシューの肩に手を置き、主の祈り（キリスト教の代表的な祈り）を唱えながら、マシューとともに歩きます。マシューの死刑執行後、被害者の父親がシスター・ヘレンとともに教会に入り祈る姿がみられ、「ゆるすことの意味」を静かに語りかけるのです。

この映画はたくさんのことを教えてくれます。犯罪者の家族の悲しみ、子どもを殺された親の悔しさや悲しみ、人をゆるすことの難しさ、裁きと責め、罪と罰、そして人間とは何かという根源的な問いを私たちに投げかけているのです。

人は一人では生きられません。多くの人に支えられ、ゆるされ、愛され、いま、ここに生かされています。いのちはどこからきて、どこへいくのか。この問いを突き詰めるとき、私が誕生した意味、生きてきた道、今日の私、そして明日へ続く道をも意味あるものになります。過去に学び、今に生き、明日へつなぐ。一人の人間が歩む人生に、家族がともにある喜び。人生を家族とともに手を取り合って歩むことができるなら、それこそ、本当の幸せな人生といえるのだと私は思うのです。

注

はじめに

1 詳しくは鈴木昌世『イタリア人と母』サンパウロ、２００９年。または『イタリアの幼児教育思想——アガッツィ思想にみる母性・道徳・平和』福村出版、２０１２年。さらに、同「ＮＨＫプラネット・ベイビーズ——ベネチア編　愛情いっぱいゴンドリエレの子育て」２０１１年1月放映。
2 アメリカ合衆国最高裁判所判事アントニン・スカリアは、「神はアメリカに善良であり……アメリカ合衆国では政教分離が問題にならない。なぜならば、それは憲法に反しないからである。……アメリカは神に守られ祝福されてきた……大統領などが神の名をスピーチのなかで用いるのは悪いことではない……ただし、これはある宗教が他の宗教を否定するものではない。大切なのは神を大切にすることである」と述べている。
http://www.periodistadigital.com/religion/america/2016/01/03/eeuu-rechaza-neutralidad-religiosa-religion-iglesia-america-eeuu-antonin-scalia-juez-supremo-conservador-polemico-ronald-reagan-dios-batalla-midway.shtml

序　章

1 『広辞苑 第5版』岩波書店、１９９８年
2 ２００９（平成21）年6月27日、8月19日、8月21日に、和歌山大学・教員免許状更新講習にて「イタリアの家庭教育に学ぶ——人間教育の基礎としての家庭を目指して」と題した講習を行った。幼・小・中・高教諭、計50名。午前は講義、午後はグループ討議を行った。午後のグループ討議の際、現場の多くの問題が共有された。

3　別名「便弁」、または「ランチメイト症候群」と呼ばれる。
4　足立己幸・NHK「子どもたちの食卓」プロジェクト『NHKスペシャル 知っていますか 子どもたちの食卓――食生活からからだと心がみえる』日本放送出版協会、2000年。岩村暢子『普通の家族がいちばん怖い――徹底調査！ 破滅する日本の食卓』新潮社、2007年
5　2013（平成25）年6月15日、和歌山大学教員免許状更新講習「イタリアの家庭教育に学ぶ2――親役割を中心に」と題し講習を行った。高校現場の報告者（高等学校教諭）はこの講習の参加者である。
6　マウゴジャタ・ムシェロヴィチ、田村和子訳『クレスカ15歳――冬の終りに』岩波書店、1990年
7〜8　同右
9　室田洋子「心を癒す食卓――子どものサインをどう受けとめるか」『食べもの文化』第358号所収、芽ばえ社、2003年。室田洋子「子どもがわくわく・ドキドキする食卓――食卓から見える子どもの心・家族の姿」『食べもの文化』第414号所収、芽ばえ社、2010年
10　河合隼雄『家族関係を考える』講談社、1995年。河合隼雄『父親の力　母親の力――「イエ」を出て「家」に帰る』講談社、2013年
11　室田洋子「心を癒す食卓――子どものサインをどう受けとめるか」『食べもの文化』第358号所収、芽ばえ社、2003年
12　室田洋子「子どもがわくわく・ドキドキする食卓――食卓から見える子どもの心・家族の姿」『食べもの文化』第414号所収、芽ばえ社、2010年
13〜18　同右
19　河合隼雄『父親の力　母親の力――「イエ」を出て「家」に帰る』講談社、2013年
20〜22　同右
23　現代の家族の問題については、岡田尊司『回避性愛着障害――絆が希薄な人たち』光文社、2013

年。スーザン・フォワード、玉置悟訳『毒になる親――一生苦しむ子供』講談社、2011年。岡田尊司『母という病』ポプラ社、2014年など。
24　前掲注10
25　前掲注19
26　同右
27　前掲注12
28　Nanni, A.,“Educazione alla pace”, nel Dizionario di Scienze dell'Educazione, S.E.I., Torino, 1997. 著者のナンニ（Nanni, Antonio）が用いる「平和への教育」に必要な共生という概念は、コンヴィヴィアリタ（convivialità）。この語は共生以外に「ともに食卓を囲む」という意味がある。
29　マリア・モンテッソーリ墓碑の言葉。前之園幸一郎「『子どもの家』とモンテッソーリ――サン・ロレンツォの『子どもの家』とその誕生の背景」『モンテッソーリ教育』第46号、日本モンテッソーリ協会、2013年。マリア・モンテッソーリ（Maria Montessori, 1870年8月31日～1952年5月6日）は、子どもへの教育を通して世界平和を目指した。

第1章

1　厚生省、1999年
2　厚生省監修『平成10年版厚生白書　少子社会を考える――子どもを産み育てることに「夢」を持てる社会を』ぎょうせい、1998年
3　深谷昌志『父親――100の生き方』中央公論新社、2008年
4　ラッセル・B、安藤貞夫訳『幸福論』岩波書店、1991年
5　中央教育審議会答申「我が国の高等教育の将来像」文部科学省、2005年。「知識基盤社会」とは、

「新しい知識・情報・技術が政治・経済・文化をはじめ社会のあらゆる領域での活動の基盤として飛躍的に重要性を増す」と定義される。
6　木村尚三郎『家族の時代――ヨーロッパと日本』新潮社、１９８５年
7　カニンガム・H、北本正章訳『概説子ども観の社会史――ヨーロッパとアメリカにみる教育・福祉・国家』新曜社、２０１３年
8　Fass, P. (edt), Encyclopedia of Children and Childhood in History and Society vol.2, Macmillan, 2004
9　クセノフォン、越前谷悦子訳『オイコノミコス――家政について』リーベル出版、２０１０年
10　飯塚信雄『男の家政学――なぜ〈女の家政〉になったのか』理想社、１９７７年
11　佐藤哲也「近代教育思想の宗教的基層（１）――コトン・マザー『秩序ある家族』（１６９９）」『宮城教育大学紀要』第47巻、２０１３年
12　ロック・J、鵜飼信成訳『市民政府論』岩波文庫、１９６８年
13　ロック・J、北本正章訳『ジョン・ロック「子どもの教育」』原書房、２０１１年
14　同右
15　ショーター・E、田中俊宏ほか訳『近代家族の形成』昭和堂、１９８７年
16　ヘーゲル・G、高峯一愚訳『法の哲学』論創社、１９８８年
17　ウェーバー＝ケラーマン・I、鳥光美緒子訳『ドイツの家族――古代ゲルマンから現代』勁草書房、１９９１年
18　Gillis, J. A., World of Their Own Making: Myth, Ritual, and the Quest for Family Values, Basic Books, 1996
19　Fass, P. (edt), Encyclopedia of Children and Childhood in History and Society vol.3, Macmillan, 2004
20　John Fletcher Porter, London Pictorially Described, 1890

21　森杲『アメリカ〈主婦〉の仕事史――私領域と市場の相互関係』ミネルヴァ書房、2013年
22　首藤美香子『近代的育児観への転換』勁草書房、2004年
23　リン・D、今泉信人ほか訳『父親――その役割と子どもの発達』北大路書房、1981年
24　河合隼雄『父性原理と母性原理（河合隼雄全対話）』第三文明社、1989年
25　ドゥモース・L、宮澤康人ほか訳『親子関係の進化――子ども期の心理発生的歴史学』海鳴社　1990年
26　久徳重盛『母原病――母親が原因でふえる子どもの異常』サンマーク出版、1979年
27　内閣府『平成27年版男女共同参画白書』2015年
28　大日向雅美「『母性／父性』から『育児性』へ」原ひろ子・舘かおる編『母性から次世代育成能力へ産み育てる社会のために』新曜社、1991年
29　舩橋惠子「現代父親役割の比較社会学的検討」比較家族史学会監修『父親と家族――父性を問う』所収、早稲田大学出版部、1998年
30　千田有紀『日本型近代家族――どこから来て　どこへ行くのか』勁草書房、2011年
31　北本正章「ヨーロッパ史における父親像と父性の社会史的系譜に関する比較教育思想論的考察（その1）――家父長像から聖ヨセフ像へ」『青山学院大学教育人間科学部紀要』第3号、2012年
32　竹下節子『「弱い父」ヨセフ――キリスト教における父権と父性』講談社、2007年

第2章

1　詳しくは鈴木昌世『イタリア人と母――母性愛・教育者・聖母マリア』サンパウロ、2009年を参照。超越的な存在としての聖母マリアの存在の重要性について言及している。
2　こうした様相は、宮嶋勲『最後はなぜかうまくいくイタリア人』日本経済新聞出版社、2015年に詳

しい。これまでの筆者の研究によれば、イタリアの人々の家族観は、日本のそれとは異なることがわかっている。たとえば、血縁による家族だけでなく、宗教上の親子関係、あるいは血縁でなくても一緒に食卓を囲み、ともに食べる人々を家族と呼び、親しく付き合うことも少なくない。そして、そうした濃密な人間関係によって成り立つ家族は、「ゆるしあい、かばいあい、まもりあい、かばいあい、みとめあい」言動が多くみられるのも特徴的に観察される。詳しくは、前掲書『イタリア人と母』、同『イタリアの幼児教育思想――母性・道徳・平和』福村出版、２０１２年などに詳しい。
3 宮島勲　前掲書
4 前掲書『イタリア人と母』序章に詳しい。
5 哲学者・鷲田清一氏の著作は非常に魅力的である。筆者が一番好きな彼の著作は、『「待つ」ということ』角川書店、２００６年。ほか『大事なものは見えにくい』角川書店、２０１２年、『じぶん、この不思議な存在』講談社、１９９６年など。
6 佐々木正美氏の著作はベストセラーになっているものがたくさんある。例としてあげると、『子どもへのまなざし』シリーズ全三巻、福音館書店、１９９８～２０１１年など。子育て中の保護者や保育職につく専門家たちにとって、佐々木氏の著作は非常に勇気を与えるものである。ちなみに佐々木氏の公式サイトは、「ぶどうの木 http://budouno-ki.net/index.html」
7 京都の禅寺・龍安寺の蹲（つくばい：水で手を清める取水鉢）にこの言葉が記されている。
8 Brady, J., Saró la mamma di tutti I bambini del mondo. Messaggio d'amore e di speranza per tutte le donne, Sonzogno, 1999
9 本多由紀『家庭教育の隘路――子育てに強迫される母親たち』勁草書房、２００８年
10 前掲書『イタリア人と母』

第3章

1　大日方雅美『母性の研究』川島書店、１９８８年
2　バダンテール・E、鈴木晶訳『母性という神話』筑摩書房、１９９１年
3　林道義『母性の復権』中央公論社、１９９９年
4　ウィニコット・D・W、牛島定信監訳『子どもと家庭――その発達と病理』誠信書房、１９８４年
5　Schaffer, H. R. & Emerson, P. E., The development of social attachments, in infancy. Monographs of the society for research in child development, 29.（３）, 1964
6　Devereux, E. C., Jr., "Socialization in England, Germany and the United States," Hill, R. and König R.（eds）, Families in East and West : socialization process and kinship ties, Mouton, p.76. 1970（森岡清美・望月嵩『新しい家族社会学』４訂版、培風館、２００７　１２９頁）
7　厚生労働省『全国児童家庭調査』１９９９年、同２００４年、同２００９年
8　内閣府『平成19年版国民生活白書』２００７年
9　ロジャーズ・C・R、伊藤博編訳『ロージァズ全集』第４巻、岩崎学術出版社、１９６６年

第4章

1　ボルノウ・O・F、森昭・岡田渥美訳『教育を支えるもの』黎明書房、２００６年
2　同右
3　岡本夏木『子どもとことば』岩波書店、１９８２年
4　ベネッセ次世代育成研究室『第４回幼児の生活アンケート（２０１０年）』
5　ドロシー・バトラー、百々佑利子訳『赤ちゃんの本棚――０歳から６歳まで』のら書店、２００２年

6　同右
7　ＮＰＯブックスタート編『赤ちゃんと絵本をひらいたら――ブックスタートのはじまりの10年』岩波書店、２０１０年
8　同右
9　矢野智司『意味が躍動する生とは――遊ぶ子どもの人間学』世織書房、２００６年
10　中川李枝子作、大村百合子絵『ぐりとぐら』福音館書店、１９６７年
11　『日本経済新聞』２０１２年7月4日付夕刊「人間発見　児童文学作家　中川李枝子　子どもと本に教わった③」
12　矢野智司『大人が子どもにおくりとどける40の物語――自己形成のためのレッスン』ミネルヴァ書房、２０１４年
13　同右
14　大田尭ほか編『岩波講座　子どもの発達と教育4　幼年期　発達段階と教育1』岩波書店、１９７９年
15　もりやまみやこ作、つちだよしはる絵『きつねの子（1）きいろいばけつ』あかね書房、１９８５年
16　もりやまみやこ作、つちだよしはる絵『きつねの子（3）ぼくだけしってる』あかね書房、１９８７年
17　角野栄子『魔女の宅急便⑥それぞれの旅立ち』角川書店、２０１３年
18　河合隼雄『子どもの本を読む』講談社、１９９６年

コラム１

1　中井久夫『「思春期を考える」ことについて』筑摩書房、２０１１年
2　鈴木卓治「教育実践における『通念』の解体と『気づき』――教育の新しい物語りのために」『臨床教育人間学京都大学大学院教育学研究科臨床教育学講座』研究紀要 第1号、１９９９年

3　本田和子『子どもが忌避される時代』新曜社、２００７年
4　Smetana,J.G., Adolescents, families, and social development: How teens construct their worlds, Wiley-Blackwell, 2011

第5章

1　進藤容子編著『子どもの食と栄養――食を大事にするきもちを育む』あいり出版、２０１５年
2　江原絢子・石川尚子編著『日本の食文化――その伝承と食の教育』アイ・ケイ・コーポレーション、２０１３年
3　同右
4　農林水産省『和食ガイドブック』(http://www.maff.go.jp/j/keikaku/syokubunka/culture/pdf/guide_all.pdf) ２０１３年
5〜6　同右
7　農林水産省『和食を未来へ』(http://www.maff.go.jp/j/keikaku/syokubunka/culture/pdf/houkoku_1.pdf) ２０１５年
8　前掲注４
9　前掲注２
10　同右
11　橋本裕之『心をそだてる――子ども歳時記12か月』講談社、２００６年
12　前掲注４

第6章

1 中原淳一『中原淳一エッセイ画集3――結婚 二人のしあわせ』平凡社、2006年
2 平野健次他監修『日本音楽大事典 初版』平凡社、1989年
3 伊丹政太郎『遠野のわらべ唄――聞き書き 菊池カメの伝えたこと』岩波書店、1992年
4 阿部ヤヱ語り・福音館書店母の友編集部編『「わらべうた」で子育て 入門編』福音館書店、2002年
5 小島律子・関西音楽教育実践学研究会『学校における「わらべうた」教育の再創造――理論と実践』黎明書房、2010年
6 川野都・花岡康次郎「『下関の伝承遊び』について――アンケートと実践」『下関短期大学紀要』第28号、2009年
7 フォライ・カタリン、セーニ・エルジェベート、羽仁協子・谷本一之・中川弘一郎訳『コダーイ・システムとは何か――ハンガリー音楽教育の理論と実践』全音楽譜出版社、1974年
8〜9 同右
10 小泉文夫「日本傳統音楽の研究I――民謡研究の方法と音階の基本構造」(1958年)、『合本日本伝統音楽の研究』音楽之友社、2009年
11 前掲注7
12 コダーイ芸術教育研究所『保育園・幼稚園の音楽(わらべうたの指導)』明治図書、1975年
13 武田道子「心を育てる音楽教育環境への一考察」『静岡大学教育学部研究報告 教科教育学篇』第20号、1989年
14 マリア・フォン・トラップ、谷口由美子訳『サウンド・オブ・ミュージック』文溪堂、1997年
15 アガーテ・フォン・トラップ、谷口由美子訳『わたしのサウンド・オブ・ミュージック』東洋書林、2

16　ウィリアム・アンダーソン、谷口由美子訳『大草原のローラ――90年間の輝く日々』講談社、1994年
17　ローラ・インガルス・ワイルダー、恩地三保子訳『シルバー・レイクの岸辺で』福音館、1973年
18　ローラ・インガルス・ワイルダー、恩地三保子訳『大きな森の小さな家』福音館、1972年
19　ローラ・インガルス・ワイルダー、恩地三保子訳『大草原の小さな家』福音館、1972年
20　やなせたかしほか・NHK取材班『やなせたかし　みんなの夢まもるため』NHK出版、2014年
21　安房直子『北風のわすれたハンカチ』旺文社、1971年

コラム3

1　ジェームズ・J・ヘックマン、大竹文雄解説・古草秀子訳『幼児の教育経済学』東洋経済新報社、2015年。または、中室牧子『学力の経済学』ディスカヴァートゥエンティワン、2015年

第8章

1　広田照幸『日本人のしつけは衰退したか――「教育する家族」のゆくえ』講談社、1999年
2　同右
3　ノディングス・N、山﨑洋子・菱刈晃夫監訳『幸せのための教育』知泉書館、2008年
4〜5　同右
6　マルティヌス・J・ランゲフェルト、和田修二訳『教育の人間学的考察（増補改訂版）』未來社、2013年
7　同右

8　ブーバー・M、山本誠作ほか訳『ブーバー著作集8――教育論・政治論』みすず書房、1970年
9　渡辺秀樹・稲葉昭英・嶋﨑尚子編『現代家族の構造と変容――全国家族調査［NFRJ98］による計量分析』東京大学出版会、2004年
10～14　同右
15　前掲注6
16　アーレント・H、中山元訳『責任と判断』筑摩書房、2007年
17　前掲注6
18　前掲注9
19　同右
20　河村茂雄『データが語る③――家庭・地域の課題』図書文化、2007年

第9章

1　芹沢俊介『家族という意志――よるべなき時代を生きる』岩波書店、2012年
2　鹿島和夫『一年一組せんせいあのね』理論社、1981年
3　ウィニコット・D・W、牛島定信監訳『子どもと家庭――その発達と病理』誠信書房、1984年
4　厚生労働省ホームページ「イクメンプロジェクトサイト」(http://ikumen-project.jp)
5　柏木惠子・平木典子『家族の心はいま――研究と臨床の対話から』東京大学出版会、2009年
6　柏木惠子『子どもが育つ条件――家族心理学から考える』岩波新書、2008年
7　厚生労働省『毎月勤労統計調査』。「所定内労働時間数」は事業所の労働協約、就業規則等で定められた正規の始業時刻と終業時刻の間の実労働時間のことであり、「所定外労働時間数」は、早出、残業、臨時の呼出、休日出勤等の実労働時間数のこと。

8　厚生労働省『平成26年版　厚生労働白書』、資料：OECD Employment Outlook（2013）より抜粋
9　厚生労働省『厚生労働統計のあらまし』２０１４年
10　倉沢進・秋元律雄『町内会と地域集団』ミネルヴァ書房、１９９０年
11　朝日新聞２０１５年10月11日付「どうする？ 自治会・町内会　行政との距離」
12　総務省『コミュニティ団体運営の手引き――自治会、町内会、その他地域活動を行うグループの皆さまに――』２０１０年
13　柳田國男『柳田國男全集12巻　こども風土記』筑摩書房、１９９８年
14　前掲注10
15　柳田国男『日本の祭』角川学芸出版、１９６９年
16　服部比呂美『子ども集団と民族社会』岩田書院、２０１０年
17　同右
18　天野武『子どもの歳時記――祭りと儀礼――』岩田書院、１９９６年
19　前掲注16
20　前掲注13
21　前掲注16
22　加藤理・鵜野祐介・遠藤純編著『児童文化の歴史Ⅲ――児童文化と子ども文化』港の人、２０１２年
23　前掲注13
24　厚生労働省『平成25年国民生活基礎調査』２０１４年
25　梅野和人「子育てサロンにおけるスタッフの心的傾向と考察――大阪府K市の子育てサロンの取り組みとスタッフの意識調査から」『四天王寺大学紀要』第59号、２０１４年、５９９～６０８頁
26　梅野和人『子育てサロンにおけるスタッフの心的傾向（２）――大阪府岸和田市の支援スタッフの質的

調査から』第67回日本保育学会発表、２０１４年
27 朝日新聞 be 編集部編『サザエさんをさがして』朝日新聞社、２００５年
28 末原登美子『近畿民族第五巻――岸和田山手近辺の産育の習俗について』近畿民族学会、１９８３年
29 大阪府『こども・未来プラン』２００５年

第10章

1 タイラー・E・B、比屋根安定訳『原始文化』誠信書房、１９６２年
2 ギアーツ・C、吉田禎吾・柳川啓一・中牧弘允・板橋作美訳『文化の解釈学1』岩波書店、１９８７年
3 陳省仁「養育性と教育」『北海道大学大学院教育学研究院紀要』第１１３号、２０１１年
4 厚生労働省『平成10年版厚生白書』１９９８年
5 同右
6 吉岡眞知子「日本の子育て文化における子ども観――日本における子育ての習俗からみて」『東大阪大学・東大阪大学短期大学教育研究紀要』第2号、２００５年
7 大藤ゆき『児やらい――産育の民族（民俗民芸双書26）』岩崎美術社、１９６８年
8 小嶋秀夫『子育ての伝統を訪ねて』新曜社、１９８９年
9 内閣府『平成26年版子ども・若者白書』２０１４年
10 経済企画庁『平成7年版国民生活白書』１９９５年
11 広井多鶴子『核家族化は「家庭の教育機能」を低下させたか』明治安田生活福祉研究所、２００６年
12 同右
13 藤本憲一「藤本助教授の紙上特別講義『コンビニ学1』」朝日新聞大阪本社、２００５年8月22日付
14 藤本憲一「藤本助教授の紙上特別講義『コンビニ学2』」朝日新聞大阪本社、２００５年8月29日付

15　厚生労働省『保育所保育指針解説書』フレーベル館、２００８年

終　章

1　マトゥリタ（高校卒業認定試験）とは、イタリアの他にも、スイス、ハンガリー、チェコ、オーストリアなど、多くの欧州の国々でなされているテストである。イタリアのマトゥリタは、卒業した高校の教師3名、外部の教師4名を試験官とし、国家が定めた筆記ならびに口答試験を17〜23歳の若者が受験する。この資格がなければ、大学入学はおろか就職も難しい。イタリアでは、このマトゥリタが大人になるための通過儀礼としてシンボル的意味合いをもっている。

参考文献

第3章
クラウス・M・H、ケネル・J・H、竹内徹ほか訳『親と子のきずな』医学書院、1985年
河合隼雄『父性原理と母性原理』第三文明社、1989年
成山文夫・石川道夫編『家族・育み・ケアリング』北樹出版、2000年
新道幸恵・和田サヨ子『母性の心理社会的側面と看護ケア』医学書院、1990年

第4章
岡本夏木『子どもとことば』岩波書店、1982年
岡本夏木『幼児期――子どもは世界をどうつかむか』岩波書店、2005年
角野栄子『魔女の宅急便⑥ それぞれの旅立ち』角川書店、2013年
河合隼雄『子どもの本を読む』講談社、1996年
ドロシー・バトラー、百々佑利子訳『赤ちゃんの本棚――0歳から6歳まで』のら書店、2002年
ベネッセ次世代育成研究室「第4回幼児の生活アンケート」2010年
ボルノウ・O・F、小島威彦訳『希望の哲学』新紀元社、1960年
ボルノウ・O・F、森昭・岡田渥美訳『教育を支えるもの』黎明書房、2006年
矢野智司『意味が躍動する生とは――遊ぶ子どもの人間学』世織書房、2006年
矢野智司『大人が子どもにおくりとどける40の物語――自己形成のためのレッスン』ミネルヴァ書房、2014年
米川泉子「絵本と児童文学のはざまにある幼年童話を考える――幼年童話論への試み」『聖霊女子短期大学紀要』第41号、2013年

ＮＰＯブックスタート編『赤ちゃんと絵本をひらいたら――ブックスタートのはじまりの10年』岩波書店、２０１０年

編　者
鈴《すず》木《き》　昌《まさ》世《よ》　大阪成蹊大学教育学部

執筆者〈執筆順〉
鈴《すず》木《き》　昌《まさ》世《よ》　（序章・2章・コラム3・終章）編者
佐《さ》藤《とう》　哲《てつ》也《や》　（1章）宮城教育大学教育学部
山《やま》本《もと》　智《とも》也《や》　（3章）大阪成蹊大学教育学部
米《よね》川《かわ》　泉《もと》子《こ》　（4章）目白大学人間学部
鈴《すず》木《き》　卓《たく》治《じ》　（コラム1）大阪成蹊大学教育学部
廣《ひろし》　陽《よう》子《こ》　（5章）関西福祉大学発達教育学部
橋《はし》本《もと》　隆《たか》公《ひろ》　（コラム2）大阪成蹊大学教育学部
石《いし》田《だ》　貴《たか》子《こ》　（6章【1】【3】【4】）大阪成蹊大学教育学部
鉄《てつ》口《ぐち》真《ま》理《り》子《こ》　（6章【2】）大阪成蹊大学教育学部
井《いの》上《うえ》　美《み》雪《ゆき》　（7章）ライセンス学院
髙《たか》宮《みや》　正《まさ》貴《き》　（8章）大阪体育大学教育学部
梅《うめ》野《の》　和《かず》人《ひと》　（9章）四天王寺大学短期大学部
飯《いい》塚《づか》　恭一郎《きょういちろう》　（10章）純真短期大学こども学科

「家庭団欒」の教育学
—多様化する家族の関係性と家庭維持スキルの応用—

2016年6月15日　初版第1刷発行

編著者　鈴木　昌世
発行者　石井　昭男
発行所　福村出版株式会社
〒113-0034　東京都文京区湯島2-14-11
電話　03-5812-9702　FAX　03-5812-9705
http://www.fukumura.co.jp
印刷・製本　シナノ印刷株式会社

ISBN978-4-571-10175-5　C3037
乱丁・落丁本はお取り替えいたします。
定価はカバーに表示してあります。